오라클 DB 강의노트

조준익 저

논어의 八佾(팔일) 편에 是可忍 孰不可忍(시가인 숙불가인)이라고 하였다.

물론 데이터베이스를 익히는 것이 어렵지만, '시가인 숙불가인'의 마음으로 공부하면 자신의 미래가 보장될 것이다.

이 책은 어려운 부분은 가능하면 떨쳐버리고 처음 데이터베이스를 배우는 학동들에게 즐기는 마음으로 배움의 즐거움을 깨닫게 하려는 목적으로 그저 쉽고 간결하게 글을 쓰려고 노력했으며, 또한 두꺼운 사전처럼 모든 것을 담으려 하지 않고 배우는 사람 스스로 '擧一反三(거일반삼)'하도록 노력하여 글을 썼다.

이 책을 시작하면서 유닉스 시스템과 데이터베이스 및 웹연동을 익혀 즐겁게 인터넷 세계를 즐기며 공부하길 바란다.

30년 된 할머니의 음식 맛이 깊이 있고, 심오한 맛이 우러나듯이 이 분야에서 30년을 함께 하면서 우리 아이들이 쉽고 흥미를 가질 수 있는 길을 찾아 글을 썼기에 후회없이 읽고 즐기길 당부한다.

끝으로 더 알고 싶으면 아래 주소로 연결하면 최선을 다해 답해 드리겠습니다.

mailto:jijoe@kunsan.ac.kr

미급한 원고에 향을 덧붙여 옥고로 다듬어 주신 기한재출판사 여러분께 진심어린 감사의 글을 남깁니다.

매향향기를 맡으며

Contents

C.H.A.P.T.E.R

01

UNIX 환경

공부할 내용

- UNIX 운영체제의 이해
- UNIX에서 vi 문서편집기 사용
- UNIX 명령어의 이해

이 장에서는 UNIX 운영체제 환경에서 서버에 일반 사용자가 telnet 모드로 접속하여 서버에 로그인(login)할 수 있어야 하고, 또한 telnet 터미널 모드에서 유닉스 명령어를 사용하여 명령을 실행시킬 수 있는 능력을 가져야 하므로 그에 대한 기본적인 명령어 사용법을 익히도록 한다.

UNIX 명령어를 사용하려면 터미널 모드에서 명령을 작성하거나 명령문으로 구성된 스크립트를 작성해야 하기 때문에 이를 위해서는 vi 문서편집기의 사용법을 숙달하여야 원활한 터미널 모드 작업을 수행할 수 있게 되므로 처음에는 조금 낯설더라도 반복적으로 연습하여 친숙해져야 한다.

1.1 UNIX 운영체제의 이해

운영체제(Operating System : OS)란 컴퓨터의 하드웨어 시스템을 효율적으로 운영하기 위한 소프트웨어로써, 컴퓨터를 작동하고 데이터의 관리와 작업 따위를 조정하는 프로그램 등으로 구성되어 있다.

우리가 널리 알고 있는 인텔(Intel) 개인용 컴퓨터의 운영체제인 윈도(Windows), 애플 개인용 컴퓨터의 매킨토시(Macintosh)가 개인용 컴퓨터의 운영체제로 널리 쓰이고 있다.

다중 사용자의 환경에 적합하도록 설계된 운영체제가 UNIX 운영체제인데, UNIX 운영체제는 여러 종류가 시스템에 따라 보편적으로 쓰이고 있으며, 공개 UNIX 운영체제인 Linux가 많이 보급되어 쓰이고 있으며, 학생들에게 프리웨어(freeware)로 사용되고 있다.

또한 UNIX 운영체제의 하나인 Solaris도 프리웨어로 전 세계에 많이 보급되고 있으며 http://www.oracle.com 사이트에 접속하여 무료로 내려 받아 자신의 PC나 SPARC 플랫폼에 인스톨할 수 있어 편리하다.

이 책에서는 솔라리스를 운영체제로 사용하는 경우라 가정하겠다. 또한 PC를 사용하여 솔라리스를 인스톨하면 경제적으로 공부하고, 시스템 운영에도 많은 도움이 있을 것이라 생각되므로 학생들에게 적극 추천하는 바이다. 솔라리스는 ZFS라는 파일 시스템을 사용하기 때문에 파일 용량의 크기에 거의 구애받지 않을 정도의 획기적인 파일 시스템을 채택하였으므로 거의 무제한으로 데이터베이스의 저장용량을 사용할 수 있다고 하겠다.

시스템 관리자가 이미 계정(account)을 생성하여 놓았기 때문에 학생들은 터미널 모드로 그 서버에 접속할 수 있도록 해야 한다. 인터넷이 접속되는 환경이라면 PC에서 터미널 모드로 접속하기 위한 프로그램이 자신의 PC에 설치해야 된다. 저자가 추천하는 터미널 모드 유틸리티는 순수 우리 기술로 개발하여 학교와 가정에 한해서 무료로 배포하여 내려 받아 사용할 수 있도록 한 넷사랑(http://www.netsarang.co.kr)의 Xshell을 적극 추천한다.

또한 xftp도 학교와 가정에 한해서 무료로 내려 받아 사용할 수 있는 권장할 만한 유틸리티이다. 이제부터, Xshell 유틸리티 프로그램을 자신의 PC에 설치한 경우라 가정하겠다. 윈도 환경에서 Xshell을 클릭하여 telnet 터미널 모드로 서버에 접속하도록 하기 위해서는 처음 접속의 경우 login에 필요한 비밀번호(password)를 입력해야 한다.

이 교재의 예제에서 사용한 글씨체로 Arial Narrow체는 학생들이 터미널 모드로 키보드에서 직접 입력하도록 하기 위해 사용된 글씨체이므로 실습을 위해서 따라하면 좋은 결과가 있을 것이다.

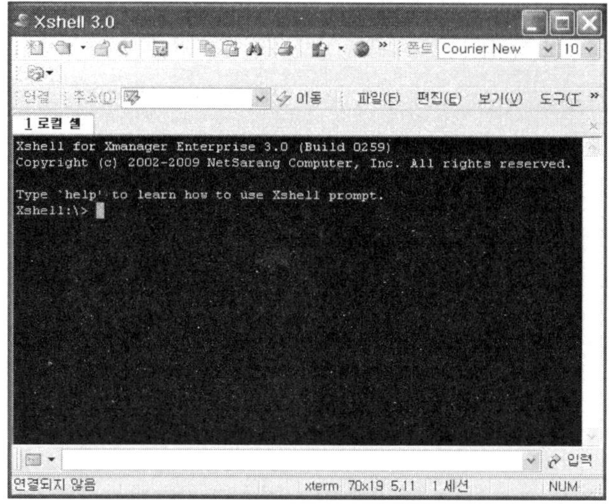

예제

Xshell:₩> **telnet 203.234.57.*****

login: **nugu**
Choose a new password.
New Password: ***********
Re-enter new Password: ***********
telnet: password successfully changed for nugu
-bash-3.00$ **logout**

Connection closed by foreign host.

Type 'help' to learn how to use Xshell prompt.
Xshell:₩>

혼자하기

Xshell의 pop-up 창에서 서버의 계정에 접속하는 과정을 반복하여 보자.

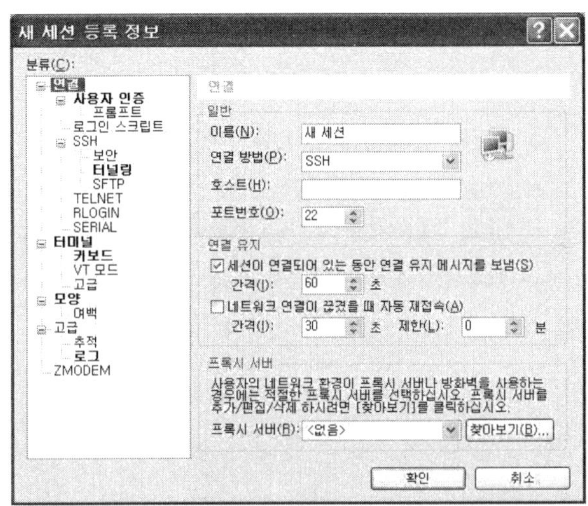

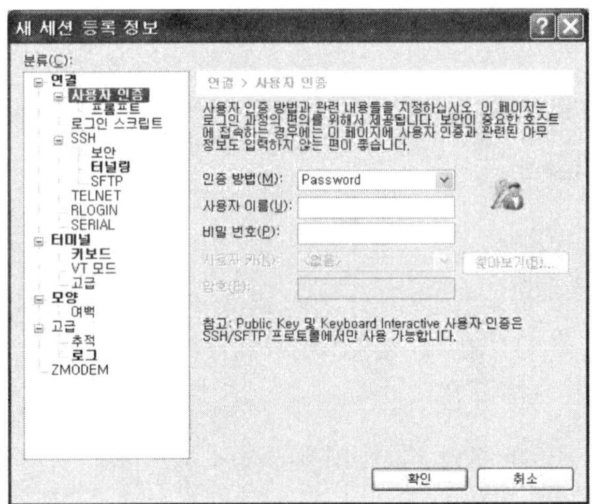

터미널 모드로 서버에 연결이 성공적으로 이루어지면, 이제 사용자는 해당 서버를 자신의 컴퓨터처럼 언제든지 접속하여 사용할 수 있게 된다.

물론 인터넷이 연결되는 어느 곳이든지 언제라도 서버가 운영되는 동안 접속하여 수시로 명령을 실행하면서 공부할 수 있으므로 반드시 학교의 전산실에 국한되지 않고 인터넷이 연결되는 어느 PC에서라도 연결하여 쓸 수 있다.

유닉스 운영체제에서는 쉘(shell)을 이해하여야 된다.

쉘이란 사용자가 내린 명령어를 해석하고, 그 결과를 커널(kernel)에 전달하는 프로그램이다. 즉, 사용자의 명령을 해석하여 커널에 전달하여 주는 일종의 명령어 해석기로서, 사용자가 쉘 프롬프트에서 내린 명령어를 해석하여 커널에 전달하고, 커널이 실행한 것을 처리하여 사용자에게 전달하는 역할을 한다.

커널이 하드웨어와 쉘 사이에서 다리 역할을 한다면, 쉘은 커널과 사용자나 사용자가 실행한 application 사이에서 다리 역할을 하는 것으로 쉘은 사용자와 시스템간의 대화를 가능케 해 주는 프로그램으로써 사용자가 입력시킨 명령을 읽어서 그 명령이 요청하는 시스템 기능을 수행시키도록 해 주는 명령어 해석기이다.

예를 들어, 명령어에 아규먼트(argument)로 경로명을 지정하는 경우,

경로명을 짧고 편하고 직관적으로 나타내기 위하여 ~, *, ? 등의 와일드 카드(wild card)를 사용하는 경우에 명령어나 커널은 와일드 카드로 지정한 경로명을 인식하는 기능이 전혀 존재하지 않는다.

쉘에서 와일드 카드로 지정한 데이터를 현재 상황에 맞는 실제 경로명으로 대체해서 명령어나 커널에 전달한다. 그리고 그 명령어의 실행 결과를 화면이나 파일로 출력한다.

원래 커널이 명령어를 실행하기 위해서는 절대/상대 경로명을 사용하여 명령어를 사용해야 하는데, 그런 경우는 별로 없고, 대개의 경우 명령어만 입력했고, 그 명령어가 어디에 있는지 그 명령어의 경로명을 지정하지 않아도 쉘에서 대신 처리하여 실행하게 된다.

우리가 명령어를 입력하면 그 명령어의 절대 경로명을 찾아서 커널에게 명령어를 실행하라고 전달하여 명령어가 실행되는 것이다.

쉘은 커널처럼 주기억장치에 상주하는 것이 아니고 보조 기억장치로 교체될 수 있는 일종의 응용 프로그램으로 간주된다.

또한 쉘은 '시스템 초기화 파일'과 '사용자 초기화 파일'의 두 형식이 존재하며, 시스템 초기화 파일은 시스템 관리자에 의해서 유지되며, Bourne 쉘과 Korn 쉘은 /etc/profile이고, C 쉘인 경우에는 /etc/.login 파일이 시스템 초기화 파일이다.

사용자 초기화 파일은 계정을 받을 때 /etc/skel의 local.*에서 복사되어 각각의 계정에 .profile, .cshrc, .login과 같은 초기화 파일이 된다.

종류	system 환경	user 환경	프롬프트	환경 설정 파일
sh	/etc/profile	$HOME/.profile	$	.profile
csh	/etc/.login	$HOME/.cshrc then $HOME/.login	%	.login, .cshrc, .logout
ksh	/etc/profile	$HOME/.profile then $HOME/.kshrc	$	.profile과 .kshrc
bash			$	.bash_profile, .profile, .bashrc
tcsh			>	.login, .tcshrc, .logout
zsh			%	.zshenv, .zprofile, .zshrc

서버에 telnet으로 연결되어 처음 익혀야 할 사항이 바로 문서편집기의 사용법이다.

unix 환경에서 사용되는 대표적인 문서편집기는 vi 문서편집기이다. 문서편집기란 PC 윈도의 문서편집기인 워드패드처럼 글을 아스키 코드로 쓸 수 있는 텍스트 에디터 유틸리티이다. 그런데 vi 문서편집기는 워드패드처럼 간단하게 사용할 수 없고 필요에 따라 적절한 사용법을 익혀야만 원활하게 서버에서 작업을 실행할 수 있다. 우리가 기계와 대화 하려면 기계가 이해하는 문자를 사용하는 것처럼 기계와 대화하기 위한 기계의 글을 작성하는 장치가 바로 vi 문서편집기이다. 수화(手話)로 대화하듯이 vi 문서편집기를 알아야 유닉스 기계와 대화할 수 있으므로 다음 절에서 vi 문서편집기의 사용법을 익혀 보도록 하자.

1.2 UNIX에서 vi 문서편집기 사용

vi 문서편집기는 대화식 문서편집기(interactive text editor)로 유닉스 운영체제의 모든 기종에서 기본적으로 사용할 수 있는 유틸리티이다.

입력하는 문자에 따른 vi 문서편집기의 사용 환경을 구분하여 다음 표에 정리하였다.

명령어	사용방식
vi	모든 유닉스 운영체제에서 사용되는 기본 문서편집기
vedit	문서편집기가 삽입 모드이면 화면 하단에 '삽입모드'가 표시됨
view	불러와 화면에 보이는 문서는 읽을 수 있지만 수정할 수 없음
vim	improved vi로 유틸리티가 추가로 설치된 경우에만 사용할 수 있음

vi 문서편집기의 설정 데이터를 ~/.exrc 파일에 스크립트로 작성하여 저장하여 두면 vi 문서편집기를 시작할 때마다 환경을 설정하지 않아도 되기 때문에 편리하게 vi 문서편집기를 사용할 수 있다.

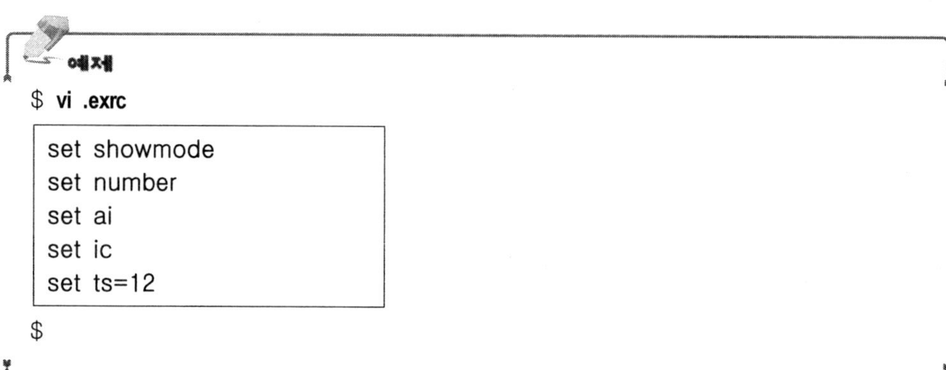
예제

```
$ vi .exrc
set showmode
set number
set ai
set ic
set ts=12
$
```

vi 문서편집기는 다음과 같은 3가지 모드가 있다.

- command mode
- input mode
- last line mode

처음 vi 문서편집기에 접하면 자신이 지금 현재 어느 모드에 있는지 알지 못하여 자신의 의도대로 문장을 완성하지 못하지만 조금 숙달하면 곧 편리한 문서편집기로 사용할 수 있게 되므로 처음에 어렵다 생각하지 말고 잘 배워서 그 활용도를 넓혀 나가도록 해야 한다.

vi 문서편집기의 동작을 도식적으로 표시하면 다음과 같으며, 이를 요약하면 다음 그림과 같다.

모드	설명
command	전후로 화면 이동, 좌우로 커서 이동, 글자/단어/라인을 삭제하는 기능
input	텍스트를 추가, 변경하는 기능
last line	저장, 검색, ex/ed 명령을 실행하기 위해 명령을 입력하는 기능

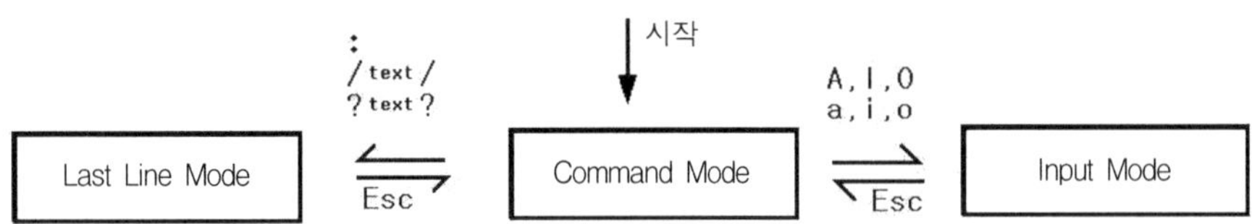

vi 문서편집기의 현재 모드에서 다른 모드로 이동하려면 키보드에서 키의 조작에 의존하는데 그 키의 기능을 정리하면 다음과 같다.

전환 전	명령어	전환 후
Command Mode	i, I, a, A, o, O	Input Mode
Input Mode, Last Line Mode	Esc 키	Command Mode
Command Mode	:키 /텍스트/ ?텍스트?	Last Line Mode

vi 문서편집기의 기능을 잘 익혀 보도록 하자.

먼저 vi 문서편집기에서 커서의 이동은 키보드의 상하 좌우의 화살표나 문자키에 의하며, 이를 정리하면 다음과 같고, 더 자세한 vi 문서편집기의 기능은 부록4를 참조하기 바란다.

정규 표현식

.	커서가 있는 현재 라인을 의미
$	끝 라인을 의미

커서 이동

j(↓)	한행 아래로 커서 이동
k(↑)	한행 위로 커서 이동
h(←)	한 칸 왼쪽으로 커서 이동

l(→)	한 칸 오른쪽으로 커서 이동
nG	줄번호가 n인 라인으로 커서 이동 n을 지정하지 않으면 마지막 라인으로 커서 이동
0	현재 라인의 첫 컬럼으로 커서를 이동
^	현재 라인의 첫 글자로 커서를 이동
$	현재 라인의 끝 글자로 커서를 이동
-	커서를 위 라인의 첫 글자로 이동
+	커서를 아래 라인의 첫 글자로 이동
H	현재 화면에서 첫 라인의 첫 글자로 커서를 이동
M	현재 화면에서 중간 라인의 첫 글자로 커서를 이동
L	현재 화면에서 마지막 라인의 첫 글자로 커서를 이동
^f	화면을 한 페이지 위로 올림
^b	화면을 한 페이지 아래로 내림
%	(), {}, []와 같이 짝을 이루는 기호 위에서 %를 누를 때마다 커서가 반복적으로 이동

문자와 줄 삽입

i	커서 위치에 글 삽입
I	커서가 위치한 줄의 제일 앞에 글 삽입
a	커서 위치의 다음 컬럼에 글 추가
A	커서가 위치한 라인 끝부터 추가
o	현재 커서가 위치한 다음 줄에 새 라인이 추가되고, 글 추가가 가능
O	현재 커서가 위치한 위 줄에 새 라인 추가되고, 글 추가가 가능
J	커서가 위치한 현재의 줄과 그 아래 줄을 하나의 줄로 결합

텍스트 삭제

x	커서가 있는 위치의 글자를 삭제하므로 반복하여 여러 글자를 지울 수 있음
dd	커서가 있는 곳의 줄을 삭제하므로 반복하여 여러 줄을 삭제할 수 있음
3dd	커서가 있는 곳의 줄부터 그 아래로 3줄을 삭제
:5d	줄번호가 5인 라인을 삭제
:5,10 d	줄번호가 5번에서 10번 라인까지 동시에 삭제
:.,5 d	커서가 있는 현재 라인부터 줄번호 5까지 삭제
:5,$ d	줄번호 5번부터 끝 라인까지 삭제

라인 복사/이동 및 파일 삽입

:1,2 co 3	줄번호 1~2번 줄을 줄번호 3번 줄 다음으로 복사(copy)
:4,5 m 6	줄번호 4~5번 줄을 줄번호 6번 줄 다음으로 이동(move)

:r 파일이름	현재 커서가 위치한 다음 라인에 파일을 읽어 들임(read)
:34r 파일이름	현재 커서의 위치와 관계없이 34번 라인의 다음 라인에 파일을 읽어 들임(read)
3yy 후 p	yy는 커서가 있는 현재의 줄을 버퍼에 복사 3yy는 커서가 있는 줄부터 3줄을 버퍼에 복사 붙여 넣을 곳으로 커서를 이동하여 p를 치면 버퍼 내용이 복제됨

저장 및 종료

:w	작업한 텍스트를 파일에 저장(write)
:w 파일이름	작업한 텍스트를 지정한 파일에 저장
:wq	작업한 텍스트를 저장하고 vi를 종료
:wq!	파일이 쓰기 금지된 파일일지라도 작업한 텍스트를 강제로 저장하고 vi를 종료
:q!	작업한 텍스트를 저장하지 않고 vi를 종료

last line 모드

/aa/	현재 라인부터 아래로 aa 문장을 찾아감(/aa처럼 표현해도 됨) • 오른쪽(아래쪽)으로 반복 찾기는 /만 사용해도 가능
?aa?	현재 라인부터 위로 aa 문장을 찾아감(?aa처럼 표현해도 됨) • 왼쪽(위쪽)으로 반복 찾기는 ?만 사용해도 가능
n, N	• n은 마지막 찾기의 방향과 같은 방향으로 찾기를 반복 • N은 마지막 찾기의 방향과 반대 방향으로 찾기를 반복
:%s /aa/bb/	문자 aa를 검색하여 bb로 모두 바꿈

예제

$ **vi aaa**

```
나는 지금 이 시각에 최선을 다하고 있는가?
지금 할 일을 바쁘다고 내일로 미루면
    내일은 또 한가하게 미뤄둔 그 일을 할 수 있을까?
만화책 10000권 읽었다고 "교양인"이라고 칭송 받을까?
10년 동안 게임에 몰두 했다고 "생활의 달인"이 될까?
내가 결혼하여 낳은 자식이 성장하여 현재의 나와 똑같은 행동을 하면
    나는 그 자식을
        멋진 자식이라고 자랑할까?
        원수 같은 자식이라고 한탄할까?
```

혼자하기

자기소개서에 아래 항목을 포함하여 자세하게 작성하여 보자.

- 성장배경
- 자신의 성격
- 자신의 장단점
- 취미
- 특기
- 생활습관
- 가족관
- 학창시절에 대한 소개
- 인생관
- 미래관
- 세계관

1.3 UNIX 명령어의 이해

UNIX 운영체제의 기계를 원활하게 사용하려면 반드시 유닉스 명령어를 이해하고 있어야 필요할 때 적절하게 원하는 기능을 발휘하도록 명령을 내릴 수 있게 된다.

이 절에서는 기본적인 유닉스 명령어의 사용법을 살펴보기로 하고, 더 자세한 명령어는 부록 3을 참조하기 바란다.

유닉스 명령어의 표현형식은 다음과 같이 나타낼 수 있다. 유닉스의 쉘 프롬프트에서 명령어를 입력하는 방법은 다음과 같은 방법으로 표현할 수 있다.

표현 형식	설명	사용 예
shell> 명령어	명령어만 입력	$ ls
shell> 명령어 -옵션	명령어는 하이픈(-)을 사용하여 옵션을 지정	$ ls -l
shell> 명령어 -옵션 -옵션		$ ls -l -a
shell> 명령어 -옵션옵션		$ ls -la
shell> 명령어1 -옵션 ¦ 명령어2 -옵션	명령어1을 실행한 결과를 명령어2로 보냄	$ ls -l ¦ more
shell> 명령어 -옵션 \\ > 명령어가 계속됨	명령어가 다음 줄로 계속 이어짐	$ ls \\ -la
shell> 명령어1 -옵션; 명령어2 -옵션	명령어1을 실행을 끝내고, 명령어2를 실행함 (2개의 명령 라인과 같음)	$ ls -l; date

유닉스 시스템에서 사용되는 명령어 중에서 몇 개만 선별하여 다음 표로 나타내었다.

명령어	설명	사용 예
ls	현재 디렉터리내의 파일 이름을 오름차순으로 나열	$ ls -al
pwd	현재 디렉터리의 위치를 절대경로로 표시	$ pwd
cat	• 간단한 텍스트문장을 작성 • 작성된 파일의 내용을 화면에 출력	$ cat > aa $ cat aa
mkdir	새로운 서브디렉터리를 만듦	$ mkdir public_html
rmdir	비어 있는 디렉터리를 제거	$ rmdir public_html
cp	파일 복사	$ cp aa bb
mv	• 파일 또는 디렉터리 이동 • 파일 또는 디렉터리 이름 변경	$ mv aa ./public_html $ mv bb aa
rm	파일이나 디렉터리(rm -r)를 제거	$ rm test $ rm -r aa

cd	• 현재 디렉터리의 경로를 변경
	• 자신의 홈디렉터리로 이동
		$ cd /export/home
		$ cd ..
		$ cd

telnet	다른 시스템에 터미널 모드로 접속	$ telnet 203.234.57.***
ftp	다른 시스템에 파일을 전송	$ ftp 203.234.57.***
chmod	파일 또는 디렉터리의 rwx 모드를 변경	$ chmod 755 aa $ chmod a+x aa
passwd	비밀번호를 변경	$ passwd

```
$ pwd
$ cd ../..
$ pwd
$ cd
$ cat aaa
```

```
$ mkdir public_html
$ cd public_html
$ vi index.html
```

```
<html>
<body bgcolor="#00ff00">
나의 홈페이지를 준비중입니다.<p />
</body>
</html>
```

혼자하기

파일 aaa의 퍼미션을 -rw-------로 변경하여 보자.

이제 유닉스 명령어의 이용방법을 익혔으므로 앞으로 쓰일 유닉스 환경과 자신의 비밀번호를 변경하는 과정을 살펴보기로 하자.

유닉스 시스템의 비밀번호는 영문자 대소문자와 숫자로 구성된 8자 이상을 추천하므로 자신의 비밀번호를 주기적으로 변경하여 보안문제를 스스로 해결하여야 한다.

유닉스 시스템에 로그인하면 초기 환경값이 읽혀지는데, 그 초기 환경값이 지정하는 파일의 첫 문자는 .(dot)로 시작되기 때문에 이를 'dot 파일'이라고 부른다.

여러분이 시스템의 쉘 중에서 bash 쉘을 기본으로 사용하는 사용자 로그인의 dot 파일은 다음과 같다.

.profile
.login

오라클 데이터베이스의 사용자가 bash 쉘을 사용하게 설정될 것이므로 다음 제2장에서 .profile과 .login 파일을 수정하는 과정을 공부하기로 하자.

예제

```
$ ls -al
$ cat .profile
$ cat .login
```

혼자하기

자신의 비밀번호를 변경하여 보자.

시스템 관리자의 선행 작업

이 교재에서 사용되는 시스템의 운영체제는 Solaris의 환경을 사용하는 경우라 가정한다.

Solaris 운영체제는 Linux(리눅스) 운영체제와 동일한 UNIX 계열이므로 Linux를 사용하는 환경에서도 큰 문제없이 실행될 것이다.

UNIX 시스템의 관리자는 root의 권한으로 일반 사용자(예 : nugu)가 시스템에 logon할 수 있도록 계정(account)을 미리 생성하여야 사용자 'nugu'가 UNIX 서버에 접속할 수 있다.

예제

```
# su - root
# groupadd student
# useradd -g student -d /export/home/student/nugu -s /bin/bash nugu
# cp /etc/skel/local.login /export/home/student/nugu/.login
# cp /etc/skel/local.profile /export/home/student/nugu/.profile
# chown -R nugu:student /export/home/student/nugu
# passwd -d nugu
```

복/습/문/제

이해도를 측정하기 위하여 각 문제를 5단계로 평가한다(1점~5점).

1. telnet과 ftp의 기능에 대해 설명하시오.
2. login과 logout을 설명하고 logout하는 다른 방법을 모두 설명하시오.
3. 자신의 비밀번호를 변경하는 과정을 실행하시오.
4. 작성된 aaa 파일을 vi 문서편집기로 다시 시작하시오.
5. vi에서 파일 aaa를 읽어 줄 끝에 추가하시오.
6. vi 문서편집기에서 줄번호가 보이거나 보이지 않도록 하시오.
7. 현재 디렉터리와 상위 디렉터리가 어떻게 표시되는가?
8. 상대경로와 절대경로의 표현 방법은?
9. chmod 명령으로 파일 aaa의 mode를 -rwxrw-r--로 변경하시오.
10. chmod 명령에서 8진 모드와 기호 모드를 사용하여 aaa 파일을 변경하시오.
11. .exrc 스크립트를 작성하여 그 동작을 확인하시오.
12. 자신의 홈페이지를 웹브라우저에서 읽어 보시오.

C.H.A.P.T.E.R

02

ftp, bzip2와 html 태그

공부할 내용

- ftp 사용법의 이해
- 파일 압축과 해지
- html 태그(tag)의 이해

앞 장에서 telnet 터미널 모드의 사용법과 vi 문서편집기의 사용법을 잘 이해하였다면, 이제 파일을 내려 받거나 올리는 ftp의 기능을 이해하여야 된다.

ftp를 실행하기 위해서는 트래픽 시간을 단축하기 위해서 파일을 압축하고 해지하는 방법을 터득하여야 한다.

또한 자신의 계정에 자신이 운영할 수 있는 홈페이지를 작성하여 스스로 웹을 관리하기 위해서 홈 페이지의 구성과 HTML 태그의 사용법을 함께 공부하도록 한다.

2.1 ftp 사용법의 이해

ftp(file transfer protocol)는 계정의 유무에 따라 다음과 같이 분류된다.

- ID로 접속하는 방법
- anonymous로 접속하는 방법

ftp는 표준파일 전송 프로토콜로서 지역 시스템과 원격 시스템간의 파일 전송 기능을 제공한다.

ftp는 인터넷을 통해 다른 시스템에 로그인할 수 있게 하며 시스템간에 파일을 복사할 수 있게 한다. 또한 ftp 프로그램은 시스템간에 ASCII 파일뿐만 아니라 2진(binary) 파일도 보내거나 내려 받을 수 있다.

물론 anonymous로 접속하기 위해서는 해당 서버에 익명 계정인 anonymous 계정이 설정된 경우에만 가능하다.

예제

ID로 접속	anonymous로 접속
$ **ftp 202.31.146.123** NAME: **nugu** Password: ********** ftp> **bye** $	$ **ftp garbo.uwasa.fi** Name : **anonymous** Password : **nugu@arirang.kunsan.ac.kr** ftp> **bye** $

이처럼 원격 시스템에 ftp로 접속이 이루어 지면 그 다음부터는 ftp에서 사용되는 명령어의 기능을 알고 있어야 파일을 보내거나 내려 받을 수 있다.

ftp 프롬프트에서 사용할 수 있는 명령은 다음과 같다.

```
ftp> ?
Commands may be abbreviated.  Commands are:

!           cr           mdir         protect      safe
$           delete       mechanism    proxy        send
account     debug        mget         put          sendport
append      dir          mKdir        pwd          site
ascii       disconnect   mls          quit         status
bell        form         mode         quote        struct
binary      get          mput         recv         sunique
bye         glob         nlist        reget        tcpwindow
case        hash         nmap         remotehelp   tenex
ccc         help         ntrans       rename       trace
cd          lcd          open         reset        type
cdup        ls           passive      restart      user
clear       macdef       private      rmdir        verbose
close       mdelete      prompt       runique?
ftp>
```

터미널 모드에서 ftp를 원활하게 사용하려면 해당 명령의 기능을 잘 알고 있어야 하지만, GUI 환경에서 편리하게 사영할 수 있도록 제공하는 사이트(http://www.netsarang.co.kr)에서 xftp를 내려 받아 자신의 PC에 설치하면 편리하다.

다음 그림은 xftp를 실행한 화면이다. 처음 파일 메뉴의 "새로 만들기"를 클릭하여 창을 연다.

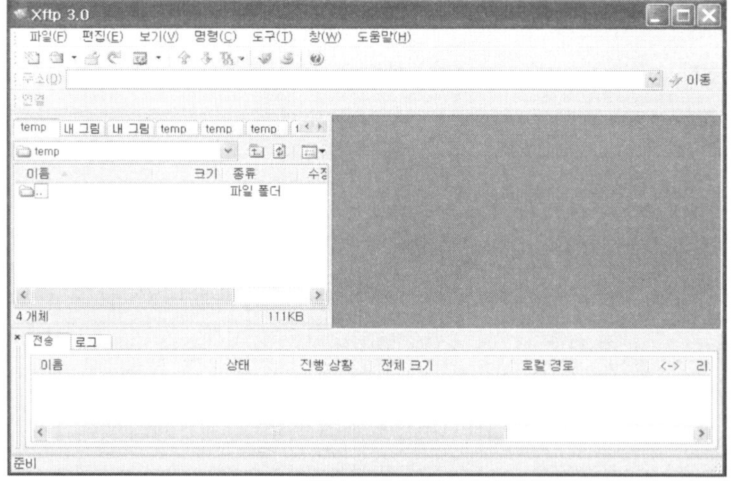

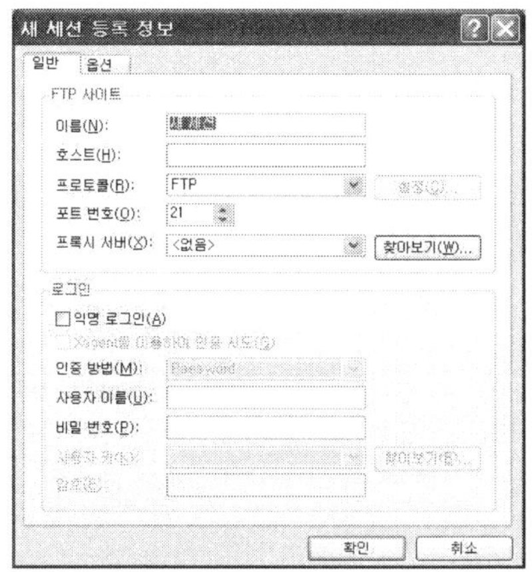

이름	기억하기 쉬운 사이트 이름을 지정
호스트	접속할 사이트 주소(IP나 domain) 예 : (203.234.57.**, 또는 arirang.kunsan.ac.kr)
프로토콜	사용할 프로토콜(FTP, SFTP중 하나로 SFTP를 권장함)
사용자 이름	계정 ID
비밀번호	계정에 접속할 때의 비밀번호

새 세션 등록을 마치고 나서 해당 사이트에 접속한 화면은 다음과 같다.

왼쪽은 로컬 PC의 디렉터리 내용이고, 오른 쪽은 올리거나 내려 받을 사이트의 디렉터리가 보이므로 원하는 디렉터리로 이동하여, 보기 메뉴의 바로 아래에 있는 위쪽 화살표는 올리기이고 아래쪽 화살표는 내려 받기를 의미한다.

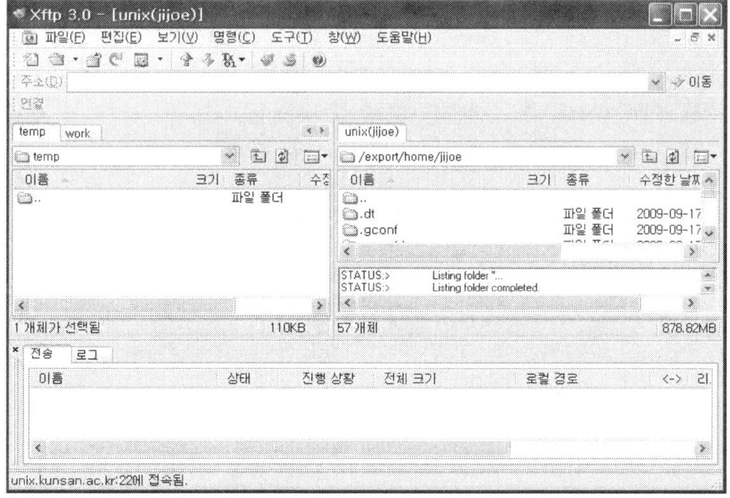

윈도 환경에서 작동되도록 개발한 xftp를 활용하면 PC와 서버 사이의 파일 이동이 보다 간편하다.

예제

계정을 갖은 사용자가 ftp를 이용하여 로컬 시스템과 원격 시스템 간에 접속하여 보자.

예제

ftp.uwasa.fi 사이트에 anonymous로 접속하여 파일을 내려 받아 보자.

예제

ftp 명령의 동작을 설명해 보자.

```
ftp> binary
ftp> get aa
ftp> put bb
ftp> bye
ftp> cdup
```

2.2 파일 압축과 해지

파일 전송시간을 줄이기 위해 대부분의 파일은 압축된 형태로 저장되고 클라이언트의 컴퓨터에서 압축을 풀게 된다. 가장 일반적인 압축 프로그램은 zip, gzip, bzip2, compress이다. tar는 압축 프로그램은 아니지만 서브디렉터리를 포함하여 여러 파일을 하나로 묶는데 사용하며, 여러 파일이 하나의 파일로 묶인 파일을 아카이브(Archive) 파일이라 한다. 아카이브라는 것은 여러 개의 파일을 지정한 한 파일로 묶어주는 것이다. 파일을 아카이브하면 그 디렉터리까지 함께 묶어주므로 나중에 이 파일을 풀면 디렉터리까지 복원된다.

그러므로 tar 파일을 만드는 가장 간단한 방법은 먼저 압축하고자 하는 최상위 디렉터리로 옮겨 가서 그 디렉터리 안에 있는 모든 서브디렉터리까지 한꺼번

에 압축하면 된다.

jar도 tar와 유사한 유틸리티이다.

[형식]

```
tar options [arguments] filename ...
```

[옵션]

c	지정한 이름을 사용하여 tarfile을 만듦
t	tarfile의 파일 목록을 보임
x	tarfile 지정한 파일을 추출함
f	tarfile 이름을 지정
v	verbose mode로 지정함
p	테이프에 파일의 퍼미션까지 저장함

예를 들어, 옵션 cvf는 tar로 아카이브 한다는 의미이며, tvf는 tar 파일로 아카이브된 파일목록을 볼 수 있고, xvf는 tar파일로 아카이브된 파일을 원래대로 풀어놓으라는 의미이다. 그리고 현재의 디렉터리 이하를 복사하려면, './'를 사용한다.

다음 그림의 개략도에서 보는 바와 같이 여러 파일을 tar를 사용하여 하나의 파일로 묶고 이를 gzip을사용하여 압축한 후, ftp로 파일을 전송한 후, 다시 역순으로 파일의 압축을 풀고, 하나의 파일로 묶인 tar 파일을 풀면 원래의 파일이 복원된다.

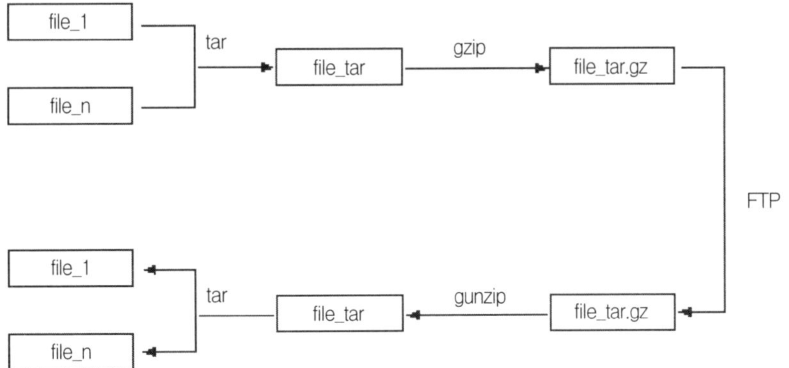

파일이 *.tar.gz처럼 tar로 묶고, gzip으로 압축된 파일을 동시에 푸는 또 다른 방법은 gzcat를 사용하면 간단하게 풀 수 있다. 또한 *.tar.Z로 압축된 파일은 zcat를 사용하여 압축을 풀어도 된다.

예제

```
$ tar cf public_htmli.tar  ./public_html
$ gzip public_html
```

예제

```
$ gzip -d public_html.tar.gz
$ tar xf public_html.tar
```

혼자하기

```
$ gzip -dc public_html.tar.gz ¦ tar xf -
```

아래의 표는 여러 파일을 하나의 아카이브 파일로 묶어 이를 다시 압축하고 해지하는 다양한 유틸리티를 요약하였다.

압축	해지	확장자	사용 예
compress	uncompress	.Z	rfc1118.txt.Z
	zcat로 *.Z로 압축된 텍스트 파일을 읽음		
gzip	gunzip, gzip -d	.z or .gz	textfile.gz
	gzcat로 *.gz으로 압축된 텍스트 파일을 읽음		
zip	unzip	.zip	textfile.zip
pack	unpack	.z	textfile.z
Stuffit	unsit	.Sit	program.Sit
PackIt	unpit	.pit	report.pit
PKZIP	unzip41	.ZIP	package.ZIP
zoo210	zoo210	.zoo	picture.zoo
tar -cvf	tar -xvf	.tar	book.tar
tar -cvzf	tar -xvzf	.gz	samba.gz

	gzcat gzip -dc zcat	.tar.gz .tar.gz .tgz .tar.Z	gzcat *.tar.gz ¦ tar xvf - gzip -dc *.tar.gz ¦ tar xvf - gzip -dc *.tgz ¦ tar xvf - zcat *.tar.Z ¦ tar xvf -
bzip2 -z	bzip2 -d bunzip2	.bz2	bzip2 -z bzip2-0_9_0c_tar bzip2 -d bzip2-0_9_0c_tar.bz2 bunzip2 aaa.tar.bz2

예제

```
$ jar -cf public_html.jar ./public_html
$ gzip public_html.jar
```

혼자하기

public_html.jar.gz 파일을 복원하여 보자.

2.3 html tag의 이해

vi 문서 편집기를 사용하여 개인이 직접 만든 자신만의 홈페이지를 작성하여 보도록 하자. 이 과정은 홈 페이지 작성 유틸리티를 사용하지 않고 간단하게 홈 페이지를 만드는 과정이다.

물론 홈페이지를 작성하는 유틸리티를 사용하면 편리하겠지만, 홈 페이지의 태그를 이해하는데 도움이 되므로 태그를 사용하여 홈 페이지를 작성하여 보도록 하자.

태그는 시작을 알리는 시작 태그와 끝을 알리는 끝 태그로 되어 있으며 시작 태그는 <html>처럼 <>로 감싸져 있고, 끝 태그는 </ >로 </를 사용하여 끝 태그를 가리킨다.

위 예시에서 <html>은 시작 태그이고

</html>은 끝 태그를 의미한다.

홈페이지는 public_html 디렉터리에 존재해야 되고 출발은 index.html 파일이다.

index.html 파일은 다음과 같은 형식으로 가져야 한다.

```
<html>
  <head>
   .....
  </head>
  <body>
   ......
  </body>
</html>
```

자신의 홈페이지에 그림이나 음원을 넣으려면 ftp를 사용하여 public_html 디렉터리에 그림이나 음원이 있어야 한다.

홈 페이지를 2개의 화면으로 분리하여 표시하는 과정을 함께 실행하여 보자.<frame> 태그는 <frameset> 내에서 실제로 나누어진 창에 들어갈 HTML 문서의 정보를 지정할 때 사용한다.

이 <frame> 태그는 끝 태그인 </frame> 태그는 사용하지 않고, 사용자가 나눈 창의 개수 만큼 <frame> 태그를 사용해서 각각의 창에 해당하는 정보를 정의해야 한다.

<frame> 태그에는 src 속성과 name 속성은 반드시 포함해야 한다.

소스 코드

```
<html>
<frameset cols="20%,*">
  <frame src="frame_left.html" name="chang1">
  <frame src="frame_right.html" name="chang2">
</frameset>
</html>
```

다음과 같은 파일이 필요합니다.

frame_left.html 내용	frame_right.html 내용
<body bgcolor="#ccff99"> frameset의 왼쪽 페이지 </body>	<body bgcolor="#ccffff"> frameset의 오른쪽 페이지 </body>

예제

다음 태그의 기능을 설명하시오.

1) <a href="http://arirang.co.kr" target="_blank">아리랑 사이트 연결</a>
2) <a href="mailto:nugu@arirang.co.kr">편지함</a>
3) <a href="ftp://arirang.co.kr/pub/aa.png">aa.png 내려 받기</a>

웹에서 자료를 표현할 때 표를 이용하면 간단명료하게 나타낼 수 있으며 그 형식은 다음과 같은 태그를 사용한다.

```
<table>
  <caption>...</caption>
  <th>...<th>...<th>...<tr>
  <td>...<td>...<td>...<tr>
  <td>...<td>...<td>...<tr>
</table>
```

태그 이름	정의
<TABLE>	테이블 시작 선언
<CAPTION>...</CAPTION>	테이블 이름 부여
<COLGROUP>...</COLGROUP>	컬럼집합을 선언
<COL>...</COL>	컬럼의 특성을 지정
<TR>	테이블 캐리지리턴
<TH>	테이블의 필드제목
<TD>	테이블의 데이터
</TABLE>	테이블 종료 선언

예제

소스 코드	실행 결과
<table border="2" bgcolor="#cc0000"> <caption>테이블 이름</caption> <th>이름<th>학과<tr> <td>홍길동<td>우리학과<tr> </table>	테이블 이름 이름 / 학과 홍길동 / 우리학과

실제로 <TR> 태그의 colspan 속성과 rowspan 속성을 사용하여 다음과 같은 표를 만들어 보자. 물론 <TD><TH>도 colspan과 rowspan도 같은 속성 기능을 갖는다.

<table>
<tr><td>①</td><td colspan="2">②</td></tr>
<tr><td>③</td><td>④</td><td rowspan="2">⑦</td></tr>
<tr><td>⑤</td><td>⑥</td></tr>
</table>

```
<TABLE>
<TR><TD> ① <TD colspan=2> ② </TR>
<TR><TD> ③ <TD> ④ <TD rowspan=2> <TD> ⑦ </TR><TR>
<TD> ⑤ <TD> ⑥ </TR>
</TABLE>
```

예제

다음 태그의 기능을 설명하시오.

1) <embed src="arirang.mp3" width="0" height="0" autostart="true">
2) <img src="milet.png" width="100" height="80" alt="milet">

혼자하기

웹에 사진이 첨부된 이력서를 다음 항목에 준수하여 보자.

- 자기소개서의 명함판 사진을 클릭하면 이력서를 보이도록 함
- 이력서의 해당항목은 링크로 연결시킴

복/습/문/제

이해도를 측정하기 위하여 각 문제를 5단계로 평가한다(1점~5점).

1. ftp에서 prompt의 기능을 실행하시오.
2. ftp에서 mget과 mput의 기능을 실행하시오.
3. ftp.kaist.ac.kr사이트에 anonymous로 접속하여 파일을 내려 받아 보시오.
4. 자신의 홈 디렉터리를 압축하여 PC에 내려 받아 저장하시오.
5. PC에 있는 자신의 홈페이지 파일을 원격 서버로 보내 복원하시오.
6. 〈iframe〉 택을 실행하시오.
7. 홈페이지의 바탕색을 지정하시오.
8. 그림을 〈A〉 태그로 지정하여 그림을 클릭하면 해당 사이트로 이동하는 예를 보이시오.
9. 화면을 두 개 이상으로 분리하여 보이도록 홈페이지를 작성하시오.
10. 자바스크립트 window.open()를 실행하시오.
11. 〈OBJECT〉 택을 사용하여 음원을 실행하시오.
12. 〈OBJECT〉 택을 사용하여 이미지를 넣어 보시오.

C.H.A.P.T.E.R

03

오라클 시작

공부할 내용

- 데이터베이스의 발전과정
- 오라클 발전과정
- 오라클 사용자 계정 등록
- 오라클 사용자 환경
- SQL의 이해
- 자료사전, 뷰, 그리고 시노님

이 장에서는 처음 오라클 계정을 받아 오라클에 logon하여 자신의 비밀번호를 주기적으로 변경할 수 있도록 하기 위한 비밀번호의 변경 과정을 익히며, 오라클 관리자로부터 부여 받은 권한(privilege)과 롤(role)을 확인하고, 오라클에 대한 기본 개념을 이해함으로써 오라클 강의를 시작하기 위한 첫 발을 내 딛는 과정이다. 그러므로 가장 기본적인 select 문을 통해서 SQL구문과 sqlplus 구문의 차이를 이해하고, 데이터베이스의 논리적 구성이 어떻게 이루어져 있는지 그 개념을 이해시키며, 또한 SQL에서 사용되는 각종 용어의 뜻을 이해하여 데이터베이스 강의를 원활하게 진행할 기초 과정을 터득하게 한다. 컴퓨터가 존재하는 이상 컴퓨터를 이용한 데이터베이스는 함께 하는 유용한 툴이 될 것이다. 세상의 많은 지식 정보를 체계적으로 정리한 오늘날에는 데이터베이스의 활용이 날로 급성장하고 있다. 일반적으로 가장 선호하는 데이터베이스 관리 시스템으로 오라클이 쓰이고 있기 때문에 이 장에서는 오라클에 대한 기본의 이해와 오라클 사용자의 계정을 생성하고 그 계정에서 오라클에 logon할 수 있는 환경 설정 과정을 설명한다.

3.1 데이터베이스의 발전과정

데이터베이스란 여러 사람에 의해 공유되어 사용될 목적으로 통합하여 관리되는 데이터의 집합을 말한다. 자료의 중복을 없애고 자료를 구조화하여 저장함으로써 자료 검색과 업데이트의 효율을 높인다.

다시 말해, 논리적으로 연관된 하나 이상의 자료의 모음으로 그 내용을 고도로 구조화함으로써 검색과 갱신의 효율화를 꾀하는 것이다. 즉, 몇 개의 자료 파일을 조직적으로 통합하여 자료 항목의 중복을 없애고 자료를 구조화하여 기억시켜 놓은 자료의 집합체라고 할 수 있다.

데이터베이스라는 용어가 처음 사용된 것은 1963년 6월 미국 SDC(System Development Corporation)가 산타모니카에서 개최한 '컴퓨터 중심의 데이터베이스 개발과 관리'라는 심포지엄 제목에서 공식으로 사용되었다.

현대적인 의미의 데이터베이스 개념을 확립한 사람은 당시 General Electric에 있던 C.바크만으로 그는 1963년 IDS(Integrated Data Store)라는 데이터베이스 관리시스템을 만들었다.

데이터베이스가 가지는 특성을 살펴봄으로써 그 뜻을 보다 명확히 할 수 있다.

첫째, 똑같은 자료를 중복하여 저장하지 않는 통합된 자료이다.

둘째, 컴퓨터가 액세스하여 처리할 수 있는 저장장치에 수록된 자료이다.

셋째, 어떤 조직의 기능을 수행하는 데 없어서는 안 될 존재 목적이 뚜렷하고 유용성 있는 운영 자료이다.

넷째, 한 조직에서 가지는 데이터베이스는 그 조직 내의 모든 사람들이 소유하고 유지하며 이용하는 공동 자료로서 각 사용자는 같은 데이터라 할지라도 각자의 이용 목적에 따라 다르게 사용할 수 있다.

컴퓨터의 물리적 데이터를 관리하는 것이 운영체제의 파일 시스템이라고 한다면, 데이터를 관리하는 것을 DBMS(DataBase Management System)라 한다.

DBMS는 관계형 DBMS인 RDBMS(Relational DBMS)가 있고,

객체 RDBMS(Object-RDBMS)가 있다.

현재 사용되고 있는 여러 데이터베이스 관리 시스템이 있지만, 몇 개만 간단히 분류하여 표에 정리하였다.

분류	사용되고 있는 데이터베이스
RDBMS	MySQL, Oracle
ORDBMS	PostgreSQL, UniSQL

앞으로도 데이터베이스는 계속 진화할 것이므로 컴퓨터와 함께 데이터베이스도 함께 존재하며, 이로 인해서 자료의 구조적 정리와 이용으로 우리 생활이 더 편리해지고, 명확해질 것이다.

예를 들어, 전 국민의 주민등록 전산화와 같은 국책사업이 완성되었기 때문에 전국 어느 곳에서든지 인터넷으로 주민등록 서류를 발급받는 편리함도 있겠고, 국세청의 전산화로 개인의 소득이 투명해지며, 또한 카드결제와 현금영수증 사용에 대해서도 국세청 전산 데이터베이스에 입력되기 때문에 이를 취합하여 년말에 소득 정산 자료로 쓰이게 되는 편리함이 있다.

또한 병원에서 진료한 모든 진료내역이 데이터베이스에 저장되므로 자신의 건강에 대한 자세한 내력을 언제든지 확인해 볼 수 있기 때문에 인간의 한계수명까지 살 수 있는 터전이 될 것이다.

예제

1. 인터넷을 검색하여 데이터베이스의 종류와 간단한 특성을 작성하시오.
2. 우리 생활주변에서 데이터베이스를 활용한 예를 나열하고 그 장단점을 말해 보시오.

혼자하기

종이 위에서 자료를 정리한다면 어느 형태가 가장 효율적인 정리방법이 될까?

혼자하기

미래에 자료를 정리하는 방안을 제시하여 보자.

3.2 오라클의 발전과정

데이터베이스 분야에서 단연 독보적인 존재라면 오라클을 꼽을 정도의 세계적인 데이터베이스 관리 프로그램으로 성장하고 있다.

데이터베이스가 인터넷의 발달과 더불어 급성장함에 따라 인터넷을 기반으로 한 8i, 9i 버전에 이어 데이터의 용량이 대용량화 되어 한 곳에서 데이터를 관리하기 힘든 한계에 접어들어, 이제는 10g, 11g처럼 grid 형태로 발전하여 지금은 데이터를 한 곳에 저장하는 형식이 아니라 여러 곳에 분산한 grid 형식으로 발전되어 가고 있다.

예를 들어, google map에서 각지의 사진 자료를 한 곳에 저장하여 관리하는 것은 매우 곤란하겠지만, 데이터를 분산 저장하게 되므로 원활하게 관리되고 있는 것을 알 수 있다.

오라클 데이터베이스 관리시스템(약해서 오라클이라 부르기로 한다)이 개인 사용자가 무료로 다음 사이트에서 내려 받을 수 있다.

http://www.oracle.com/technology/software/products/database/index.html

오라클은 java로 되어 있기 때문에 파일 용량이 크고, 설치하는데 시간이 좀 소요되지만, 어느 플랫폼에 설치하더라도 화면의 형식이 동일한 것이 장점이다.

반면에, MySQL처럼 컴파일을 통해 설치한다면 파일 용량은 크지 않지만, 스스로 환경을 설정해 주어야 하는 번거로운 과정을 거쳐야 된다.

오라클을 내려 받았으니 자신의 솔라리스 운영체제의 시스템(x86 버전이라 가정한다.)에 오라클을 설치하는 과정은 다음 사이트의 설치과정을 참조한다.

http://radiocom.kunsan.ac.kr/lecture/oracle/ora/ora_start.html

우리 주위의 인터넷 사이트에는 다양한 포럼이 준비되어 운영되고 있는데, 데이터베이스에 관한 추천할 만한 사이트는 다음과 같다.

http://database.sarang.net

예제

오라클 사이트에 접속하여 자신의 환경에 맞는 오라클 데이터베이스를 내려 받아 보자.

혼자하기

오라클 사이트에 접속하여 필요한 reference manual을 내려 받아 보자.

3.3 오라클 사용자의 계정 등록

서버에 logon하려면 계정이 필요하듯이 오라클 계정에 logon하려면 오라클 계정이 또 필요하게 된다. 그러므로 하나의 시스템에 운영체제로 솔라리스를 설치하고 그 시스템의 데이터베이스 관리시스템으로 오라클이 설치되었다면 서버에 접속할 계정이 있어야 하고, 또한 서버내의 오라클에 접속할 오라클 계정이 필요하게 된다.

시스템 관리자가 nugu라는 오라클 계정을 생성하고 또한 필요한 권한이 들어있는 롤(role)을 사용자 nugu에게 부여했기 때문에 사용자 nugu도 오라클을 사용할 수 있지만, 사용자 nugu는 스스로 오라클에 접속할 수 있는 환경을 설정하지 않았기 때문에 스스로 환경을 다음과 같이 반드시 설정해야 된다.

예제

$ **vi .profile**

```
PATH=/bin:/usr/bin:/usr/local/bin:/usr/ucb:/etc:.:/usr/ccs/bin:$ORACLE_HOME/bin
  export PATH
DISPLAY=arirang:0.0
  export DISPLAY
ORACLE_OWNER=oracle
  export ORACLE_OWNER
LD_LIBRARY_PATH=/usr/lib:/usr/local/lib
  export LD_LIBRARY_PATH
ORACLE_BASE=/export/home/oracle
  export ORACLE_BASE
ORACLE_HOME=$ORACLE_BASE/app/oracle/product/110.1
  export ORACLE_HOME
ORACLE_SID=orcl
  export ORACLE_SID
LD_LIBRARY_PATH="${LD_LIBRARY_PATH}:$ORACLE_HOME/lib"
  export LD_LIBRARY_PATH
ORACLE_TERM=vt100
  export ORACLE_TERM
PATH=$PATH:$ORACLE_HOME/bin
  export PATH
NLS_LANG=AMERICAN_AMERICA.KO16MSWIN949
#NLS_LANG=AMERICAN_AMERICA.KO16KSC5601
#NLS_LANG=AMERICAN_AMERICA.UTF8
export NLS_LANG
```

$ **. ./.profile**
$ **sqlplus nugu/**password
SQL> **exit**
$

예제

```
$ cp $ORACLE_HOME/login.sql ./login.sql
$ vi login.sql
 define _editor=vi
 set serveroutput on
$
```

혼자하기

sqlplus로 오라클에 logon/logout을 반복하여 다음과 같이 실행해 보자.

```
$ sqlplus /nolog
$ sqlplus nugu/password
```

혼자하기

login.sql 스크립트에 다음 환경값을 넣어 보자.

```
alter session set nls_language='KOREAN';
```

예제

자신이 사용하는 시스템의 php 환경을 확인해 본다.

```
$ cd public_html
$ vi index.html
<html><body>
  <?php phpinfo(); ?>
</body></html>
```

3.4 오라클 사용자 환경

오라클 사용자는 적절한 시기에 자신의 비밀번호를 변경하여 보안을 강화할 필요가 있다.

오라클에서 비밀번호를 변경할 수 있는 자는 다음과 같다.

- 자기 자신의 비밀번호는 언제든지 변경할 수 있다.
- SYSTEM 권한의 소유자는 타인의 비밀번호를 변경할 수 있다.

예제

자기 자신의 비밀번호를 변경하는 경우

```
$ sqlplus nugu/abc1234
SQL> ALTER USER nugu IDENTIFIED BY nugu_password;
SQL> exit
$ sqlplus nugu/nugu_password
SQL>
```

이처럼 간단하게 자신의 비밀번호를 변경할 수 있다.

물론 sysdba 권한을 가진 관리자는 일반 사용자가 비밀번호를 잊어 방황할 때, 수강생의 비밀번호를 새로 지정할 필요가 있을 경우이다.

오라클 관리자가 오라클 사용자의 비밀번호를 새로 지정해야 되는 경우, 이 장 끝에 준비된 '시스템 관리자 선행 작업'의 sysdba의 비밀번호 변경을 참조하기 바란다.

혼자하기

오라클 사용자 자신의 비밀번호를 변경하여 보자.

오라클을 설치하면 기본적으로 설치되는 권한(privileges)을 오라클 관리자가 일반 사용자에게 grant 문이나 revoke 문으로 권한을 부여하거나 회수할 수 있다. 오라클에서 사용되는 권한은 다음과 같다.

권한의 종류	설명
시스템 권한 (SYSTEM privilege)	데이터베이스 객체를 생성, 수정, 삭제할 수 있는 권한
객체 권한 (OBJECT privilege)	객체 내용을 조작(추가, 변경, 삭제, 검색)할 수 있는 권한

일반 사용자도 사용할 수 있는 권한을 grant할 때 옵션에 따라 일반 사용자도 제3자에게 grant와 revoke를 수행할 수 있으며, grant 문에서 옵션의 의미는 다

음과 같다.

옵션	의미
WITH ADMIN OPTION	사용자가 데이터베이스의 관리자가 아님에도 불구하고 자신에게 부여된 권한을 다른 사용자에게 부여할 수 있음
PUBLIC	시스템 권한을 데이터베이스의 모든 사용자에게 부여할 때 사용함
WITH GRANT OPTION	사용자 A가 B에게 자신의 객체를 with grant option으로 객체에 대한 권한을 양도하면 B는 C에게 양도받은 그 권한을 다시 양도할 수 있음

다양한 권한을 적절하게 몇 개씩 묶어 이를 롤(role)이라 하며, 오라클을 설치할 때 디폴트로 설치되어 있는 롤 중에서 일부만 다음 표에 정리하였다.

Role 이름	설명
connect	• 데이터베이스에 접속할 수 있는 권한 • SQL.BSQ 스크립트에 의해서 생성됨 • 포함되는 시스템 권한 : ALTER SESSION, CREATE CLUSTER, CREATE DATABASE LINK, CREATE SEQUENCE, CREATE SESSION, CREATE SYNONYM, CREATE TABLE, CREATE VIEW
resource	• 오라클 데이터베이스의 기본 개체(TABLE, VIEW, INDEX 등)를 생성, 변경, 삭제할 수 있는 권한을 가짐 • SQL.BSQ 스크립트에 의해서 생성됨 • 포함되는 시스템 권한 : CREATE CLUSTER, CREATE INDEXTYPE, CREATE OPERATOR, CREATE PROCEDURE, CREATE SEQUENCE, CREATE TABLE, CREATE TRIGGER, CREATE TYPE
dba	• 오라클 데이터베이스를 관리하기 위해 필요한 권한들을 가진 롤로 120여 개의 권한이 부여되어 있음 • SQL.BSQ 스크립트에 의해서 생성됨 • WITH ADMIN OPTION을 가진 모든 시스템 권한들이 포함
sysdba	• 데이터베이스의 시작과 종료 및 관리를 하기 위한 롤
sysoper	• sysdba 권한과 데이터베이스를 생성할 수 있는 롤

오라클 시스템에서 미리 준비된 롤에 대한 정보를 확인할 수 있는 data dictionary(자료사전)의 뷰(view)는 다음 표와 같으며, 사용자 자신에게 부여된 롤을 한번 확인할 필요가 있다.

뷰이름	설명
dba_roles	데이터베이스에 기본적으로 설치된 모든 롤
role_sys_privs	롤에 부여된 시스템 권한
role_tab_privs	롤에 부여된 객체 권한
user_tab_privs_made	사용자에게 부여된 객체 권한
user_tab_privs_recd	사용자가 생성한 객체 권한
user_col_privs_made	사용자에게 부여된 컬럼에 대한 권한
user_col_privs_recd	사용자가 생성한 컬럼에 대한 권한
user_role_privs	사용자에게 부여된 모든 롤

```
SQL> select count(*) from system_privilege_map;
SQL> select username, granted_role from user_role_privs;

USERNAME        GRANTED_ROLE
--------------- ---------------
NUGU            CONNECT
NUGU            RESOURCE

SQL>
```

아직 grant에 의한 권한을 부여하는 과정을 공부하기엔 좀 이르므로 여기서는 자신에게 오라클 관리자가 부여한 권한을 확인하여 보고, 필요시 관리자에게 원하는 권한을 grant하도록 해야 할 것이다.

3.5 SQL의 이해

오라클 사용자로 계정을 받으면서 시스템 관리자가 각각의 계정 사용자가 오라클에 접속하여 사용할 환경을 설정하였기 때문에 여러 오라클 사용자가 접속하여 강의실에서 수업 받고 있을 것이다.

앞 절에서 일반 오라클 사용자에게 connect 롤과 resource 롤을 부여했기 때문에 최소한의 권한으로 오라클에 접속하여 사용할 수 있다.

그러면 오라클을 사용하는 목적은 데이터를 정리하여 데이터베이스의 객체에 넣고 이를 관리하는데 있다면, 데이터를 관리하기 위해서 질의(query)하여 그 결과를 보면서 적절한 조치를 취하게 된다.

SQL('시퀄 : sequel', 또는 '에스큐엘'이라 발음)이란 Structured Query Language의 약자로 구조적 쿼리 언어로 데이터베이스에 질의(쿼리)하는 것을 의미한다.

SQL을 이용해 단순한 쿼리뿐만 아니라 데이터베이스를 만들거나 제거하고, 데이터베이스 내에 테이블을 삽입, 갱신, 삭제하거나 다양한 운영 작업을 할 수 있기 때문이다. 그래서 SQL도 C언어처럼 SQL언어라고 한다.

SQL언어의 특징

- 관계 대수와 관계 해석을 기초로 한 고급 데이터 언어
- 이해하기 쉬운 형태로 표현
- 대화식 질의어로 사용 가능
- 데이터 정의(DDL), 데이터 조작(DML), 제어기능(DCL) 제공
- COBOL, C, PASCAL 등의 언어에 삽입
- 레코드 집합 단위로 처리
- 비절차적 언어

SQL의 주요 기능

- 데이터 정의 : 저장 데이터의 구조와 데이터 항목들 간의 관련성을 정의
- 데이터 검색 : 저장된 데이터를 검색
- 데이터 조작 : 데이터를 삽입, 삭제, 수정
- 접근 제어 : 허가되지 않은 사용자의 사용을 제한
- 데이터 공유 : 동시 사용자들의 사용을 허용 또는 방지
- 대화식 질의
- 데이터에 대한 다중 뷰 제공
- 동적 데이터 정의

SQL 문을 크게 다음과 같이 3가지로 분류한다.

1) DML(Data Manipulation Language)

SQL 문중에서 데이터베이스의 데이터에 질의하거나 업데이트하는 문을 일컬으며, 다음과 같은 문이 있으며, 종종 DML범주 내에 DCL을 포함시키기도 한다.

- SELECT
- INSERT
- UPDATE
- DELETE

2) DDL(Data Definition Language)

SQL 문중에서 데이터베이스 객체, 즉 테이블이나 뷰를 정의하거나 객체를 삭제하는 문을 일컬으며 다음과 같은 문이 있다.

- CREATE
- ALTER
- DROP

3) DCL(Data Control Language)

SQL 문중에서 데이터베이스나 데이터에 억세스하는 것을 통제하는 문을 일컬으며 다음과 같은 문이 있으며, 종종 DCL을 DML의 범주에 포함시키기도 한다.

- GRANT
- REVOKE

SQL은 기본적으로 릴레이션(relation : 관계) 즉 테이블을 대상으로 수행되며 테이블에는 기본 테이블(base table)과 뷰(view)가 있다.

기본 테이블은 사용자가 데이터베이스를 생성하는 과정이나 응용 프로그램을 위해 작성하는데 반해, 뷰는 독자적으로 만들어지지 못하고 특정 기본 테이블로부터 유도되어 만들어지는 가상 테이블이다. 일반적으로 테이블이라 함은 기본 테이블을 의미한다.

오라클에서는 SQL은 물론이고 PL/SQL과 SQL*Plus를 지원하는데 그 의미는 다음과 같다.

구분	특징
SQL	• 프로그래밍 경험이 적거나 전혀 없는 사용자들도 사용 • 비절차적 언어 • 시스템을 생성하고 유지 관리하기 위해 요구되는 시간을 절약 • 영어 문장과 유사하게 표현되는 언어
PL/SQL	SQL에 응용 로직을 추가하여 확장한 오라클의 절차적인 언어(Procedural Language)를 의미 • SQL 데이터 조작과 질의 명령문은 절차적인 code 단위 안에 포함 • error 처리 가능 이식성 • 데이터 캡슐화, 정보 숨김, 객체지향 같은 현대적 소프트웨어 엔지니어링 기능을 제공하여 오라클 서버와 Tool set에 대한 최신의 프로그래밍을 가능케 함
SQL*Plus	SQL 및 PL/SQL 문장을 인식하고 실행시켜주는 오라클 툴, 사용자와 물리적 데이터베이스 간의 인터페이스를 담당하는 도구, 즉, DBMS와 사용자 간의 통신수단임 • 파일로부터 SQL 입력을 받음 • SQL 문장을 수정하기 위한 line 편집을 제공 • 환경적인 설정을 제어 • 질의 결과를 기본적인 레포트 형태로 포맷 • Local과 Remote 데이터베이스를 액세스

SQL 문장 작성법

- SQL 문장은 대소문자를 구별하지 않는다.
- SQL*Plus에서 SQL 문장은 SQL 프롬프트에 입력되며, 이후의 Line은 줄번호가 붙는다.
- SQL 명령은 세미콜론(;)을 붙여 문장의 끝을 알린다.
- 마지막 실행한 SQL 문은 SQL buffer에 저장된다.
- SQL 문장은 한 줄, 또는 여러 줄로 구성될 수 있다.
- SQL 문장을 구성하고 있는 단어 중 어디서나 분리해도 된다.
- 한 줄에 하나의 절(select, from, where) 형태로 나누어 입력하는 것을 권한다. 그러나 하나의 단어를 두 줄로 나누어 입력해서는 안 된다.
- 키워드는 대문자로 입력하도록 권하며, 다른 모든 단어 즉, 테이블 이름, 컬럼(column) 이름은 소문자로 입력을 권한다.
- 키워드는 단축하거나 두 줄에 걸쳐 나누어 쓸 수 없다.
- 절은 대개 줄을 나누어 쓰도록 권한다.
- 탭과 줄 넣기는 읽기 쉽게 하기 위해 사용을 권한다.

예제

```
SQL> SELECT synonym_name FROM all_synonyms
  2  WHERE synonym_name LIKE 'SCOTT_%';

SYNONYM_NAME
---------------------------
SCOTT_BONUS
SCOTT_DEPT
SCOTT_EMP
SCOTT_EMPLOYEES
SCOTT_SALGRADE

SQL> DESC scott.emp;
 Name                    Null?    Type
 ----------------------- -------- -------------------
 EMPNO                   NOT NULL NUMBER(4)
 ENAME                            VARCHAR2(10)
 JOB                              VARCHAR2(9)
 MGR                              NUMBER(4)
 HIREDATE                         DATE
 SAL                              NUMBER(7,2)
 COMM                             NUMBER(7,2)
 DEPTNO                           NUMBER(2)

SQL> create table test AS select * from scott.emp;
```

혼자하기

SCOTT 스키마(schema)에 속한 테이블을 확인해 보자.

오라클에서 데이터베이스라는 용어가 자주 쓰이는데 데이터베이스의 구성을 다음 그림에 도식적으로 표시하였다.

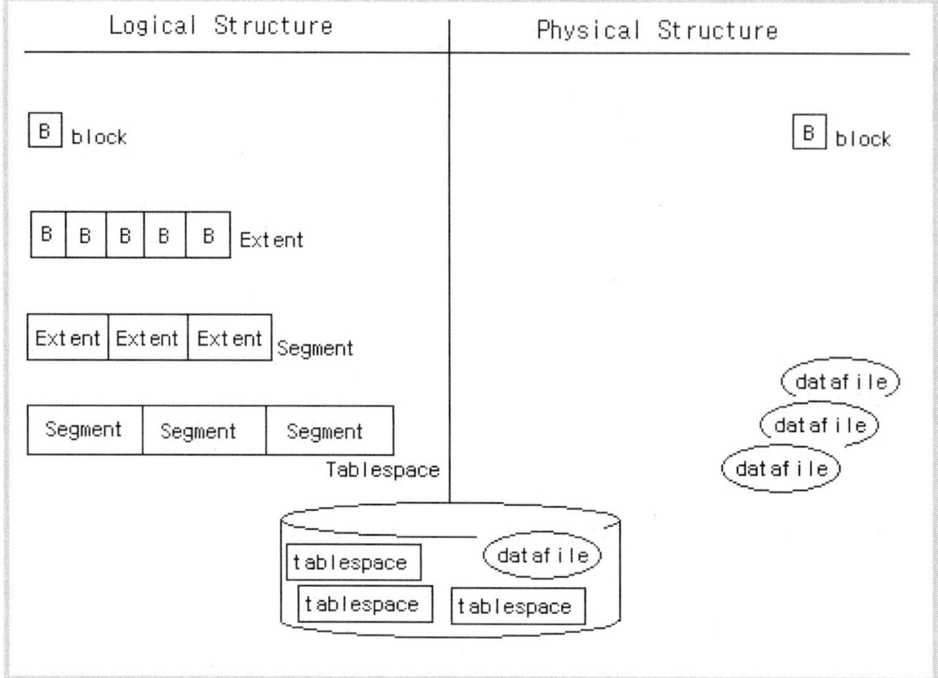

여러 바이트가 모여서 하나의 block이 되고, 여러 블록이 모여서 extent가 되며, 여러 extent가 모여서 하나의 segment를 구성하게 된다.

이러한 segment가 여러 개 모여 하나의 tablespace를 이루고 이러한 table space가 여러 개 모이면 하나의 database를 구성하게 된다.

우리는 오라클에서 쓰이는 용어로 인스턴스, 세션, 스키마, 권한, 롤 따위를 접하게 되는데 그에 대한 구분을 확실하게 하여 혼동하지 않도록 하자.

구분	동작 기능
Instance	데이터베이스가 startup하여 shutdown 할 때까지
Session	사용자가 오라클에 sqlplus로 로그인하여 exit 할 때까지
Schema	오라클 사용자가 만든 그 사용자의 모든 객체들

예제

```
SQL> select sum(bytes) from user_segments where segment_type='TABLE';
```

```
SQL> select tablespace_name, block_size from user_tablespaces;
SQL> select segment_name, extent_id, tablespace_name from user_extents;
```

예제

```
-bash-3.00$ sqlplus nugu    ☜ 세션 시작
Enter password: ******

SQL> select userenv('sessionid') from dual;

USERENV('SESSIONID')
--------------------
              592871

SQL> select USERENV('LANGUAGE') from dual;

USERENV('LANGUAGE')
----------------------------------------------------
KOREAN_AMERICA.KO16MSWIN949

SQL> select USERENV('TERMINAL') from dual;

USERENV('TERMINAL')
----------------------------------------------------
pts/5

SQL> exit  ☜ 세션 끝
-bash-3.00$
```

혼자하기

자신의 세션 ID를 확인하여 보자.

3.6 자료사전, 뷰, 시노님

자료사전(data dictionary)은 sql.bsq에 의해 생성되는 기본 테이블과 catalog.sql와 catproc.sql같은 스크립트를 실행하여 생성되는 자료사전으로 구성된다.

오라클 데이터베이스에서 발생되는 모든 변화를 오라클 데이터베이스 관리시스템이 스스로 정리하여 기록으로 저장해 두는 것이 자료사전이다.

이는 너무나 거대한 정보를 가지고 있기 때문에 필요한 컬럼만 따로 보이도록 한 것이 뷰(view)이다. 그러므로 오라클에서 제공하는 자료사전 뷰를 구분하면 다음과 같다.

DBA__	데이터베이스 전체에 포함되는 모든 객체에 대한 자세한 정보
ALL__	자신이 생성한 객체와 다른 사용자가 만든 객체 중에서 자신이 볼 수 있는 정보
USER__	자신이 생성한 모든 객체에 대한 정보
V$__	데이터베이스의 성능분석과 통계 정보를 제공하며 X$테이블에 대한 뷰
X$__	데이터베이스의 성능 분석과 통계 정보를 제공하는 테이블

자료사전에서 관리하는 정보

- 데이터베이스의 물리적 구조와 객체의 논리적 구조
- 오라클 사용자 이름과 스키마 객체 이름
- 사용자에게 부여된 접근 권한과 롤
- 무결성(integrity) 제약조건에 대한 정보
- 컬럼별로 지정된 기본 값
- 스키마 객체에 할당된 공간의 크기와 사용 중인 공간의 크기에 관한 정보
- 데이터베이스 이름, 버전, 생성 날짜, 시작모드, 인스턴스 이름에 관한 정보

사용자 테이블 정보 조회

USER__TABLES	테이블에 저장된 테이블스페이스 이름, 데이터가 저장된 물리적 공간과 블록 파라미터(parameter) 정보
USER__OBJECTS	사용자가 생성한 테이블 정보와 함께 인덱스, 시퀀스, 시노님, 뷰 등과 같은 객체에 대한 이름, 종류, 생성 날짜 등의 정보
USER__CATALOG	사용자 소유로 생성된 모든 객체 이름과 객체 종류에 대한 정보[table_name 컬럼은 객체 이름이고(테이블 이름이 아님), table_type 컬럼은 객체의 종류를 의미함]

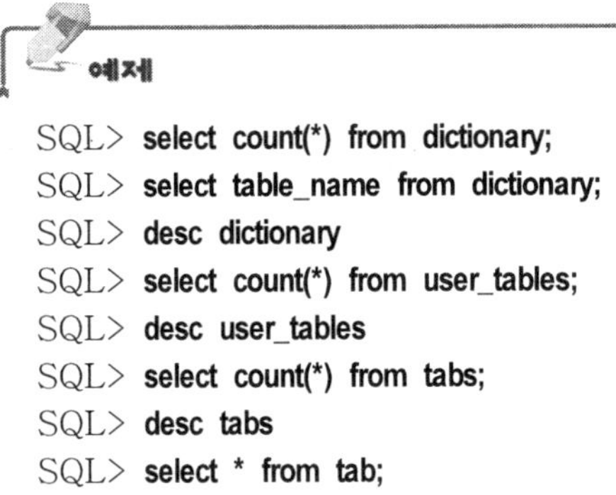

예제

```
SQL> select count(*) from dictionary;
SQL> select table_name from dictionary;
SQL> desc dictionary
SQL> select count(*) from user_tables;
SQL> desc user_tables
SQL> select count(*) from tabs;
SQL> desc tabs
SQL> select * from tab;
SQL> desc tab
```

예제

```
SQL> select * from all_users where username = 'S123456';
SQL> select * from user_role_privs;
SQL> select * from user_sys_privs;
SQL> select * from user_synonyms;
SQL> select view_name,text from user_views;
```

혼자하기

위 예제에서 tabs와 tab의 차이점을 확인하시오.

데이터베이스 객체에 대한 소유권은 해당 객체를 생성한 사용자가 가진다. 따라서 다른 사용자가 소유한 객체에 접근하기 위해서는 소유자로부터 접근권한을 부여 받아야 한다.

그리고 다른 사용자가 소유한 객체를 조회할 때에는 소유자의 ID를 객체 이름 앞에 지정해야 한다. 예를 들어, emp 테이블의 소유자가 scott이고, 어떤 사용자가 scott로부터 접근권한을 부여 받아 emp 테이블을 조회하려면 scott.emp와 같이 소유자 ID를 테이블 이름 앞에 지정해야 한다.

하지만 객체를 조회할 때마다 객체의 소유자를 일일이 지정하는 방법은 매우 번거로운 일이다.

시노님(synonym : 동의어)은 하나의 객체에 대해 다른 이름을 정의하는 방법이다. 예를 들어, scott 소유의 scott.emp 테이블에 대해 arirang이라는 동의어를 정의할 경우, 질의어에서 scott.emp라는 긴 이름 대신에 arirang라는 간단한 이름으로 scott.emp 테이블을 조회할 수 있다.

동의어는 SQL 문에서 사용하는 테이블이나 컬럼의 별명과 유사한 개념이다. 하지만 별명은 해당 SQL 문장 내에서만 사용할 수 있지만, 시노님은 데이터베이스 전체에서 사용할 수 있는 객체이다.

예제

☜ 주어진 시스템 권한을 확인

```
SQL> select * from USER_sys_privs;
```

예제

☜ with read only를 사용하면 뷰를 수정하지 못함

```
SQL> create view vw_emp
     as select empno, ename, sal
        from emp
        with read only;
```

```
SQL> create view vw_emp2
     as select emp.empno, emp.ename, emp.sal
        from emp
        with read only;
```

```
SQL> select tname, tabtype from tab;
SQL> select * from vw_emp;
```

예제

```
SQL> create view vw_test
     as select emp.ename, dept.dname
        from emp, dept
        where emp.deptno=dept.deptno;
SQL> select * from vw_test;
SQL> drop view vw_test;
SQL> select object_name, original_name, type from user_recyclebin;
SQL> select view_name,text from user_views;
```

시스템 관리자의 선행 작업

시스템 관리자는 오라클을 사용할 일반 사용자의 계정을 생성하고, 그에 필요한 권한이 들어 있는 롤(role)을 부여해야 한다.

root가 사용자 nugu의 오라클 환경을 빨리 설정하는 방법

```
# useradd -G oinstall -g student -s /bin/bash -d /export/home/student/nugu nugu
# mkdir /export/home/student/nugu
# cp $ORACLE_HOME/.profile /export/home/student/nugu/.profile
# chown -R nugu:oinstall /export/home/student/nugu
# passwd nugu
# su - nugu
$ sqlplus /nolog
SQL>
```

```
$ sqlplus sys/password as sysdba
SQL> create user nugu identified by password;
SQL> grant resource, connect to nugu;
SQL> exit
```

부여된 롤을 확인시켜 보자.

```
SQL> select * from dba_sys_privs;
SQL> select grantee,privilege from dba_sys_privs where grantee='CONNECT';
SQL> select grantee,privilege from dba_sys_privs where grantee='RESOURCE';
```

오라클 관리자 sysdba 권한을 가진 오라클의 일반 사용자의 비밀번호를 변경할 수 있으며, 종종 학생이 비밀번호를 잊은 경우에 사용하면 좋다.

예제

☜ 오라클 관리자가 사용자 nugu의 비밀번호 변경

```
SQL> conn nugu/nugu_password
SQL> conn sys/password as sysdba
SQL> alter user nugu identified by abc1234;
SQL> conn nugu/abc1234;
SQL>
```

예제

☜ 오라클 관리자가 RESOURCE 롤에 속한 권한을 확인하여 보여주자.

```
SQL> select grantee,privilege from DBA_SYS_PRIVS
  2  WHERE grantee = 'RESOURCE';
```

예제

☜ 오라클 관리자가 SEGMENT를 확인하여 보여주자.

```
SQL> select count(*) segment_name from dba_extents;
SQL> show parameter db_block_size;
```

이 교재의 강의를 위해서 scott의 스키마의 모든 객체를 public synonym으로 지정한다. 시노님은 다음과 같이 구분된다.

종류	소유	접근
private 시노님	owner	owner가 접근 제한
public 시노님	public schema	모든 사용자

public 시노님의 생성은 다음과 같은 단계를 통해서만 생성할 수 있다.

단계 1	SYS나 SYSTEM 권한으로 접속
단계 2	PUBLIC 옵션을 사용하여 객체에 대해 시노님을 생성
단계 3	생성된 시노님에 대한 해당 객체 소유자로 접속
단계 4	객체 소유자가 sys에 의해 public으로 생성한 시노님에 필요한 권한을 부여

예제

이 예제는 scott 소유의 테이블을 여러 학생들이 읽어 공부하는데 연습할 수 있도록 하기 위하여 오라클 시스템 관리자인 system이 public synonym으로 선언하고, scott가 select 권한만 public으로 grant하는 예이다.

```
SQL> conn system
SQL> create public synonym scott_bonus for scott.bonus;
SQL> create public synonym scott_dept for scott.dept;
SQL> create public synonym scott_emp for scott.emp;
SQL> create public synonym scott_employees for scott.employees;
SQL> create public synonym scott_salgrade for scott.salgrade;
SQL> conn scott
SQL> grant select on bonus to public;
SQL> grant select on dept to public;
SQL> grant select on emp to public;
SQL> grant select on employees to public;
SQL> grant select on salgrade to public;
```

예제

```
SQL> grant create view to nugu;
```

예제

☜ 시스템에 설정된 한글 확인

```
SQL> select * from props$ where name='NLS_CHARACTERSET';

NAME                 VALUE$               COMMENT$
-------------------- -------------------- --------------------
NLS_CHARACTERSET     KO16MSWIN949         Character set

SQL>
```

복/습/문/제

이해도를 측정하기 위하여 각 문제를 5단계로 평가한다(1점~5점).

1. 오라클 설치할 때 생성되는 기본 role은?
2. sqlplus /nolog와 sqlplus nugu/password의 차이는?
3. 세션 중에 .profile을 수정하여 바로 읽어 들이는 방법은?
4. 사용자 계정에 존재하는 login.sql 스크립트의 의미는?
5. 사용자 자신에게 부여된 롤을 확인하시오.
6. 인스턴스(instance)와 세션(session)과 스키마(schema)란?
7. 권한(privilege)과 롤(role)이란?
8. 자료사전(data dictionary)과 뷰(view)란?
9. 시노님(synonym)이란?
10. block, extent, segment, tablespace, database를 설명하시오.
11. emp의 empno, ename과 dept의 deptno, dname으로 구성된 뷰를 생성하시오.
12. create view 문에서 with read only를 지정한 경우와 지정하지 않은 경우의 예를 보이고 그 차이를 설명하시오.

C.H.A.P.T.E.R

04

SQL*Plus

공부할 내용

- sqlplus
- 사용자 환경확인
- 파일 읽기/보기/실행하기

이 장에서는 sqlplus를 간단하게 사용하는 방법으로부터 sqlplus에서 환경값을 읽어와 세션에서 그 환경을 새로 지정하여 사용하는 방법을 익히며, 오라클을 시작할 때마다 세션에서 사용될 사용자가 지정한 환경을 login.sql 스크립트에 저장하여 읽어 오게 하는 방법을 숙지한다.

버퍼의 내용을 사용자가 지정한 파일로 저장하여 나중에 다시 읽어 들여 실행하는 방법으로 start, @와 @@의 차이를 공부하게 되며, 저장된 파일을 읽어 오는 get 명령에 대해서도 함께 공부하게 된다. 또한 다양한 sqlplus 변수 지정방법을 익히게 되어 sql 문과 sqlplus 문을 함께 조화롭게 잘 사용하여 원하는 출력을 얻도록 한다.

4.1 sqlplus

sql과 함께 사용하도록 오라클에서 제공하는 sqlplus를 잘 활용하면 sql을 실행하는데 좀 더 편리하고 구체적인 결과를 유출해 낼 수 있기 때문에 오라클을 처음 접하는 초보자든 중급이상의 사용자든 그 활용법을 잘 익힐 필요가 있다.

사용자가 계정을 받아 접속하고 사용할 권한을 받았다면, telnet 터미널 모드의 명령 프롬프트에서 sqlplus를 구동하여 그 기능을 사용할 수 있으므로 sqlplus 툴에서 sql 문을 실행하게 된다.

예제

```
$ sqlplus nugu/password
......
SQL>
......
SQL> exit
$
```

SQL 문과 SQL*Plus 문을 비교 정리하면 다음과 같다.

SQL	SQL*Plus
데이터를 액세스하기 위한 오라클 서버와 통신	SQL 문장을 인식하고 서버로 전송
언어	환경 툴
ANSI 표준	오라클에서만 사용
키워드는 단축될 수 없음	키워드는 단축될 수 있음
문장은 데이터베이스의 데이터와 테이블을 조작할 수 있음	명령어는 데이터베이스의 값을 조작할 수 없음
하나 이상의 라인이 SQL 버퍼에 입력	한 번에 한 라인씩 입력, 버퍼에 저장 되지 않음
연속문자가 없음	명령어가 길어지면 연속문자(-)를 이용
종료문자(;) 사용	종료 문자 필요 없음
포맷하기 위한 함수 사용	데이터를 포맷하기 위해 명령어 사용

예제

SQL> **help index**

```
@               COPY            PAUSE                        SHUTDOWN
@@              DEFINE          PRINT                        SPOOL
/               DEL             PROMPT                       SQLPLUS
ACCEPT          DESCRIBE        QUIT                         START
APPEND          DISCONNECT      RECOVER                      STARTUP
ARCHIVE LOG     EDIT            REMARK                       STORE
ATTRIBUTE       EXECUTE         REPFOOTER                    TIMING
BREAK           EXIT            REPHEADER                    TTITLE
BTITLE          GET             RESERVED WORDS (SQL)         UNDEFINE
CHANGE          HELP            RESERVED WORDS (PL/SQL)      VARIABLE
CLEAR           HOST            RUN                          WHENEVER OSERROR
COLUMN          INPUT           SAVE                         WHENEVER SQLERROR
COMPUTE         LIST            SET                          XQUERY
CONNECT         PASSWORD        SHOW
```

SQL>

혼자하기

describe 명령어의 기능을 설명하시오.

특정 토픽에 대해서 좀 더 자세한 사용 정보는 "help 토픽"처럼 입력하여 구체적인 도움말을 볼 수 있다. sql 문과 다르게 sqlplus 문에는 문장의 끝을 알리는 ";"를 넣지 않아도 된다. sqlplus에서 사용되는 명령어를 분류하여 다음 표에 정리하였다.

구분	명령어	내용
파일 명령어	SAVE 파일명 [REPLACE] [APPEND]	버퍼의 내용을 파일에 저장(파일 확장자는 .sql) replace는 기존 파일에 덮어 씀 append는 기존 파일에 추가
	GET 파일명	지정한 파일명의 sql 스크립트 내용을 버퍼에 읽어 옴
	SPOOL [파일명]	실행결과를 파일로 저장(파일 확장자는 .lst) spool만 치면 현재 스풀 파일명을 출력

	SPOOL OFF	spool을 해제
	HOST 또는 !	쉘로 잠시 빠져나간다. 복귀는 exit임 (!도 잠시 쉘로 나감(복귀는 exit임))
	EXIT	SQL*Plus를 종료
	CONNECT[사용자명/암호]	SQL*Plus를 시작
편집 명령어	APPEND text 또는 A text	현재 버퍼의 끝에 새로운 문자 스트링을 추가
	CHANGE /old/new 또는 C /old/new	현재 행의 문자열을 치환
	CHANGE /text 또는 C /text	현재 행에서 text를 삭제
	CLEAR BUFFER 또는 CL BUFF	버퍼를 비움
	DEL	현재 행을 삭제
	DEL n	행 번호가 n인 행을 삭제
	DEL *	현재 행을 삭제
	DEL n *	현재 행부터 n행까지 삭제
	DEL LAST	마지막 행 삭제
	DEL m n	행 m에서 행 n까지 삭제
	DEL * n	행 n에서 현재 행까지 삭제
	INPUT 또는 I	버퍼의 펜딩라인 다음에 키보드 입력내용을 추가
	INPUT text 또는 I text	text로 구성된 행 추가
	LIST 또는 L	SQL 버퍼에 있는 모든 행 표시
	LIST n 또는 L n 또는 n	행 n을 표시
	LIST * 또는 L *	현재 행 표시
	LIST n * 또는 L n *	현재 행부터 행 n까지 표시
	LIST LAST 또는 L LAST	마지막 행 표시
	LIST m n 또는 L m n	행 m에서 행 m까지 표시
	LIST * n 또는 L * n	행 n에서 현재 행까지 표시
	n text	n번째 라인을 text로 바꿈
	EDIT [파일명]	파일 또는 버퍼의 내용을 문서편집기에 읽어 옴
	define _editor=vi을 사용하면 vi 편집기를 edit 명령으로 불러 옴	
실행 명령어	START 파일명	지정한 파일명의 SQL 스크립트를 불러와 실행
	@ 파일명 @@ 파일명	
	RUN 파일명 또는 r 파일명	버퍼의 내용을 실행(명령문과 실행 결과가 모두 출력됨)
	/	버퍼의 내용을 실행할 때(실행 결과만 출력함)
	HELP 또는 ?	명령어의 도움말 제공
환경 명령어	SET ECHO {off ¦ on}	SQL 스크립트를 실행할 때 명령어의 출력 여부
	SET FEED[BACK] {n ¦ off ¦ on}	조회결과 메시지 출력 여부
	SET HEAD[ING]	컬럼의 Head 출력 여부
	SET LINE[SIZE] {80 ¦ n}	출력될 한 라인의 길이
	SET NUMFORMAT	질의 결과에 표시되는 수의 형식을 지정

	SET PAGE[SIZE] {24 ¦ n}	출력 페이지의 라인 수
	SET PAU[SE] {on ¦ off}	화면 이동제어(한 화면씩 보임)
	SET SQLPREFIX {# ¦ c}	SQL 명령어 사이에 SQL*PLUS 명령어를 사용할 때
	SET NULL {text}	NULL 값을 대치할 text 정보를 설정
	SET SPACE {1 ¦ n}	출력된 컬럼간의 여유 공간을 설정
	SET TIME	프롬프트 전에 시간을 출력
	SET UNDERLINE {기호 ¦ on ¦ off}	컬럼의 heading 밑에 사용될 underline을 설정
	SET WRAP {on ¦ off}	컬럼이 지정된 Linesize를 초과할 때 출력여부
	show 변수	변수의 현재 설정 상태를 출력
	show all	모든 변수의 설정 상태를 출력
형식 명령어	COLUMN	컬럼의 format을 변경
	TTITLE	보고서의 제목을 설정(top title)
	BTITLE	보고서의 꼬리말을 설정(bottom title)
	BREAK	컬럼 또는 행의 값이 바뀔 때 마다 새로운 보고서 포맷을 설정
	DESCRIBE	테이블의 구조를 보임

현재 세션에 디폴트로 설정된 환경을 변경하려면 set 명령을 사용하여 새로운 환경값을 설정할 수 있지만, 세션이 종료되면 set 설정은 다시 디폴트로 reset 된다.

아래 예제는 sql 문에 의해서 출력되는 heading이 14라인마다 출력되기 때문에 이를 변경하는 예이다.

```
SQL> show all
SQL> show pagesize
pagesize 14
SQL> set pagesize 20
SQL> show pagesize
pagesize 20
SQL> set linesize 120
```

혼자하기

pagesize 14와 20의 차이를 select 문에서 출력으로 확인하여 보자.

4.2 사용자 환경 확인

오라클 환경 설정에는 glogin.sql 스크립트와 login.sql 스크립트가 있는데, glogin.sql 스크립트는 사이트 환경으로 오라클이 startup할 때(instance) 읽어 들이고, login.sql 스크립트는 사용자 환경으로 사용자가 logon할 때(session) 읽어 들인다. 그러므로 일반 사용자가 자주 사용되는 set 설정을 반복하기 보다는 미리 자신의 홈 디렉터리에 login.sql 스크립트를 작성해 두면 편리하게 이용된다. 예를 들어, 오라클에서 기본으로 제공되는 문서편집기 환경은 ed 문서편집기이므로 이를 vi 문서편집기로 지정하는 경우와 한글 사용 환경을 지정하는 경우를 함께 login.sql 스크립트로 작성해 두는 예제는 다음과 같다.

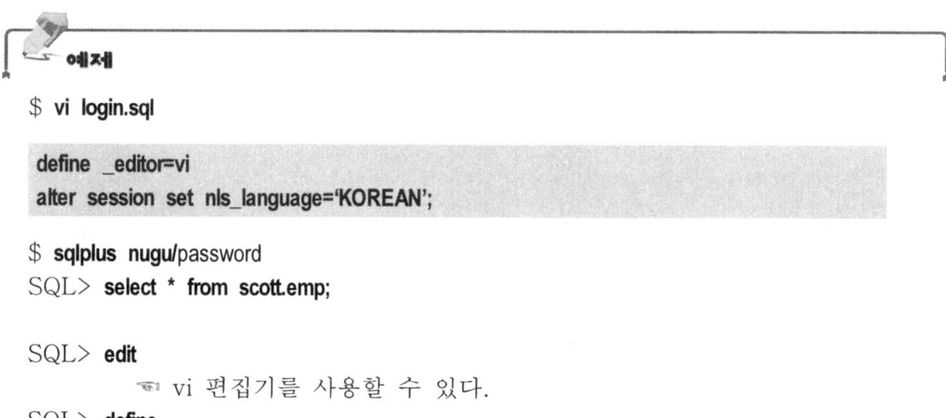
예제

```
$ vi login.sql

define _editor=vi
alter session set nls_language='KOREAN';

$ sqlplus nugu/password
SQL> select * from scott.emp;

SQL> edit
        ☜ vi 편집기를 사용할 수 있다.
SQL> define
```

SHOW 명령어는 현재 세션에 설정된 시스템 변수를 확인하는 명령어이다. SHOW ALL은 현재 세션에 설정된 모든 환경 변수 값을 보인다.

SET 명령을 사용해서 설정할 수 있는 SQL*Plus 내부 변수들을 포함해서 다양한 SQL*Plus 내부 변수의 현재 세션에서 설정된 변수 값을 나타낸다.

system_variables	SET 명령에 의해 설정된 시스템 변수
ALL	ERRORS, SGA를 제외한 알파벳순 모든 설정값
BTITLE	BTITLE로 설정된 값을 보임
ERRORS [{FUNCTION ¦ PROCEDURE ¦ PACKAGE ¦ PACKAGE BODY ¦ TRIGGER ¦ VIEW ¦ TYPE ¦ TYPE BODY} [schema.]name]	stored procedure의 에러를 보임
LNO	현재의 줄번호(line no)
PARAMETERS [parameter_name]	매개변수 값을 보임
PNO	현재의 쪽 번호(page no)
RECYCLEBIN [original_name]	FLASHBACK BEFORE DROP에 의해 복구할 수 있는 휴지통에 있는 객체
RELEASE	릴리즈 번호
REPFOOTER	repfooter로 설정된 내용
REPHEADER	repheader로 설정된 내용
SGA	인스턴스의 SYSTEM GLOBAL AREA 정보, SELECT ON V_$SGA권한이 있어야 함
SPOOL	출력이 스풀되었는지 여부
SPPARAMETERS [parameter_name]	모든 인스턴스에 대한 show parameters와 같으며, SELECT ON V_$PARAMETER의 객체 권한이 있어야 함
SQLCODE	SQL.SQLCODE값으로 설정된 내용을 보임
TTITLE	TTITLE로 설정된 내용
USER	사용자 이름 정보
XQUERY	xquery로 설정된 값을 보임

예제

```
SQL> show all
SQL> define
DEFINE _EDITOR          = "ed" (CHAR)
SQL> define _editor=vi
SQL> define
DEFINE _EDITOR          = "vi" (CHAR)
SQL> show user
SQL> show release
SQL> show sga          ☜ 오라클 관리자에게 가능
```

예제

```
SQL> spool
현재 스풀되지 않고 있습니다.
SQL> spool zzz
SQL> select tname from tab;
SQL> spool
zzz.lst에 스풀 중입니다.
SQL> spool off
SQL> host cat zzz.lst
```

예제

```
SQL> ttitle '머릿글'
SQL> btitle '마감글'
SQL> select tname from tab;
 수 9월  23                                    페이지     1
                          머릿글
TNAME
--------------------------------
EMP
TEST2
                          마감글

SQL>
```

예제

```
SQL> repheader 'head 글'
SQL> repfooter 'foot 글'
SQL> select tname from tab;
```

혼자하기

undefine으로 define된 변수를 해지하여 보자.

4.3 파일 읽기/보기/실행하기

오라클에서 sqlplus 툴을 실행하면 최근에 실행한 sql 문은 오라클의 버퍼 afiedt.buf에 저장하게 된다.

반복되는 sql 문이나 일부만 수정하여 반복하여 실행할 때 사용하면 아주 편리하게 사용할 수 있다.

SQL buffer란 임시 메모리 영역으로, EDIT 사용에서 마지막 라인에 ";" 대신에 "/"을 입력하여 사용한다. 바로 전에 사용한 SQL 명령문 하나가 저장되어 있다.

- Command line에서의 ";"이 EDIT에서는 자동으로 "/"로 변환된다.
- afiedt.buf는 SQL buffer의 이름이다.

다음의 예제를 보면서 그 기능을 이해하도록 하자.

예제

```
$ sqlplus nugu/password
SQL> define _editor=vi          ☜ 기본 문서 편집기를 vi로 지정.
SQL> select ename, sal, deptno
  2  from scott.emp
  3   order by ename
  4  /
SQL> edit        ☜ 기본 문서 편집기 vi를 사용
select ename, sal, deptno
from scott.emp
order by ename
/
~
~
~
"afiedt.buf" 4 행, 51 문자
SQL> save nugu.sql        ☜ 버퍼 내용을 파일에 저장함
Created file nugu.sql
SQL> exit
```

> 위의 예에서 edit의 임시 저장 파일은 "afiedt.buf"가 디폴트이다.
> 그러나 이 임시 저장 파일을 다음과 같이 변경할 수 있다.
>
> SQL> **SET EDITFILE /tmp/myfile.sql**

버퍼의 내용을 실행하는 3가지의 차이점을 정리하면 다음과 같다.

구분	설명	예시
;	실행결과만 나타냄	SQL> **select ename,comm from scott.emp** 2 **where comm is not null;** ENAME COMM -------------------- ---------- ALLEN 300 WARD 500 MARTIN 1400 TURNER 0
/	버퍼 내의 현재 SQL명령을 실행하여 실행결과만 나타냄	SQL> / ENAME COMM -------------------- ---------- ALLEN 300 WARD 500 MARTIN 1400 TURNER 0

run	버퍼 내의 현재 SQL 문을 실행하여 실행문과 실행결과를 동시에 나타냄	SQL> **run**
		  1 select ename,comm from scott.emp
		  2* where comm is not null
		
		ENAME COMM
		-------------------- ----------
		ALLEN 300
		WARD 500
		MARTIN 1400
		TURNER 0

버퍼의 내용을 파일로 저장하였거나 확장자가 *.sql 스크립트로 작성된 파일을 sqlplus 프롬프트에서 get 명령을 이용하여 오라클 버퍼에 읽어 들여 run 명령을 실행시키는 방법이 있지만, 또 다른 방법으로 저장되어 있는 sql 스크립트 문의 파일을 start, @, @@ 명령으로 버퍼에 읽어와 이를 바로 실행하도록 하는 방법으로 get, run의 혼합형이라 할 수 있다.

@	스크립트 내에서 sqlplus 문을 실행
@@	스크립트를 실행하는 명령으로 반복문 스크립트를 실행

예제

```
SQL> list
  1 select ename,comm from scott.emp
  2*    where comm is not null;
SQL> save nugu.sql
Created file nugu.sql
SQL> exit
$ sqlplus nugu/password
SQL> start nugu.sql
```

예제

```
SQL> get nugu                    ☜ nugu는 nugu.sql라는 파일을 의미함
 1  select ename,comm from scott.emp
 2* where comm is not null
SQL> run
 1  select ename,comm from scott.emp
 2* where comm is not null

ENAME                      COMM
-------------------- ----------
ALLEN                       300
WARD                        500
MARTIN                     1400
TURNER                        0

SQL> @ nugu                      ☜ nugu는 nugu.sql라는 파일을 의미함

ENAME                      COMM
-------------------- ----------
ALLEN                       300
WARD                        500
MARTIN                     1400
TURNER                        0

SQL> @@ nugu                     ☜ nugu는 nugu.sql라는 파일을 의미함

ENAME                      COMM
-------------------- ----------
ALLEN                       300
WARD                        500
MARTIN                     1400
TURNER                        0
```

```
SQL> start nugu                    ☞ nugu는 nugu.sql라는 파일을 의미함

ENAME                      COMM
-------------------- ----------
ALLEN                       300
WARD                        500
MARTIN                     1400
TURNER                        0

SQL> describe scott.emp
```

column 문을 사용하여 SQL 문의 실행 결과로 출력되는 컬럼 제목이나 컬럼 데이터에 대한 출력 형식을 다양하게 지정할 수 있다.

```
COL[UMN] [{column ¦ expr} [option ...] ]
```

옵션	의미
ALIAS alias	BREAK, COMPUTE나, 또 다른 COLUMN 명령에서 참조하는 애칭
CLEAR	설정된 컬럼 형식을 해제하여 디폴트로 환원
ENTMAP {ON ¦ OFF}	HTML에서 select한 엔터티의 매핑을 ON/OFF
FOLD_AFTER	컬럼 헤딩 뒤, 컬럼의 각 행 다음에 줄 바꿈을 넣음
FOLD_BEFORE	컬럼헤딩 앞, 컬럼의 각 행 앞에 줄 바꿈을 넣음
FORMAT format	컬럼 데이터의 출력 포맷을 지정(아래 표 참조), 예 : a10, $99,999
HEADING text	컬럼 제목 설정, text내의 수직바 '¦'는 컬럼 제목을 여러 줄로 출력할 경우 엔터키의 역할
JUSTIFY {LEFT ¦ CENTER ¦ RIGHT}	heading의 정렬지정(왼쪽, 가운데, 오른쪽)
LIKE {expr ¦ alias}	이미 column으로 지정한 컬럼 속성을 표시
NEWLINE	새 줄에 컬럼값 표시
NEW_VALUE variable	컬럼 변수값을 새로 지정
NOPRINT ¦ PRINT	헤딩과 컬럼값의 표시여부 ON/OFF
NULL text	NULL 값에 대한 출력 문자 지정
OLD_VALUE variable	컬럼값의 변수 지정
ON ¦ OFF	컬럼 속성 표시여부 지정
WRAPPED ¦ WORD_WRAPPED ¦ TRUNCATED	컬럼의 데이터타입이나 DATE 문자가 길 때 어떻게 처리할지 지정 디폴트 wrapped는 지정 범위를 벗어나면 다음라인에 계속 표기됨

여기서 특히 FORMAT format에서 format는 다음과 같은 의미로 출력을 지시한다.

분류	표시기호	예	설명
숫자 데이터 형식 지정	,(컴마)	9,999	컴마 기호의 위치를 표시
	.(period)	99.99	피리어드 기호의 위치를 표시
	$	$9999	달러 기호 표시로 시작
	0	0999	숫자가 없는 앞자리 0으로 채워 표시
		9990	숫자가 없는 뒷자리 0으로 채워 표시
	9	9999	출력할 자릿수를 지정하고, 값이 지정한 자리수보다 작으면 공백으로 채워 표시
	B	B9999	숫자가 없는 부분은 공백으로 표시
	C	C999	지정한 위치에 화폐 심볼을 표시
	D	99D99	D 뒤에 분수부분을 표시
	EEEE	9.999EEEE	과학기호로 표시
	G	9G999	지정한 위치에 구부문자를 넣어 표시
	L	L999	지정한 위치에 로컬 화폐 심볼을 표시
	MI	9999MI	음수기호를 숫자의 오른쪽에 표시
	PR	9999PR	음수기호를 < >안에 표시
	RN	RN	roman numerical을 영문 대문자로 표시
	rn	rn	roman numerical을 영문 소문자로 표시
	S	S9999	양수 기호(+)와 음수기호(-)를 앞에 표시
		9999S	양수 기호(+)와 음수기호(-)를 뒤에 표시
	TM	TM	가장 작은 숫자로 decimal character를 표시, 디폴트는 TM9
	U	U9999	지정한 위치에 두 개의 화폐기호를 표시
	V	999V99	10의 n제곱 값으로 표시, n은 V뒤에 표기
	X	XXXX xxxx	16진수 값으로 표시
	DATE	DATE	MM/DD/YY 형식으로 날짜를 표시
문자 데이터 형식 지정	A	A20	Alphanumeric의 약자

【 예시 】

```
COLUMN last_name HEADING 'employee ¦ Name'
COLUMN salary FORMAT $9,999,990.99
COLUMN salary+commission_pct+bonus-expenses-ins-tax ALIAS net
COLUMN net format $9,999,888,88 NULL ''
COLUMN remarks FORMAT A20 WRAP
```

```
SQL> create table test (no number(5));
SQL> insert into test values(1234);
SQL> select * from test;

        NO
----------
      1234
```

format 지정	출력 결과
SQL> column no format $9,999,990.99; SQL> select * from test;	NO -------------- $1,234.00
SQL> column no format 0999,999 SQL> select * from test;	NO --------- 0001,234
SQL> column no format 9999999 SQL> select * from test;	NO -------- 1234

혼자하기

6장에서 배울 to_char(number) 함수를 이용하여 위의 예제의 결과를 비교하여 보자.

시스템 관리자의 선행 작업

오라클을 설치하면 기본적으로 생성되는 사용자 중 일부는 다음과 같다. 시스템 관리자인 sys와 system의 미소한 차이를 알고 있어야 한다.

사용자 ID	설명
SYS	오라클 수퍼 사용자로 데이터베이스에서 발생하는 모든 문제를 처리할 수 있는 권한을 가짐
SYSTEM	오라클 데이터베이스를 유지보수 관리할 때 사용하는 ID이며, SYS 사용자와 차이점은 데이터베이스를 생성할 수 있는 권한이 없음
SCOTT	처음 오라클 데이터베이스를 사용하는 사람을 위하여 만들어 놓은 sample 사용자 ID
HR	sample 사용자 ID

SQL> show sga ☜ 오라클 관리자가 실행함

복/습/문/제

이해도를 측정하기 위하여 각 문제를 5단계로 평가한다(1점~5점).

1. sqlplus /nolog로 접속하여 사용자 nugu로 변경하시오.
2. sqlplus /nolog와 sqlplus nugu/password의 차이는?
3. column name format a30의 기능을 설명하시오.
4. column으로 숫자 데이터의 필드 간격을 조절하시오.
5. show all의 실행 결과와 그 기능을 간단하게 설명하시오.
6. start, @, @@의 차이를 설명하시오.
7. run, /, ;의 차이를 설명하시오.
8. 오라클 버퍼 내용을 nugu, sql 파일에 저장하고, 이를 get으로 불러 실행하시오.
9. 오라클 버퍼의 sql 문을 실행하는 방법을 나열하시오.
10. sql 문과 sqlplus 문의 차이를 설명하시오.
11. spool의 기능을 실행하시오.
12. btitle, ttitle을 실행하시오.
13. repheader, repfooter를 실행하시오.
14. define으로 문서 편집기를 vi로 지정하시오.
15. login.sql 스크립트에 대하여 설명하고 실행하시오.

C.H.A.P.T.E.R

05

쿼리(query)하기

공부할 내용

- select 문
- 테이블이란?
- 함수와 연산자

이 장에서는 select 문의 기본 개념을 이해하고, 오라클 내장 함수 및 연산자의 종류와 그 사용법을 익힌다.

또한 테이블의 개념을 이해하고 dual 테이블과 pseudo column의 사용법을 익히며, IOT 인덱스에 대해 설명한다.

select 문에서 group by, having, order by 절의 쓰임새를 이해함으로써 테이블에서 데이터를 효율적으로 출력시키는 개념을 갖게 할 것이다.

select 문에서 함수와 연산자를 적절하게 이용하여 사용자가 원하는 출력을 얻을 수 있도록 한다.

5.1 select 문

select 문을 연습하기 위해서 scott 사용자의 테이블이 public synonym으로 선언되었기 때문에 다음 예제를 실행하여 scott의 테이블을 복사한다.

예제

```
SQL> create table dept as select * from scott.dept;
SQL> create table emp as select * from scott.emp;
SQL> create table bonus as select * from scott.bonus;
SQL> create table salgrade as select * from scott.salgrade;
SQL> create table employees as select * from scott.employees;
SQL> select tname from tab;
```

select란 SELECT 문이나 subquery 문을 이용하여 하나 이상의 테이블(table), 뷰(view), materialized view로부터 데이터를 가져오는데(query) 사용된다.

SQL 문은 절(節 : clause)이라 부르는 몇 개의 섹션으로 구분되며, SELECT 문에서 사용되는 절의 순서는 다음과 같다.

【 순서 】

- WITH
- SELECT
- FROM
- WHERE
- GROUP BY
- HAVING
- ORDER BY

select 문에서 사용되는 키워드와 그 의미는 다음과 같다.

DISTINCT	출력할 컬럼이 중복될 때 중복되는 값 하나만 출력
ALL	출력할 컬럼이 중복되더라도 중복되는 값 모두 출력(디폴트)
AS	별칭(alias)으로 컬럼이름을 표기할 때 사용

subquery는 하나의 SQL 문장의 절에 부속된 또 다른 select 문장으로, 두 번의 쿼리를 수행해야 얻을 수 있는 결과를 한 번의 쿼리로 해결할 수 있는 문장이다.

```
SQL> desc emp;
SQL> select job from emp;
SQL> select distinct job from emp;
SQL> select distinct job as "직업" from emp;
SQL> select * from emp;
```

혼자하기

다음 문장의 차이를 말해보시오.

```
SQL> select tname from tab;
SQL> select table_name from tabs;
```

select 문에서 데이터를 선택하기 위한 조건을 제시하는 부문이 바로 WHERE 절, GROUP BY 절, HAVING 절, ORDER BY 절 등이 유용하게 사용된다.

GROUP BY 절	쿼리 결과 셋 내에 레코드들을 그룹으로 지정하여 데이터의 집합을 얻거나 전체 그룹에 대한 요약 정보를 한 행으로 표시
HAVING 절	GROUP BY 할 조건을 나열하므로 HAVING 절은 GROUP BY 절 다음에 놓여야 한다.

예제

```
SQL> select ename, sal from emp
  2  where sal >= 1000
  3  order by sal;

SQL> select ename, sal from emp
  2  where sal >= 1000
  3  order by sal desc;

SQL> select ename, sal, deptno from emp
  2  where sal >= 1000
  3  order by sal, deptno;

SQL> select deptno, count(*) from emp
  2  group by deptno;

SQL> select deptno from emp
  2  group by deptno;

SQL> select empno,sum(sal) from emp
  2  group by empno,sal
  3  having sal> 1500
  4  order by empno;
```

group by 절에 사용되는 키워드 rollup, cube를 사용하여 그룹별 합계를 계산해 낼 수 있다.

ROLLUP은 GROUP BY 절의 그룹 조건에 따라 전체 행을 그룹화하고, 각 그룹에 대해 부분합을 구하는 연산자이다.

CUBE는 ROLLUP에 의한 그룹 결과와 GROUP BY 절에 기술된 조건에 따라 그룹 조합을 만드는 연산자이다. 즉, ROLLUP 연산자를 수행한 결과에 더해 GROUP BY 절에 기술된 조건에 따라 모든 가능한 그룹핑 조합에 대한 결과를 출력한다. 이를 도식적으로 표시하면 다음과 같다.

	ROLLUP →					
deptno	clerk	salesman	manager	analyst	president	계
10	1		1		1	3
20	2		1	2		5
30	1	4	1			6
						14

	CUBE ↓					
deptno	clerk	salesman	manager	analyst	president	계
10	1		1		1	3
20	2		1	2		5
30	1	4	1			6
계	4	4	3	2	1	14

예제

ROLLUP 사용

```
SQL> select deptno,job,sum(sal)
  2  from emp
  3  group by rollup(deptno,job);

    DEPTNO JOB         SUM(SAL)
---------- --------- ----------
        10 CLERK           1300   ☜ 10 그룹 clerk의 합계
        10 MANAGER         2450   ☜ 10 그룹 manager의 합계
        10 PRESIDENT       5000   ☜ 10 그룹 president의 합계
        10                 8750   ☜ 10 그룹의 부분합계
        20 CLERK           1900   ☜ 20 그룹 clerk의 합계
        20 ANALYST         6000   ☜ 20 그룹 analyst의 합계
        20 MANAGER         2975   ☜ 20 그룹 manager의 합계
        20                10875   ☜ 20 그룹의 부분합계
        30 CLERK            950   ☜ 30 그룹 clerk의 합계
        30 MANAGER         2850   ☜ 30 그룹 manager의 합계
        30 SALESMAN        5600   ☜ 30 그룹 salesman의 합계
        30                 9400   ☜ 30 그룹의 부분합계
                          29025   ☜ 총합계
```

CUBE 사용

```
SQL> select deptno,job,sum(sal)
  2  from emp
  3  group by cube(deptno,job);

    DEPTNO JOB         SUM(SAL)
---------- --------- ----------
                          29025   ☜ 총합계
           CLERK           4150   ☜ CLERK 그룹의 합계
```

```
        ANALYST     6000   ☜ ANALYST 그룹의 합계
        MANAGER     8275   ☜ MANAGER 그룹의 합계
        SALESMAN    5600   ☜ SALESMAN 그룹의 합계
        PRESIDENT   5000   ☜ PRESIDENT 그룹의 합계
     10             8750   ☜ 10 그룹의 부분합계
     10 CLERK       1300   ☜ 10 그룹 clerk의 합계
     10 MANAGER     2450   ☜ 10 그룹 manager의 합계
     10 PRESIDENT   5000   ☜ 10 그룹 president의 합계
     20            10875   ☜ 20 그룹의 부분합계
     20 CLERK       1900   ☜ 20 그룹 clerk의 합계
     20 ANALYST     6000   ☜ 20 그룹 analyst의 합계
     20 MANAGER     2975   ☜ 20 그룹 manager의 합계
     30             9400   ☜ 30 그룹의 부분합계
     30 CLERK        950   ☜ 30 그룹 clerk의 합계
     30 MANAGER     2850   ☜ 30 그룹 manager의 합계
     30 SALESMAN    5600   ☜ 30 그룹 salesman의 합계
```

5.2 테이블이란?

테이블이란 관계형 데이터베이스에 데이터를 저장하기 위해 이용되는 객체이며, 행(row)과 열(column)을 통해 spread sheet와 비슷한 방식으로 데이터를 표시한다.

	필드1(1열)	필드2(2열)	필드3(3열)
레코드1(1행)	1행1열	1행2열	1행3열
레코드2(2행)	2행1열	2행2열	2행3열
레코드3(3행)	3행1열	3행2열	3행3열

Record, Row, Tuple은 행(行)을 가리키는 동일한 의미

Field, Column은 열(列)을 가리키는 동일한 의미

오라클에서 사용되는 DUAL이라는 테이블은 SYS 사용자가 소유하는 오라클의 표준 테이블로서 오직 한 행(row)에 한 컬럼만 담고 있는 dummy 테이블로써 일시적인 산술연산이나 날짜 연산을 위하여 주로 쓰인다.

다시 말해서 이 더미 테이블은 SYS의 소유이다. 우리가 SYS로 로그인하지

않거나 SYS.DUAL로 쓰지 않아도 사용할 수 있는 이유는 SYS 사용자가 모든 사용자들에게 사용할 수 있도록 이 더미 테이블에 PUBLIC synonym을 지정했기 때문이다.

- DUAL 테이블을 요약 정리하면 다음과 같다.
- DUAL 테이블은 오라클을 설치하면 자동으로 생성되는 테이블이다.
- DUAL은 SYS 사용자의 스키마이나 모든 사용자가 액세스할 수 있다.
- 오직 하나의 dummy 컬럼만 가지며, VARCHAR2(1)의 데이터 타입이다.
- x라는 하나의 행만 가진다.
- SELECT 문에서 상수를 계산할 때 유용하다.
- 하나의 행만 가지므로 오직 한번만 상수를 반환한다.
- 이를 변형하여 상수, 가상컬럼 또는 테이블로부터의 표현을 select하지만, 테이블의 여러 행에 여러 번 그 값을 반환받을 수 있다.

예제

```
SQL> select 120/40 from dual;
```

혼자하기

select 문으로 sin30°의 값을 출력해 보자(결과=0.5).

오라클에서 내부적으로 사용되는 컬럼을 pseudo column이라고 하며, ROWID, UROWID, ROWNUM 등이 있다. ROWID는 데이터베이스에서 컬럼이 위치한 장소이다.

ROWID의 중요 쓰임새는 다음과 같다.

- single row를 찾아가는데 가장 빠른 방법이다.
- 테이블에 행(row)들이 어떻게 저장되어 있는지를 알려준다.
- 테이블에서 행(row)에 대한 unique identifier이다.

rowid의 형식과 그 의미는 다음과 같다.

AAAHbHAABAAAMXCAAA			
AAAHbH	AAB	AAAMXC	AAA
Object 번호	TABLESPACE 번호 상대적 파일 번호	BLOCK 번호	ROW 또는 Slot 번호
32bits	10bits	22bits	16bits

ROWNUM은 select 문에 의해서 쿼리된 행의 일련순서번호로 ROWID와는 다르며, 이는 MySQL의 LIMIT와 같은 기능으로 오라클에서는 ROWNUM을 사용한다.

예제

```
SQL> desc emp;
SQL> select rownum, rowid, empno, ename from emp;
SQL> select rownum, rowid, empno, ename from emp where rownum <=2;
```

혼자하기

rowid, rownum 이외의 pseudo column이 있으면 설명해 보자.

인덱스 구조 테이블(index organized table : IOT)은 임의의 테이블의 데이터에 대하여 그 테이블의 primary key 값에 의해 항상 소팅되어진 상태로 임의의 인덱스에 저장하고 있는 것이다.

일반 인덱스와 인덱스 구조 테이블의 차이점은 기존의 일반 테이블에서 단지 인덱스를 지정할 때 사용할 컬럼의 값만 저장하고 있지만, 인덱스 구조 테이블은 테이블의 모든 컬럼의 값들을 인덱스에 저장하고 있는 점이 다르다.

이처럼 인덱스 구조 테이블에서는 모든 테이블의 데이터를 하나의 인덱스에 모두 저장하고 있기 때문에 그 테이블의 행 데이터들은 사실상 행 ID의 개념을 갖지 못한다.

다음은 test 테이블에 대한 인덱스 구조 테이블을 생성하는 과정을 보여주고 있다. 맨 마지막의 ORGANIZATION INDEX라는 키워드를 사용하여 지정한 것에 주의하자.

예제

```
SQL> CREATE TABLE test(
  id          VARCHAR2(5),
  name        VARCHAR2(20),
  age         NUMBER,
  dept        VARCHAR2(20),
  CONSTRAINT test_pk PRIMARY KEY(id))
  ORGANIZATION INDEX;
```

IOT의 개념은 create 문을 공부하면 이해될 것이므로 여기서는 간단히 이해하는 정도로 지나고 다음 create 문을 공부한 다음에 다시 읽어 이해하도록 하자.

5.3 함수와 연산자

오라클에서 사용되는 함수와 연산자에 대해 살펴보자.

복잡한 쿼리 문을 간단하게 해주고 데이터의 값을 조작하는데 사용되는 것을 함수라 한다. 일반적으로 주어진 데이터(인수)를 처리하고 그 결과를 반환하는 기능을 수행한다.

오라클의 함수에는 단일행(single row) 함수와 복수행(multi row) 함수(그룹함수)가 있다.

함수의 목록과 그 기능은 부록 5에 수록하였다.

숫자함수의 종류

숫자함수는 입력으로 숫자 데이터를 받아 숫자값을 리턴하는 함수이다.

함수	설명
ROUND(number)	숫자값을 특정 위치에서 반올림하여 출력
TRUNC(number)	숫자값을 특정 위치에서 절삭하여 출력
CEIL	숫자값을 소숫점 첫째 자리에서 올림하여 정수값을 출력
FLOOR	숫자값을 소숫점 첫째 자리에서 절삭하여 정수값을 출력

MOD	나머지값을 출력
ABS	숫자값의 절대값을 출력
SIGN	숫자값의 부호에 따라 1, 0, -1의 값으로 출력
POWER(n1,n2)	n1^n2한 지수곱 값을 출력
SQRT(n)	n의 제곱근 값을 출력
SIN(n)	n의 sine 값을 출력
COS(n)	n의 cosine 값을 출력
TAN(n)	n의 tangent 값을 출력
SINH(n)	n의 hyperbolic sine 값을 출력
COS(n)	n의 hyperbolic cosine 값을 출력
TAN(n)	n의 hyperbolic tangent 값을 출력
LOG(a,b)	밑이 a인 b의 지수 값을 출력
LN(n)	n의 자연로그 값을 출력

문자함수의 종류

문자함수는 문자 데이터를 입력 받아 문자 또는 숫자값을 출력하는 함수이다. 문자함수의 종류에는 대소문자 변환함수, 문자 조작함수, 문자열 길이 반환함수 등이 있다.

함수	설명
UPPER	영어 소문자를 대문자로 변환하여 출력
LOWER	영어 대문자를 소문자로 변환하여 출력
INITCAP	문자열 중 각 단어의 첫 글자만 대문자로 변환하여 출력
LENGTH	문자열의 길이를 숫자값으로 출력
CONCAT	첫 번째 문자열과 두 번째 문자열을 연결하여 출력, 연결 연산자(||) 참조
SUBSTR	문자값 중 특정 위치부터 특정 길이만큼의 문자값만 출력
INSTR	문자값 중 지정된 문자값의 위치를 숫자로 리턴
RPAD	지정된 길이에서 문자값을 채우고 남은 공간을 우(좌)측부터 특정값으로 채워 출력, LPAD
RTRIM	문자값중에서 우(좌)측으로부터 특정문자와 일치하는 문자값을 제거하여 출력, LTRIM
ASCII(char)	지정한 숫자나 문자를 ASCII 코드값으로 변환하여 출력 (문자일 경우, 단일인용부호를 사용)
CHR(n)	ASCII 코드값인 n값을 해당하는 문자로 변환하여 출력(CHR(75)='F'임)
GREATEST(a1,a2,a3)	나열한 숫자나 문자 중에서 가장 큰 값을 출력
LEAST(a1,a2,a3)	나열한 숫자나 문자 중에서 가장 작은 값을 출력
REPLACE(a1,a2,a3)	a1 : 전제 문자열 a2 : 전체 문자열 a1 중에서 변환하기를 원하는 문자열 a3 : 변환하고자 하는 새로운 문자열

VSIZE(char)	지정된 문자열의 크기를 숫자값으로 출력

날짜함수의 종류

함수	설명	결과
SYSDATE	현재의 날짜와 시간을 출력	날짜
ROUND(date)	정오를 기준으로 날짜를 반올림하여 출력	날짜
TRUNC(date)	날짜에서 시간부분을 절삭하여 00:00으로 변환	날짜
MONTHS_BETWEEN	두 개의 날짜간의 달 차이를 출력	숫자
ADD_MONTHS	특정 수의 달을 더한 날짜를 출력	날짜
LAST_DAY	특정 날짜가 속한 달의 가장 마지막 날짜를 출력	날짜
NEXT_DAY	명시된 요일이 돌아오는 가장 최근의 날짜를 출력	날짜

날짜에 산술 연산을 사용하는 경우, 반환되는 데이터 타입

연산	결과	의미
날짜 + 숫자	날짜	날짜에 일수를 더하여 날짜 계산
날짜 - 숫자	날짜	날짜에 일수를 감하여 날짜 계산
날짜 + 숫자/24	날짜	날짜에 시간을 더하여 날짜 계산
날짜 - 날짜	일수	날짜에 날짜를 감하여 일수 계산

datetime 종류

datetime함수는 date함수의 확장 형태이다.

함수	설명
TZ_OFFSET	time zone에 대한 시, 초 값을 출력
CURRENT_DATE	현재의 날짜와 시간을 출력
CURRENT_TIMESTAMP	현재의 날짜와 밀리초 단위의 시간을 출력
LOCALTIMESTAMP	현재 session의 날짜와 밀리초 단위의 시간을 출력
DBTIMEZONE	데이터베이스의 time zone 값을 출력
SESSIONTIMEZONE	현재 session의 time zone 값을 출력
EXTRACT	특정 날짜/시간(datetime)값이나 날짜값을 가진 표현식으로부터 원하는 날짜 영역을 추출하여 출력
FROM_TZ	timestamp값을 timestamp with time zone값으로 변환
TO_TIMESTAMP	문자열을 timestamp값으로 변환

TO_TIMESTAMP_TZ	문자열을 timestamp with time zone값으로 변환
TO_YMINTERVAL	문자열을 interval year to month 형으로 변환
TO_DSINTERVAL	문자열을 interval day to second 형으로 변환

변환함수의 종류

사용자에 의해서 명시적으로 데이터 타입을 변환해주는 함수

함수	설명
TO_NUMBER	문자 타입을 숫자 타입으로 변환
TO_CHAR(number) TO_CHAR(character) TO_CHAR(datetime)	숫자, 날짜 타입을 문자 타입으로 변환
TO_DATE	숫자, 문자 타입을 날짜 타입으로 변환
CONVERT	문자열을 한 국가에서 다른 국가 언어 형식으로 변환하여 실행
HEXTORAW	16진수 문자열을 2진수로 문자열을 변환

일반함수

함수	설명
NVL	null 값을 원하는 데이터 값으로 변환하는 함수
NVL2	값이 null인 경우와, null이 아닌 경우에 다르게 반환해주는 함수
NULLIF	두 개의 값을 비교하여 null값 또는 사용되어진 두 값 중 하나를 출력
NANVL	NANVL(column, express1)에서 column이 NAN(not a number)이면 express1의 값을, NAN이 아니면 column 값을 반환
COALESCE	나열해 놓은 값을 순차적으로 체크하여 null이 아닌 값을 출력
DECODE	여러 개의 조건을 주어 조건에 맞을 경우 해당 값을 출력 (IF...THEN...ELSE...처럼)
CASE	여러 개의 조건을 주어 조건에 맞을 경우 해당 값을 출력 (DECODE의 확장임)

그룹함수

함수	설명
AVG(n)	NULL 값을 제외한 N개 행의 평균값을 출력
COUNT	행의 개수를 출력, COUNT(*)은 NULL값을 포함
MAX	최대값을 출력
MIN	최소값을 출력
STDDEV(n)	NULL 값을 제외한 n의 표준편차를 출력
SUM(n)	NULL을 제외한 n의 합계를 출력
VARIANCE(n)	NULL값을 제외한 n의 분산을 출력

예제

```
SQL> select sum(sal), avg(sal), max(sal), min(sal) from emp;

  SUM(SAL)   AVG(SAL)   MAX(SAL)   MIN(SAL)
---------- ---------- ---------- ----------
     29025 2073.21429       5000        800

SQL> select count(*) from emp;
```

예제

```
SQL> select trunc(15.79) from dual;
SQL> select chr(75)||chr(79)||chr(82)||chr(69)||chr(65) from dual;
SQL> select SYSDATE, CURRENT_TIMESTAMP from dual;
SQL> select CURRENT_TIMESTAMP, LOCALTIMESTAMP, CURRENT_DATE from dual;
```

혼자하기

다음 문의 결과를 예측하시오.

```
SQL> alter session set NLS_DATE_FORMAT = 'DD-MON-YYYY HH24:MI:SS';
```

혼자하기

time zone이름을 v$timezone_names 뷰에서 확인해 보자.

혼자하기

timestamp의 default 타입을 v$nls_PARAMETERS 뷰나 NLS_SESSION_PARAMETERS 뷰에서 확인해 보자.

오라클의 연산자는 다양하며, 이를 요약 정리하면 다음과 같다.

WHERE 절에서 사용할 수 있는 연산자의 종류

<table>
<tr><td>비교 연산자</td><td>비교 연산자는 where절에서 숫자, 문자, 날짜의 크기나 순서를 비교하는 연산자</td></tr>
<tr><td>논리 연산자</td><td>WHERE 절에서 여러 개의 조건을 결합할 경우, AND, OR, NOT와 같은 논리연산자를 사용</td></tr>
<tr><td>SQL 연산자</td><td>비교연산자와 논리 연산자는 프로그래밍 언어의 IF 문에서도 지원되는 연산자지만, SQL 연산자는 SQL 언어에서만 제공하는 편리한 기능임
SQL 연산자는 BETWEEN a AND b, IN, LIKE, IS NULL 연산자가 있으며, 모든 데이터 타입에 대해 사용할 수 있음</td></tr>
<tr><td>NULL 연산자</td><td>NULL은 미확인 값이나 아직 적용되지 않은 값을 의미하는 연산자임
주의할 점은 NULL을 비교하기 위해서 '=' 연산자를 사용하지 않고 대신 'IS NULL' 연산자를 사용</td></tr>
<tr><td>SET(집합) 연산자</td><td>SQL에서 제공하는 집합 연산자는 합집합(UNION, UNION ALL), 차집합(MINUS), 교집합(INTERSECT)연산자<table>
<tr><td>UNION</td><td>첫 쿼리와 둘째 쿼리에서 중복되지 않게 모든 행을 추출</td></tr>
<tr><td>UNION ALL</td><td>첫 쿼리와 둘째 쿼리에서 중복을 허용한 모든 행을 추출</td></tr>
<tr><td>INTERSECT</td><td>첫 쿼리와 둘째 쿼리에서 중복되는 행만 추출</td></tr>
<tr><td>MINUS</td><td>첫 쿼리 중 둘째 쿼리에 없는 행만 추출</td></tr>
</table></td></tr>
<tr><td>multiset 연산자</td><td>두 개의 nested table을 하나의 nested table로 조합<table>
<tr><td>MULTISET EXCEPT</td><td>첫 nested 테이블에 있는 것 중에서 둘째 nested 테이블에 있는 것은 제외</td></tr>
<tr><td>MULTISET INTERSECT</td><td>두 nested 테이블에 공통으로 있는 것만</td></tr>
<tr><td>MULTISET UNION</td><td>두 nested 테이블에 중복되지 않게 있는 모든 것</td></tr>
</table></td></tr>
<tr><td>계층적 질의 연산자</td><td>PRIOR, CONNECT_BY_ROOT가 계층적 질의 연산자임</td></tr>
</table>

연결 연산자(‖)	합성(concatenation) 연산자 "‖"는 하나의 컬럼과 다른 컬럼, 산술 표현식 또는 상수 값과 연결하여 하나의 컬럼처럼 출력할 경우에 사용하는 연산자
산술 연산자(가감승제)	비교되는 컬럼을 *, /, +, -와 같은 산술 표현식을 사용
사용자 정의 연산자	CREATE OPERATOR 문으로 연산자를 생성할 수 있음
연산자 우선 순위	연산 순서는 우선순위가 높은 순에서 낮은 순으로 수행하고 동일한 우선순위를 가진 연산자는 왼쪽에서 오른쪽으로 수행, 괄호를 사용하여 연산자의 우선순위를 변경할 수 있음
floating-point condition	IS [NOT] NAN, IS [NOT] INFINITE

비교 연산자

비교 연산자	설명
=	같다
!=, ^=, <>	같지 않다
<, >	작거나 크다
<=, >=	작거나 같다, 크거나 같다
ANY, SOME	목록 중의 어떤 값과 비교하며, =, !=, >, <, <=, >=가 먼저 선행되어야 함
ALL	목록 중의 각각의 값과 비교하며, =, !=, >, <, <=, >=가 먼저 선행되어야 함

SQL 연산자

<table>
<tr><td>[NOT] IN(list)</td><td>list 값중의 하나와 일치
• Data type(varchar2, char, number, date)도 사용
• 문자, 날짜 사용에서 단일 인용부호(‘’)를 사용해야 함</td></tr>
<tr><td>[NOT] BETWEEN a AND b</td><td>a와 b 사이 값
• 자기 자신의 값까지 포함한 결과를 출력
• b가 a보다 커야 함</td></tr>
<tr><td>[NOT] LIKE</td><td>문자 형태 일치(%, _ 사용)<table><tr><td>%</td><td>문자의 갯수에 상관 없음(문자열 모두 찾기 *와 비슷)</td></tr><tr><td>_</td><td>한 개의 문자를 대신(한 문자 찾기 ?와 비슷)</td></tr></table>• 문자나 숫자 포함
• 검색 string 값에 대한 wildcard(%,_)사용
• 문자 패턴 일치 검색
• wildcard를 일반 문자처럼 쓰고 싶은 경우, ESCAPE 옵션을 사용</td></tr>
<tr><td>IS [NOT] NULL</td><td>NULL 값의 유무
• column이 완전히 비어 있으면 null임
• ‘ ’(공백), 0(zero)과는 다른 값임</td></tr>
</table>

	• null은 아직 정해지지 않은 값, 계산될 수 없는 값 • 있다, 없다의 값을 비교할 때는 IS NULL, IS NOT NULL을 사용
ANY, SOME	where 절의 subquery에 쓰임
ALL	where 절의 subquery에 쓰임
EXISTS	where 절의 subquery에서 값이 존재하면 TRUE를 반환
IS OF type	

동일한 우선순위를 가지는 연산자와 조건은 왼쪽에서 오른쪽으로 평가한다.

우선순위	연산자
1	unary operator(+, -), PRIOR, CONNECT_BY_ROOT
2	*, /
3	binary operator(+, -), 연결 연산자(||)
4	<, >, <=, =>, !=, =
5	IS [NOT] NULL, LIKE, [NOT] BETWEEN, [NOT] IN, EXISTS, IS OF type
6	NOT
7	AND
8	OR

예제

```
SQL> select empno,ename from emp
  2    where empno between 7369 and 7844
  3    order by empno;
SQL> select empno,ename from emp
  2    where ename between 'A' and 'S';     ☜ 결과를 확인해 볼 것

SQL> select empno,ename from emp
  2    where ename between 'A' and 'SCOTT'
  3    order by ename;

     EMPNO ENAME
---------- --------------------
      7876 ADAMS
       ...........
      7788 SCOTT

SQL> select ename from emp
  2    where comm is null;
```

예제

```
SQL> select empno,ename from scott.emp
  2  where ename like 'S%';

     EMPNO ENAME
---------- --------------------
      7369 SMITH
      7788 SCOTT

SQL> select empno,ename from scott.emp
  2  where empno like '77__';

     EMPNO ENAME
---------- --------------------
      7782 CLARK
      7788 SCOTT

SQL>
```

예제

☜ 연결 연산자 사용

```
SQL> select '이름은 '|| ename || '이고, 직업은 ' || job || ' 이다.'  from emp;

'이름은'||ENAME||'이고,직업은'||JOB||'이다.'
-----------------------------------------------
이름은 SMITH이고, 직업은 CLERK 이다.
이름은 ALLEN이고, 직업은 SALESMAN 이다.
```

복/습/문/제

이해도를 측정하기 위하여 각 문제를 5단계로 평가한다(1점~5점).

1. 쿼리의 의미를 설명하고 서브 쿼리의 예를 들어 보이시오.

2. view와 materialized view의 차이를 설명하고 그 사용 예를 보이시오.

3. select 문의 배열 순서를 나열하고 그 사용 예를 들어 보이시오.

4. dual 테이블을 설명하고 사용 예를 들어 보이시오.

5. pseudo column 중에서 rowid, rownum의 동작을 설명하고 그 사용 예를 들어 보이시오.

6. rollup과 cube의 동작을 설명하고 그 예를 들어 보이시오.

7. IOT에 대해 설명하고 그 예를 들어 설명하시오.

8. select * from nls_session_parameters;의 실행 결과에 대해 설명하시오.

9. alter session set nls_date_format='YYYY-MM-DD'의 의미를 설명하고 변화된 출력을 보이시오.

10. NULL에 대해 설명하고 그 예를 들어 보이시오.

11. 날짜가 '2013-3월-10'처럼 출력되도록 login.sql 스크립트에 작성하시오.

12. 함수를 분류하고 그 사용 예를 들어 보이시오.

13. 연산자의 종류를 분류하고 그 사용 예를 들어 보이시오.

C.H.A.P.T.E.R

06

서브 쿼리와 테이블 생성

공부할 내용

- subquery와 pattern 매칭
- 데이터 타입
- 테이블 생성

이 장에서는 서브 쿼리에 대하여 익히게 되며, select 문에서 원하는 데이터를 찾기 위한 패턴 매칭 like, regexp_like에 대하여 공부하게 된다.

테이블을 만들기 전에 테이블의 필드에 쓰일 데이터 타입을 이해하고, 데이터 타입의 표현 방법과 데이터 타입의 변환 방법을 익히고, 이를 이용하여 자신이 원하는 테이블을 만든다.

6.1 Subquery와 Pattern 매칭

1. subquery란?

- 하나의 SQL 문장의 절에 부속된 또 다른 select 문장으로, 두 번의 질의를 수행해야 얻을 수 있는 결과를 한 번의 질의로 해결할 수 있는 문장이다.
- 연산자 오른쪽에 위치하며 괄호()로 묶여져 사용된다.
- 질의가 미지정된 값을 근거로 할 때 유용하다.
- subquery는 mainquery의 조건으로 사용된다.
- subquery의 결과는 main outer query에 의해 사용된다.
- subquery의 실행 순서는 subquery를 먼저 실행하고, 그 결과를 mainquery에 전달하여 실행한다.
- subquery에는 두 종류의 연산자가 사용된다.

하나의 행을 반환하는 연산자	>, <, >=, <=, <>
여러 행을 반환하는 연산자	IN, ANY, ALL

- 다음의 SQL 명령절에 사용이 가능하다.

  -- WHERE 절

  -- HAVING 절

  -- INSERT 문장의 INTO 절

  -- UPDATE 문장의 SET 절

  -- SELECT 또는 DELETE 문장의 FROM 절

- subquery는 ORDER BY 절을 포함할 수 없다(In-line view에서 사용 가능).
- subquery로부터 리턴되는 값중에서 NULL값이 있다면 그 결과는 항상 해당되는 레코드가 없다고 출력된다.

In-line view는 View를 사용하는 것과 아주 유사하게 select 문장의 FROM 절에서 subquery를 사용한다.

- subquery 뒤에는 반드시 alias를 붙인다.
- subquery를 FROM 절에 사용할 수 있다. FROM 절에 위치한 subquery는 하나의 테이블처럼 사용된다.

그러므로 서브 쿼리가 FROM 절에 있으면 이를 In-line view라하고, 서브 쿼리가 WHERE 절에 있으면 이를 Nested subquery라 하며, Nested subquery 중에서 참조하는 테이블이 부모(parent)와 자식(child) 관계를 가지면 이를 상호연관 서브 쿼리(correlated subquery)라 한다.

correlated subquery는 row-by-row processing으로 한 개의 행을 비교할 때마다 결과가 메인으로 리턴된다.

즉, 한 행을 처리할 때마다 sub에 주고 값을 처리한 후에 main으로 건너는 방식이므로 내부적으로 성능이 저하된다.

【 In-line view 형식 】

```
SELECT column_list
        FROM (subquery) alias
        WHERE 조건;
```

예제

In-line View의 예

SQL> **select a.empno, a.ename, a.sal, a.hiredate, b.maxdate**

```
  2  from emp a, (select deptno, max(hiredate) maxdate
  3                 from emp
  4                 group by deptno) b
  5  where a.deptno=b.deptno AND a.hiredate < b.maxdate;
```

예제

```
SQL> select ename from emp
  2  where job=(select job from emp where ename='SCOTT');

SQL> select ename,sal from emp
  2  where sal IN (select sal from emp where deptno=10);

SQL> select ename, sal, comm from emp
  2  where EXISTS (select empno  from emp where comm IS NOT NULL);

SQL> select deptno, ename, sal from emp t1
  2  where sal > (select avg(sal) from emp t2 where t2.deptno=t1.deptno);
```

이 예제에서

하나, 메인쿼리에서 emp t1이라는 t1 별명을 서브 쿼리로 전달한다.

둘, 메인쿼리에서 전달 받은 deptno로 평균을 계산한다.

셋, 메인쿼리에서 평균값보다 큰 것만 출력한다.

예제

```
SQL> select ename,sal,a__sal,p.deptno
  2  from emp p, (select deptno, AVG(sal) a__sal from emp group by deptno) D
  3  where p.deptno=D.deptno AND p.sal > D.a__sal;

SQL> WITH person_maxpay AS (select p.deptno, max(sal) as maxpay
  2                         from emp p, dept d
  3                         where p.deptno=d.deptno
  4                         group by p.deptno)
  5  SELECT m.deptno,m.maxpay
  6  FROM person_maxpay m;
```
☜ with 절에서 사용된 emp, dept 테이블 이름을 사용하면 안됨

```
SQL> delete from emp p
  2  where sal < (select AVG(sal) from emp where deptno=p.deptno);
```

혼자하기

subquery에 의한 특정 필드의 데이터를 수정하자.

2. 집합 연산자(SET OPERATOR)

UNION, UNION ALL, INTERSECT, MINUS 등의 집합 연산자를 이용해 두 개 이상의 SQL 쿼리를 하나의 문장으로 실행하는 기능을 가지고 있다.

SQL 문에서 집합 연산자를 사용하기 위해서는 집합 연산의 대상이 되는 두 테이블의 컬럼 수가 같고, 대응되는 컬럼끼리 데이터 타입이 동일해야 한다.

컬럼이름은 달라도 상관없으며, 집합 연산의 결과로 출력되는 컬럼의 이름은 첫 번째 select 절의 컬럼 이름을 따른다.

set 연산자	기능	A={1,2,5,6}, B={1,2,4}
UNION ALL	쿼리1과 쿼리2의 결과에서 중복된 부분을 겹쳐 모두 출력(공통부분 겹침)	{1,1,2,2,4,5,6}
UNION	쿼리1과 쿼리2의 결과에서 중복된 부분은 한번만 출력(공통부분은 한번만)	{1,2,4,5,6}
MINUS	쿼리1의 결과에서 질의2의 결과 행을 제외한 질의1에서 중복되지 않는 나머지 행만 출력	{5,6}
INTERSECT	쿼리1과 쿼리2에서 중복되는 부분을 한번만 출력	{1,2}

```
SQL> select deptno from dept
  2  union
  3    select deptno from emp;

SQL> select deptno from dept
  2  union all
  3    select deptno from emp;
```

SQL에서 사용되는 pattern matching에 대하여 살펴보자.

자료를 바르게 검색하여 찾기 위해서는 반드시 패턴 매칭을 잘 이해하고 실행해야 한다.

패턴 매칭 조건은 문자 데이터를 비교하는 것으로 다음과 같은 것이 쓰인다.

구분	설명
LIKE	포함된 패턴의 매칭을 검사하는데 사용
REGEXP_LIKE	LIKE처럼 단순한 문자만 검사하는 것이 아니라 입력되는 문자 셋으로 정의한 문자들을 사용하여 매칭을 평가한다는 것이 다름

like에 의한 패턴 매칭에는 다음의 문자가 쓰인다.

underscore(_) 문자	오직 한 글자와 대응
percent sign(%) 문자	0개 이상의 여러 문자와 대응
ESCAPE	LIKE 조건과 같은 검색하려는 컬럼의 값에 %나 '_'와 같은 메타문자가 포함되어 있는 경우, ESCAPE 옵션을 사용하면 %나 '_'을 메타문자가 아닌 하나의 캐릭터문자로 인식하게 함(ESCAPE 문자는 #, / ,* 등 제한되어 있지 않음)

regexp_like에 의한 패턴 매칭의 기본 형식은 다음과 같다.

【 형식 】

```
REGEXP_LIKE(source_char, pattern [,match_param])
```

여기서 사용된 match_parameter의 값은 다음과 같은 의미로 사용된다.

i	대소문자 구분 없음
c	대소문자 구분 있음
n	period(.)를 허용함
m	source string이 여러 줄인 경우(multiple lines)
x	whitespace character(공백문자) 무시

또한 regexp_like에서 구체적인 매칭을 위해 사용되는 메타문자는 다음과 같다.

Anchoring 문자	^	시작 문자 지정
	$	끝 문자 지정
quantifier & repetition 연산자	*	여러 문자와 매칭
	?	한 문자와 매칭
	{m}	m번 이상 반복
	{m,n}	m번 이상 최대 n번까지 반복
POSIX 문자 그룹	[:alpha:]	알파벳 문자
	[:lower:]	소문자 알파벳
	[:upper:]	대문자 알파벳
	[:digit:]	숫자
	[:alnum:]	숫자와 문자
	[:space:]	공백 문자
	[:punct:]	구두점
	[:cntrl:]	제어 문자
	[:print:]	printable 문자
Alternate Matching과 그룹핑	|	선택가능 조건
	( )	여러 매치 조건을 그룹으로 묶음
	[ ]	대괄호 내의 문자와 각각 대응

예제

```
SQL> select ename from emp
  2  where ename like 'SCOTT';

SQL> select ename from emp
  2  where ename like  'SC%'

SQL> select ename from emp
  2  where ename like 'SC___';

SQL> select ename from emp
  2  where ename LIKE '%A\_B%' ESCAPE '\';
```

예제

```
SQL> select ename from emp
  2  where regexp_like(ename,'^SC','c')
```

```
SQL> select ename from emp
  2  where regexp_like(ename, 'TT$','i');

SQL> select ename from emp
  2  where regexp_like(ename,'^S[CM]','i');
```

혼자하기

한글 데이터를 like와 regexp_like로 검색하는 과정을 실행하시오.

6.2 데이터 타입

테이블의 필드를 선언할 때 필드의 데이터 타입을 선언해야 같은 종류의 데이터가 같은 필드에 들어가게 된다.

1. 데이터 타입의 종류

데이터 타입	설명
CHAR[(size[BYTE ¦ CHAR])]	size크기의 고정길이 문자 데이터, 기본값 1바이트, 최대값 2000바이트
NCHAR[(size)]	size크기의 고정길이 문자 데이터, 기본값 1바이트, 최대값 2000바이트
VARCHAR2(size[BYTE ¦ CHAR])	size 크기의 가변길이 문자 데이터, 최소값 1, 최대값 4000, 반드시 최대값을 지정
NVARCHAR2(size)	size 크기의 가변길이 국가별 문자 데이터, 최소값 1, 치대값 4000, 반드시 최대값을 지정
NUMBER[(p[,s])]	숫자값 -38자릿수에서 +38 자릿수까지 저장 p는 전체 자릿수, s는 소숫점 이하 자릿수
FLOAT[(p)]	정밀도 p는 1~126 binary digits로, 1~22바이트가 필요함, FLOAT는 내부적으로 NUMBER처럼 나타냄
LONG	문자(가변길이, 2GB까지 지원)
DATE	날짜, 시간 값(고정길이, 7바이트)을 저장
BINARY_FLOAT	32-bit floating point number로 데이터타입은 5바이트가 요구됨
BINARY_DOUBLE	64-bit floating point number로 데이터타입은 9바이트가 요구됨
RAW(size), LONG RAW	2진 데이터, RAW의 최대값은 2000으로 반드시 size를 기술해야 하며 LONG RAW는 2GB까지 지원

CLOB	텍스트 데이터를 저장=(4GB-1)*(data block size)
NCLOB	텍스트 데이터를 저장=(4GB-1)*(data block size)
BLOB	2진 데이터를(4GB-1)*(database block size)까지 저장
BFILE	2진 데이터를 외부 파일 형태로 4GB까지 저장
ROWID	테이블 내의 행의 고유 주소를 가지는 64 문자 타입
UROWID[(size)]	테이블 내의 행의 고유 주소를 가지는 64 문자 타입으로 최대 크기이자 디폴트인 4000바이트
TIMESTAMP[(n)]	DATE를 최대 9자리의 년, 월, 일, 시, 분, 초, 밀리초까지 보여줌, n은 초단위 다음에 이어서 나타낼 mili second의 자릿수(기본값 n= 6)
TIMESTAMP[(n)] WITH TIME ZONE	지역 시간과 월드시의 차이 시간 정보를 보여줌, n은 초단위 다음에 이어서 나타낼 mili second의 자릿수(기본값 n= 6)
TIMESTAMP[(n)] WITH LOCAL TIME ZONE	지역 시간으로 변환하여 저장, n은 초단위 다음에 이어서 나타낼 mili second의 자릿수(기본값 n= 6)
INTERVAL YEAR[(n)] TO MONTH	년과 월을 사용하여 날짜값의 기간을 저장
INTERVAL DAY[(n)] TO SECOND[(n)]	두 날짜값 차이를 일, 시, 분, 초의 기간으로 지정
INTERVAL DAY TO HOUR	두 날짜값 차이를 일, 시, 분, 초의 기간으로 지정
INTERVAL DAY TO MINUTE	두 날짜값 차이를 일, 시, 분, 초의 기간으로 지정
INTERVAL HOUR TO SECOND	두 날짜값 차이를 일, 시, 분, 초의 기간으로 지정
binary_float_nan	not a number(NAN) for BINARY_FLOAT 타입
binary_float_infinity	infinity(INF) for BINARY_FLOAT 타입(무한대)
binary_double_nan	not a number(NAN) for BINARY_DOUBLE 타입
binary_double_infinity	infinity(INF) for BINARY_DOUBLE 타입(무한대)

2. LONG/LONG RAW와 BLOB/CLOB의 차이점

LONG/LONG RAW	LOB
하나의 테이블에 하나의 컬럼만 정의	하나의 테이블에 여러 컬럼을 정의
2GB까지 저장가능	4GB까지 저장 가능
SELECT하면 실제 데이터가 리턴	데이터가 존재하는 위치만 리턴
데이터는 항상 데이터베이스 내에 저장	데이터는 데이터베이스 내부 또는 외부에 저장
데이터는 순차적으로 읽음	데이터는 랜덤하게 읽음

3. TIMESTAMP 함수

current_date	현재의 날짜/시간 정보를 "일/월/년 24시:분:초" 형식으로 보임
current_timestamp	현재 시간을 mili-second까지 나타냄 또한 실제 지역시간과의 시간차도 나타냄
localtimestamp	현재 지역시간을 보임
DBtimezone	오라클 DB가 처음 생성될 때 운영체제로부터 확인된 시간정보
sessiontinezone	현재 사용자가 접속한 세션에서 alter session set time_zone 명령에 의해서 적용된 시간정보
extract	sysdate 함수로부터 특정 시간 정보를 추출하여 참조할 때 사용
from_tz	alter session set 절을 사용하여 현재 시간 정보를 세션 레벨에서 변경하지 못하는 경우 이 함수를 사용하면 timestamp with time zone의 시간 정보를 참조할 수 있음
to_timestamp, to_timestamp_tz	timestamp와 timestamp with time zone 정보의 출력 형식을 결정할 때 사용
to_yminterval	지정된 시간 정보를 interval 날짜 형식으로 변환하여 보임

4. 데이터 타입의 변환

데이터 타입의 변환은 숫자나 날짜 타입을 문자로, 문자를 숫자로, 문자를 날짜로 변환하는 기능이며, 데이터 타입을 변환하는 방법은 다음과 같이 분류된다.

- 묵시적(implicit)으로 변환되는 방법
- 명시적(explicit)으로 변환하는 방법

묵시적 데이터 타입 변환은 정확한 연산을 위하여 오라클에서 데이터 타입을 내부적으로 변환되는 경우이다. 예를 들어, where a=b에서 비교되는 데이터 타입이 서로 다른 경우 a와 b를 동일한 데이터 타입으로 비교하기 위하여 a, b중 하나의 데이터 타입을 내부적으로 변환된다.

다음의 표는 a, b의 데이터 타입 종류에 따른 묵시적인 데이터 타입 변환 방법이다.

A의 데이터 타입	B의 데이터 타입	변환 결과
NUMBER	VARCHAR2 또는 CHAR	B가 NUMBER 타입으로 변환
VARCHAR2 또는 CHAR	NUMBER	A가 NUMBER 타입으로 변환

명시적으로 변환하는 방법은 사용자가 데이터 타입 변환 함수를 이용하여 명시적으로 데이터 타입을 변환할 수 있다. 데이터 타입 변환 함수는 숫자/날짜 타입을 문자 타입으로 변환하는 **to_char** 함수, 문자열을 숫자 타입으로 변환하는 **to_number** 함수, 문자열을 날짜 타입으로 변환하는 **to_date** 함수가 있다.

다음 표에 명시적으로 데이터를 변환하는 함수를 정리하였다.

함수	설명
TO_NUMBER	char, varchar2와 같은 문자열 타입을 숫자 타입으로 변환
TO_CHAR(number) TO_CHAR(character) TO_CHAR(datetime)	number, date와 같은 숫자, 날짜 타입을 문자 타입으로 변환
TO_DATE	number, char, varchar2와 같은 숫자, 문자 타입을 날짜 타입으로 변환
CONVERT	문자열을 어느 국가의 언어 형식에서 다른 국가 언어 형식으로 변환하여 실행
HEXTORAW	16진수 문자열을 2진수로 문자열을 변환

날짜 데이터는 날짜나 숫자를 더하거나 빼는 등의 산술 연산이 가능하며, 가능한 날짜의 연산은 다음과 같다.

연산	결과	비고
날짜 + 숫자	날짜	주어진 숫자(일 수)를 날짜에 더함
날짜 - 숫자	날짜	날짜에서 주어진 숫자(일 수)를 뺌
날짜 - 날짜	숫자(일 수)	어느 날짜에서 다른 날짜를 뺌
날짜 + 숫자/24	날짜	날짜에 시간을 더함

TO_CHAR(number) 함수는 다양한 출력 형식을 지정하여 숫자 타입을 문자 타입의 지정한 포맷으로 변환하여 표시한다. 이러한 포맷 모델(format model)은 데이터베이스 내에 있는 내부의 값의 표현을 변경하는 것은 아니다(즉, 데이터베이스에 있는 원래의 값은 변경되지 않고 단지 표현만 다르게 보이도록 하는 것임). 예를 들어, 세 자리 숫자마다 ','를 표시하거나 $와 같이 화폐 단위를 포함한 문자 데이터로 변환할 수 있다.

포맷 모델을 이용하여 표현되는 형식을 변경하는 방법은 다음 두 종류가 있다.

- TO_CHAR
- TO_DATE

4장에서 배운 필드의 데이터 형식을 모두 바꾼 경우와 비교하여 보자.

명령어 실행	결과 값
SQL> **column no format 9999999** SQL> **select no from test;**	NO -------- 1234
SQL> **select to_char(no,'9999999') from test;**	TO_CHAR(-------- 1234

5. 숫자 타입 표현 포맷

TO_CHAR(number) 함수는 NUMBER, BINARY_FLOAT, BINARY_DOUBLE의 데이터타입을 VARCHAR2 데이터타입으로 변환한다.

6. 숫자 표기 형식(Number Format Element)

종류	의미	사용 예	결과
,	명시한 위치에 컴마(comma) 표기	(1234,'99,999')	1,234
.	명시한 위치에 마침표(period) 표기	(1234,'99999.99')	1234.00
$	달러기호를 숫자 앞에 표시	(1234,'$99999')	$1234
0	자릿수가 비면 0을 채움	(1234,'0999999')	0001234
		(1234,'9999990')	1234000
9	출력할 자릿수를 지정하고, 값이 지정한 자리수보다 작으면 공백으로 채워 표시	(1234,'9999999')	▸▸▸1234
B	출력할 자릿수를 지정하고, 값이 지정한 자리수보다 작으면 blank를 공백으로 채워 표시	(1234,'B9999999')	▸▸▸1234
C	NLS_ISO_CURRENCY에서 지정한 ISO currency symbol를 표기하여 나타냄	(1234,'C9999')	USD1234
D	지정한 위치에 NLS_NUMERIC_CHARACTER로 지정한 문자를 표시하여 나타냄(디폴트=period(.))	(1234,'99999D99')	1234.00
EEEE	지수 표기법으로 표시	(1234,'9.999EEEE')	1.234E+03
G	지정한 위치에 NLS_NUMERIC_CHARACTER로 지정한 그룹 분리자로 표시하여 나타냄	(1234,'99G99')	12,34
L	NLS_CURRENCY 매개변수로 지정한 local currency symbol를 표기하여 나타냄	(1234,'L9999')	$1234
MI	음수인 경우, 뒤에 '-' 기호를 표시, 양수인 경우, 뒤에 공백이 따름	(1234,'99999MI')	1234-

PR	음수를 괄호로 묶음	(1234,'99999PR')	(1234)
RN	로마자 대문자로 표기	(34,'RN')	XXXIV
rn	로마자 소문자로 표기	(34,'rn')	xxxiv
S	숫자 앞에 부호(+, -)를 표기	(1234,'S9999')	+1234
	숫자 뒤에 부호(+, -)를 표기	(1234,'9999S')	1234+
TM	대소문자를 구분하여 텍스트의 minimum number format model을 반환	(1234,'TM9')	1234
U	NLS_DUAL_CURRENCY 파라미터로 지정한 유로화폐기호를 지정한 곳에 표기	(1234,'U99999')	$1234
V	10을 V 뒤의 수만큼 곱함	(1234,'99999V99')	123400
X	지정한 수에 대한 지정한 자릿수를 가진 16진수를 출력(알파벳 대문자로)	(12,'XXXX')	C
x	지정한 수에 대한 지정한 자릿수를 가진 16진수를 출력(알파벳 소문자로)	(12,'xxxx')	c
DATE	숫자를 MM/DD/YY형식의 Julian 날짜 포맷으로 출력	(1234,'DATE')	05/19/09

예제

현재 설정된 NLS_NUMERIC_CHARACTER를 확인하여 보시오.

```
SQL> select * from nls_database_parameters;
```

7. 날짜 타입(datetime) 표현 포맷

DATE, TIMESTAMP, TIMESTAMP WITH TIME ZONE, TIMESTAMP WITH LOCAL TIME ZONE의 데이터 타입을 사용자가 지정한 폼을 갖는 VARCHAR2의 데이터 타입으로 변환한다.

8. 날짜 출력 형식의 종류(Datetime Format Element)

종류	의미	사용 예	결과
CC SCC	세기(世紀) 표시	(sysdate,'CC') (sysdate,'SCC')	21 21
BC(B.C.) AD(A.D.)	BC, AD 표현	(sysdate,'AD') (sysdate,'BC')	AD BC
Q	분기(分期) 표시	(sysdate,'Q')	4(10-12월)
MI	minute를 표시	(sysdate,'MI')	21
MM	월을 숫자로 표시	(sysdate,'MM')	11
MONTH	달의 이름을 모두 표시	(sysdate,'MONTH')	NOVEMER

MON	달의 이름을 3문자로 표시	(sysdate,'MON')	NOV
WW	년중 몇 번째 주(1~52)	(sysdate,'WW')	44
W	월중 몇 번째 주(1~4)	(sysdate,'W')	4
DDD	연중 일 수로 표현(1~366)	(sysdate,'DDD')	329
DD	월중 일 수로 표현(1~31)	(sysdate,'DD')	25
D	주중 일 수로 표현(1~7)	(sysdate,'D')	6
DY	3문자로 된 요일표기	(sysdate,'DY')	FRI
DAY	요일의 영문표기 모두 표시	(sysdate,'DAY')	FRIDAY
FM	앞, 뒤로 공백 없이 표기	(systimestamp,'FM')	
FX	정확한 포맷이 일치해야만 표기	(systimestamp,'FX')	
HH HH12 HH24	시간 표기(12시간, 24시간 표기)	(systimestamp,'HH') (sysdate,'HH24')	06 18
IW	1년중 몇 째주	(systimestamp,'IW')	07
I IY IYY IYYY	년 표기의 자릿수	(sysdate,'I') (sysdate,'IY') (sysdate,'IYY') (sysdate,'IYYY')	0 10 010 2010
J	Julian년호 숫자	(sysdate,'J')	2454875
AM(A.M.) PM(P.M.)	오전, 오후의 영문 표기	(sysdate,'AM') (sysdate,'PM')	AM PM
RM	달을 로마자로 표기	(sysdate,'RM')	II
RR	2자릿수 년도 표기, YY와 달리 명시한 년도 수에 따라 값이 틀림		
RRRR	년을 2자리, 또는 4자리로 표기	(sysdate,'RRRR')	2010
SS	현재시간의 초(0~59)	(sysdate,'SS')	20
SSSSS	자정부터 지금까지 지난 초 (0~86399)	(sysdate,'SSSSS')	37230
TS	시간의 간략표기	(sysdate,'TS')	10:28:51 AM
TZD	TZR에 의한 daylight 표기	(systimestamp,'TZD')	
TZH	Time Zone HOUR 표기	(systimestamp,'TZH')	+09
TZM	Time Zone Minute 표기	(systimestamp,'TZM')	02
TZR	Time Zone 표기	(systimestamp,'TZR')	+09:00
YEAR SYEAR	년도 영문으로 표시	(sysdate,'YEAR') (sysdate,'SYEAR')	TWO THOUSAND NINE TWO THOUSAND NINE
YYY YY Y	년도 표현	(sysdate,'YYY') (sysdate,'YY') (sysdate,'Y')	010 10 0
YYYY SYYYY	4자리 년도 표시 BC는 (-)로 표기	(sysdate,'YYYY') (sysdate,'SYYYY')	2010 2010
Y,YYY	4자리 년도 표시중 컴마사용	(sysdate,'Y,YYY')	2,010

예제

SQL> **select to_char(345,'$9099.999') from dual;**
SQL> **select to_char(sysdate,'fmDay, dd. Month YYYY') from dual;**
SQL> **select systimestamp from dual;**
SQL> **select sysdate from dual;**

앞의 표에서 나타낸 datetime format을 더 다양하게 표시하기 위해서 접미사가 사용되는데 그 접미사의 종류와 용도를 정리하면 아래의 표와 같다.

9. 날짜의 출력 형식을 지정하는 접미사(Datetime Format Element Suffixes)

접미사	의미	사용 예	결과
SP	날짜를 기수의 영문으로 표기	(sysdate,'DDSP')	FIVE
TH	날짜를 숫자로 된 서수의 영문으로 표기	(sysdate,'DDTH')	5TH
SPTH	날짜를 서수의 영문으로 표기	(sysdate,'DDSPTH')	FIFTH
THSP		(sysdate,'DDTHSP')	
"text"	인용부호 속의 문자열을 결과에 그대로 표시	(sysdate,'DD "of" MON')	5 of FEB
-	인용부호 없이 사용한 문자를 결과에 그대로 표시	(sysdate,'DD-MON')	05-FEB
/		(sysdate,'DD/MON')	05/FEB
,		(sysdate,'DD,MON')	05,FEB
.		(sysdate,'DD.MON')	05.FEB
;		(sysdate,'DD;MON')	05;FEB
:		(sysdate,'DD:MON')	05:FEB

예제

SQL> **select to_char(sysdate,'DDTH'), to_char(sysdate,'DDSP'), to_char(sysdate,'DDSPTH') from dual;**

```
TO_C TO_CHAR(SYSD TO_CHAR(SYSDAT
---- ------------ --------------
05TH FIVE         FIFTH
```

SQL> **select to_char(sysdate,'DD "of" MON') from dual;**

```
TO_CHAR(SYSD
------------
```

```
05 of FEB

SQL> select to_char(sysdate,'DD-MON'), to_char(sysdate,'DD/MON'), to_char(sysdate,'DD,MON')
from dual;

TO_CHAR(S TO_CHAR(S TO_CHAR(S
--------- --------- ---------
05-FEB    05/FEB    05,FEB

SQL> select to_char(sysdate,'DD.MON'), to_char(sysdate,'DD;MON'), to_char(sysdate,'DD:MON')
from dual;

TO_CHAR(S TO_CHAR(S TO_CHAR(S
--------- --------- ---------
05.FEB    05;FEB    05:FEB

SQL>
```

혼자하기

다음 자료 사전 뷰를 확인하여 보시오.

```
SQL> select * from nls_session_parameters;
SQL> select * from v$nls_parameters;
```

6.3 테이블 생성

create 문을 이용하여 다양한 객체를 생성할 수 있지만, 이 절에서는 테이블을 생성하는 경우를 설명하기로 한다.

- Extent table 생성
- Subquery를 이용한 table 생성
- External table 생성

[간단한 형식]

```
CREATE [GLOBAL TEMPORARY] TABLE [schema.] 테이블이름
      (
        열이름   데이터타입 [DEFAULT 표현식] [제약조건]
       [,열이름   데이터타입 [DEFAULT 표현식] [제약조건] ]
       [,...]
      );
```

각 부분의 의미는 다음과 같다.

GLOBAL TEMPORARY	임시 테이블을 만들기 위한 키워드
스키마	만들어질 테이블이 속하는 스키마 이름 혹은 사용자 계정과 같은 의미
테이블 이름	만들어질 테이블 이름
열 이름	테이블 내에 만들어질 컬럼의 이름
데이터 타입	각각의 열은 자신의 데이터 타입
DEFAULT 표현식	데이터 입력시 값이 생략된 경우에는 입력되는 기본값 예 : addr VARCHAR2(100) DEFAULT 'COREA'
제약조건	컬럼에 대해 정의되는 무결성 제약조건

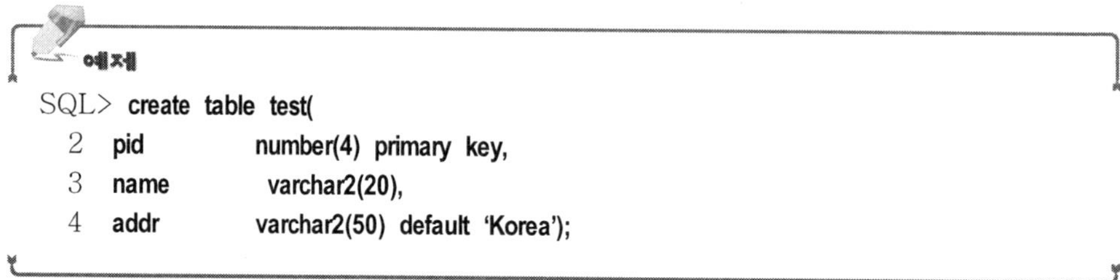

예제

```
SQL> create table test(
  2  pid          number(4) primary key,
  3  name          varchar2(20),
  4  addr         varchar2(50) default 'Korea');
```

혼자하기

번호, 이름, 주소, 휴대전화의 필드를 갖는 테이블을 만들어 보자.

1. Extent용 table 생성

테이블의 데이터 저장 공간을 점진적으로 확장하도록 하는 기능을 갖는 테이블을 extend 테이블이라 한다(제3장에서 제시한 오라클의 논리적 구조 참조).

예제

```
SQL> create table aa
  2  (no char(3), name varchar2(10))
  3   STORAGE (initial 10k
  4             next 10k
  5             minextents 1
  6             maxextents 121
  7             pctincrease 50);
```

INITIAL	첫 확장의 크기를 지정(디폴트값은 5데이터블럭의 크기임)
NEXT	다음 확장의 크기를 지정(디폴트값은 5데이터블럭의 크기임)
PCTINCREASE	제3, 서브시퀀트 확장의 크기에 대한 증분 백분율을 지정 디폴트는 50%로 이는 앞의 확장보다 더 클 경우 50%만큼 더 크게 확장토록 함
MINEXTENTS	확장의 총수이며, 디폴트는 2임 이 값이 1보다 크면, INITIAL, NEXT, PCTINCREASE가 적용됨
MAXEXTENTS	첫 번째를 포함한 확장의 총수이며, 디폴트값은 데이터블록 사이즈에 따름
UNLIMITED	무한 확장으로, rollback segment에는 사용하지 않음
MAXSIZE	저장을 최대로 지정함

혼자하기

extent 테이블에서 pctincrease 50의 의미는?

혼자하기

오라클의 논리적 구조인 block, extent, segment, tablespace에 대하여 설명하시오.

2. Subquery를 이용한 테이블 생성

기존 테이블의 형식만 복사하거나, 기존 테이블의 형식과 데이터가 포함된 복사본을 만들 수 있다.

예제

```
SQL> create table cp_emp
  2    AS select * from emp;
```

- create table as...와 같이 서브 쿼리를 하여 만든 테이블은 NOT NULL만 복사되며, primary key와 같은 제약조건은 복사되지 않으므로 제약조건을 추가해 주어야 한다. 이에 대한 자세한 내용은 제8장에서 공부한다.

예제

```
SQL> create table aa(
  2  id number primary key,
  3  name char(6) not null,
  4  ph varchar2(20) unique);

테이블이 생성되었습니다.

SQL> create table test as select * from aa;

테이블이 생성되었습니다.
```

<table>
<tr><th>원래 테이블의 제약조건</th><th>서브 쿼리로 생성된 테이블의 제약조건</th></tr>
<tr><td><pre>SQL> desc aa;

 이름   널?   유형
 --------- -------- ----------------
 ID   NOT NULL NUMBER
 NAME   NOT NULL CHAR(6)
 PH   VARCHAR2(20)</pre></td><td><pre>SQL> desc test;

 이름   널?   유형
 --------- -------- ---------------
 ID   NUMBER
 NAME   NOT NULL CHAR(6)
 PH   VARCHAR2(20)</pre></td></tr>
</table>

```
SQL> select owner,constraint_name, constraint_type, table_name, status
  2  from user_constraints;

OWNER      CONSTRAINT_NAME CO TABLE_NAME STATUS
---------- --------------- -- ---------- ----------------
NUGU       SYS_C0020266    C  AA         ENABLED
NUGU       SYS_C0020269    C  TEST       ENABLED
NUGU       SYS_C0020267    P  AA         ENABLED
NUGU       SYS_C0020268    U  AA         ENABLED
```

```
SQL> select * from user_cons_columns;

OWNER      CONSTRAINT_NAME TABLE_NAME COLUMN_NAME      POSITION
---------- --------------- ---------- --------------- ----------
NUGU       SYS_C0020268    AA         PH                       1
NUGU       SYS_C0020267    AA         ID                       1
NUGU       SYS_C0020266    AA         NAME
NUGU       SYS_C0020269    TEST       NAME

SQL>
```

3. External 테이블

external 테이블은 데이터베이스 외부에 저장된 데이터 소스를 조작하기 위한 접근 방법의 하나로 읽기 전용 테이블이다.

external 테이블의 실제 데이터는 데이터베이스 외부에 존재하지만, external 테이블에 대한 metadata는 데이터베이스 내부에 존재하는 일종의 가상 테이블이다.

보통 테이블과 external 테이블의 차이는 다음과 같다.

External 테이블	일반 테이블
• 형식 CREATE TABLE .... ORGANIZATION EXTERNAL	• 형식 CREATE TABLE ...
• READ-ONLY	• READ-WRITE
• DML 작업이 불가능	• DML 작업이 가능
• INDEX 생성 불가능	• INDEX 생성 가능

예제

단계 1) 읽어올 데이터 파일

```
$ pwd
/export/home/oracle/oradata
$ cat test.txt
0111,"COREA",
0222,"CHINA",
$
```

단계 2) 디렉터리 만들기

이 과정은 오라클 관리자가 실행함

```
SQL> conn sys as sysdba
SQL> create directory test_dir
       AS '/export/home/oracle/oradata';
SQL> grant read, write on directory test_dir to nugu;
```

단계 3) 테이블 만들기(외부 데이터 읽어올)

```
SQL> conn nugu
SQL> create table test_ext (
       aa number(4), bb char(5))
     ORGANIZATION EXTERNAL
      (type oracle_loader
       default directory test_dir
       access parameters (
         records delimited by newline
         badfile 'test_bad.bad'
         logfile 'test_log.log'
         fields terminated by ','
         optionally enclosed by ' " '
          (aa, bb))
         location('test.txt'))
     reject limit unlimited;
SQL> select * from test_ext;

        AA BB
---------- -----
       111 COREA
       222 CHINA

SQL>
```

```
SQL> select * from user_tab_privs;

GRANTEE   OWNER    TABLE_NAME   GRANTOR   PRIVILEGE   GRANTA   HIERAR
-------  -------  -----------  --------  ---------   ------   ------
NUGU      SYS      TEST_DIR     SYS       WRITE       NO       NO
NUGU      SYS      TEST_DIR     SYS       READ        NO       NO

SQL>
```

시스템 관리자의 선행 작업

external 테이블을 실행하기 위하여 오라클 관리자가 external 테이블의 데이터가 있는 곳의 디렉터리를 생성하고 오라클 사용자에게 해당 디렉터리에 대해 읽을 권한을 부여한다.

```
SQL> conn sys as sysdba
SQL> create directory test_dir
  2  AS '/export/home/oracle/oradata';
SQL> grant read, write on directory test_dir to nugu;
```

☜ NLS에 관한 사항을 확인시킴

```
SQL> select * from props$
SQL> select * from props$ where name='NLS_CHARACTERSET';

NAME                   VALUE$                 COMMENT$
--------------------   --------------------   --------------------
NLS_CHARACTERSET       KO16MSWIN949           Character set

SQL>
```

복/습/문/제

이해도를 측정하기 위하여 각 문제를 5단계로 평가한다(1점~5점).

1. 데이터 타입에 대하여 설명하고 사용 예를 보이시오.

2. 데이터의 묵시적, 명시적 변환에 대한 예를 실행하시오.

3. 서브 쿼리의 예를 실행하시오.

4. like에 의한 패턴 매칭에 대하여 설명하고 실행하시오.

5. regexp_like에 의한 패턴 매칭에 대하여 설명하고 실행하시오.

6. 메타 문자에 대하여 설명하고 실행하시오.

7. 한글 데이터의 패턴 매칭과정을 실행하시오.

8. 다음 결과에 대하여 설명하고, 사용자의 세션 변수에 대해 설명하시오.

```
SQL> select * from nls_session_parameters
  2   where parameter='NLS_DATE_FORMAT';
```

9. 현재 설정되어 있는 날짜 표현 형식을 확인하고, 일-월-년의 형식으로 바꾸어 실행하시오.

10. 숫자 표현(Number Format Element)을 변경하시오.

11. 날짜 표현(Datetime format element)을 변경하시오.

12. 날짜 표현을 더 다양하게 표시하기 위해서 사용하는 접미사의 종류와 용도의 예를 들어 보이시오.

13. external 테이블을 만들어 실행하시오.

14. extent 테이블을 생성하고 그 의미를 설명하시오.

15. scott.emp 테이블의 형식만 복사하고 primary key를 선언하여 보이시오.

16. scott.emp 테이블을 형식과 데이터를 함께 복사하고 primary key를 선언하여 보이시오.

17. in-line view에 대해 설명하고, 예를 들어 보이시오.

C.H.A.P.T.E.R

07

데이터 무결성과 제약조건

공부할 내용

- 데이터 무결성과 제약조건(constraint)
- 인덱스 생성
- 테이블 삭제

이 장에서는 테이블을 구성하는 데이터의 무결성을 보장하기 위해서 테이블 생성에서 어떻게 선언하고, 또한 무결성에 필요한 제약조건의 종류와 그 쓰임새를 이해한다.

인덱스의 생성에 관하여 이해하고 테이블 생성과 함께 만들어지는 인덱스와 create index에 의한 인덱스 생성에 대하여 공부한다.

다음으로 테이블을 삭제하는 방법으로 삭제된 테이블이 휴지통에 버려지거나, 휴지통에 버려진 테이블을 복원하는 과정과 테이블의 완전삭제의 과정을 이해하고 실행하는 과정을 익힌다.

또한 테이블 내의 데이터를 버리고 테이블 구조는 유지하는 과정과 테이블의 이름을 변경하는 과정에 대해서도 함께 익힌다.

7.1 데이터 무결성(integrity)과 제약조건(constraint)

1. 제약조건을 사용하는 이유

제약조건 없이도 기본 구조의 테이블은 생성된다. 그러나 테이블을 생성한 경우에 DML에 의한 데이터 조작이 사용자가 원하는 대로 되지 않을 수 있다.

예를 들어, 유일하게 지정되어야 할 주민등록번호 컬럼이 UNIQUE 제약조건이 없다면 중복된 데이터가 입력될 수 있다.

이와 같이 DML에 의한 데이터가 잘못 조작되는 것을 방지하기 위해 사용자는 각 컬럼에 대한 제약조건을 만들어 줄 수 있다. 이러한 제약조건은 테이블에 행을 삽입, 수정, 삭제할 때마다 사용되며, 테이블에 의해 참조되고 있는 경우 테이블 삭제 방지를 위해서도 사용된다.

2. 제약조건의 특징

- DML 작업에서 잘못되는 것을 제약조건에 의해 방지한다.
- 모든 정보가 데이터 사전(data dictionary)에 저장된다.
- 언제든지 disable, enable시킬 수 있다.
- 처리결과가 즉시 사용자에게 넘겨진다.
- 한 컬럼에 여러 개의 제약조건을 지정할 수 있다.
- 하나의 컬럼뿐만 아니라 여러 컬럼을 조합하여 하나의 key를 구성하는 composit key(복합키)를 만들 수 있다. 예 : PRIMARY KEY(pno, ename)
- 제약조건의 관리는 데이터베이스 서버가 담당한다.

3. 무결성의 분류

- 개체 무결성(Entity Integrity)
- 참조 무결성(Reference Integrity)
- 범위 무결성(Domain integrity)

1) 개체 무결성(Entity integrity)

기본키(Primary key)로 사용하는 속성은 null 값을 가질 수 없다. 이는 관계 데이터 모델에서의 릴레이션이 현실의 개체를 나타내므로 이 개체들을 식별할 수 있는 식별자가 반드시 존재해야 하기 때문이다. 그러므로 이러한 속성을 개체 무결성이라 한다.

2) 참조 무결성(Reference integrity)

릴레이션은 참조할 수 없는 외래키의 값을 가져서는 안 되는데, 참조할 수 없는 외래키란 null이 아니면서 참조된 릴레이션의 어떤 기본키의 값과도 일치하지 않음을 의미한다.

외래키(foreign key)가 릴레이션 간의 연결을 보장하기 위해서는 반드시 다음 조건을 충족시켜야 한다.

- 외래키의 값이 반드시 다른 릴레이션의 기본키이어야 한다.
- 외래키는 null 값을 가질 수 없다.

릴레이션 사이에 이러한 두 조건을 충족하는 경우 이 릴레이션들은 참조 무결성(referential integrity)을 나타낸다고 말한다. FOREIGN KEY 제약조건을 지정할 경우에는, FOREIGN KEY(필드이름)와 REFERENCES 테이블이름처럼 명시하여 foreign key(필드)로 지정한 필드가 references 테이블로 지정한 테이블에서 참조하도록 한다.

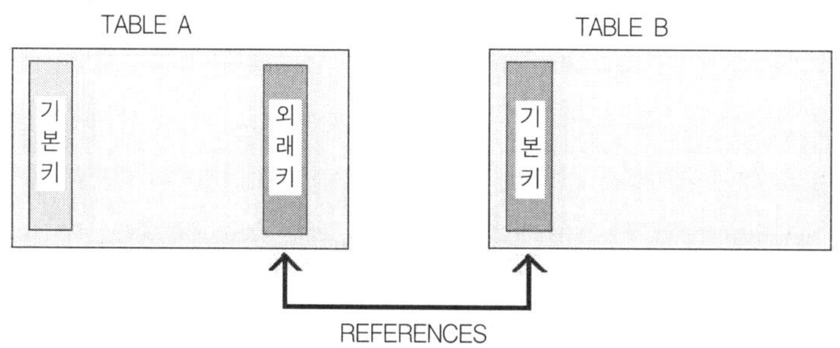

3) 범위 무결성(Domain integrity)

범위 무결성 규칙은 속성에서 허용 가능한 값의 범위를 지정하기 위한 제약조건이다. 범위 무결성 규칙에서는 속성의 데이터 타입, 길이, 기본키, 유일성, null 허용, 허용 값의 범위와 같은 다양한 제약조건을 지정할 수 있다.

4. 제약조건의 종류

constraint		설명
PRIMARY KEY	PK	해당 컬럼 값은 반드시 존재해야 하며, 유일해야 함 (NOT NULL과 UNIQUE 제약조건을 결합한 형태)
FOREIGN KEY	FK	해당 컬럼 값은 참조되는 테이블의 컬럼 값 중의 하나와 일치하거나 NULL을 가짐
UNIQUE	UK	테이블 내에서 해당 컬럼 값은 항상 유일해야 함
NOT NULL	NN	컬럼은 NULL 값을 포함할 수 없다.
CHECK	CK	해당 컬럼에 저장 가능한 데이터 값의 범위나 조건 지정

5. 무결성 제약조건의 생성 방법

무결성 제약조건은 CREATE TABLE문에서 테이블 생성과 동시에 정의하거나, ALTER TABLE 문을 사용하여 테이블을 생성한 이후에도 추가하거나 삭제할 수 있다.

CREATE TABLE 문을 이용한 제약조건 생성 방법은 다음과 같이 두 가지가 있다.

방법1) IN-LINE 제약조건 방법(컬럼 레벨 제약조건)

방법2) OUT-OF-LINE 제약조건 방법(테이블 레벨 제약조건)

IN-LINE 제약조건은 테이블을 생성할 때 컬럼명 바로 뒤에 기술하여 생성하는 방법이고,

OUT-OF-LINE 제약조건은 컬럼이름과 별도로 마지막 제약조건에 ,(컴마)로 구분한 뒤 제약조건을 서술하여 생성한다.

하나의 컬럼에 대하여 제약조건을 생성할 경우에는 두 가지 방법이 모두 사용될 수 있지만, 하나의 제약조건이 두 개 이상의 컬럼에 대하여 동시에 적용될 때는 반드시 OUT-OF-LINE 제약조건 방법을 사용하여 생성해야 한다.

- constraint명은 생략 가능하며, 자동적으로 constraint명이 SYS_Cnnn 형태로 부여된다.
- PRIMARY KEY, UNIQUE와 같은 제약조건은 자동으로 UNIQUE INDEX가 생성된다.

● 테이블 레벨에서 NOT NULL 제약조건은 정의되지 않는다.

1) IN-LINE 제약조건 생성방법

CREATE TABLE 테이블명 (컬럼명 데이터타입 제약조건, ... 컬럼명 데이터타입 제약조건);	
PRIMARY KEY	컬럼명 데이터타입 [CONSTRAINT constraint명] PRIMARY KEY(컬럼명,...)
UNIQUE	컬럼명 데이터타입 [CONSTRAINT constraint명] UNIQUE
FOREIGN KEY	컬럼명 데이터타입 [CONSTRAINT constraint명] REFERENCES 참조테이블명 (참조컬럼명) [ON DELETE CASCADE ¦ ON DELETE SET NULL]
CHECK	컬럼명 데이터타입 [CONSTRAINT constraint명] CHECK (컬럼명 조건)
NOT NULL	컬럼명 데이터타입 [CONSTRAINT constraint명] NOT NULL

2) OUT-OF-LINE 제약조건 생성방법

CREATE TABLE 테이블명 (컬럼명 데이터타입, ... 컬럼명 데이터타입, 제약조건);	
PRIMARY KEY	[CONSTRAINT constraint명] PRIMARY KEY(컬럼1명, 컬럼2명,...)
FOREIGN KEY	[CONSTRAINT constraint명] FOREIGN KEY(컬럼) REFERENCES 참조테이블명(참조컬럼명) [ON DELETE CASCADE ¦ ON DELETE SET NULL]
UNIQUE	[CONSTRAINT constraint명] UNIQUE(컬럼1명, 컬럼2명,...)
CHECK	[CONSTRAINT constraint명] CHECK(컬럼명 조건)
NOT NULL	NOT NULL 제약조건은 정의되지 않음

예제

☜ in-line 제약조건(컬럼 레벨)

```
SQL> create table test(
  2  id int not null primary key,
  3  name varchar2(10) not null,
  4  email varchar2(50));
SQL> select constraint_name,constraint_type
```

```
from user_constraints
where table_name='TEST';

CONSTRAINT_NAME                CO
------------------------------ --
SYS_C005433                    C
SYS_C005434                    C
SYS_C005435                    P
```

예제

☜ out-of-line 제약조건(테이블 레벨)

```
SQL> create table test2(
id int not null,
name varchar2(10) not null,
email varchar2(50),
primary key (id));
```

혼자하기

user_constraints 뷰에서 CONSTRAINT_TYPE의 의미를 확인하는 예제를 만들어 보자.

constraint type	P	PRIMARY KEY
	U	UNIQUE
	R	REFERENCE
	C	CHECK, NOT NULL

예제

☜ 다음 예제는 지도교수 밑에 지도학생이 소속된 외래키의 예이다.

방법	부모 테이블	자식 테이블
방법 1	SQL> create table prof(p_id char(8) primary key, p_name char(8), study_room char(6), dept_name char(20));	SQL> create table student(s_id char(8) primary key, s_name char(8), grade number, prof_id char(8),

<table>
<tr><td></td><td rowspan="3">테이블이 생성되었습니다.

SQL></td><td>6 foreign key(prof_id) references prof(p_id) on delete cascade);

테이블이 생성되었습니다.

SQL></td></tr>
<tr><td>방법2</td><td>SQL> create table student(
2 s_id char(8) primary key,
3 s_name char(8),
4 grade number,
5 prof_id char(8),
6 foreign key(prof_id) references prof on delete cascade);

테이블이 생성되었습니다.

SQL></td></tr>
<tr><td>방법3</td><td>SQL> create table student(
2 s_id char(8) primary key,
3 s_name char(8),
4 grade number,
5 prof_id char(8) references prof on delete cascade);

테이블이 생성되었습니다.

SQL></td></tr>
<tr><td>관계확인</td><td colspan="2">SQL> select owner, constraint_name, constraint_type, table_name, status
2 from user_constraints;

OWNER CONSTRAINT_NAME CO TABLE_NAME STATUS
---------- --------------- -- ---------- ----------------
NUGU SYS_C0019316 R STUDENT ENABLED
NUGU SYS_C0019315 P STUDENT ENABLED
NUGU SYS_C0019314 P PROF ENABLED

SQL></td></tr>
</table>

```
SQL> insert into prof values('111','아리랑','13520','우리공학과');
SQL> select * from prof;
P_ID             P_NAME           STUDY_ROOM   DEPT_NAME
---------------- ---------------- ------------ ----------------
111              아리랑           13520        우리공학과

SQL> insert into student values('01012345','홍길동',4,'111');

1 개의 행이 만들어졌습니다.

SQL> insert into student values('01012345','홍길동',4,'112');
insert into student values(
*
```

```
1행에 오류:
ORA-00001: 무결성 제약 조건(NUGU.SYS_C0018851)에 위배됩니다

SQL> select * from student;

S_ID             S_NAME                   GRADE P_ID
---------------- ---------------- ---------- ----------------
01012345         홍길동                       4 111

SQL>
```

참고

foreign key가 지정되어 두 테이블이 부모와 자식 테이블로 연관되어 있는 경우, INSERT할 때 무결성 제약조건에 따른 ERROR가 발생한다.

- 제약조건을 위배하는 값을 insert하면 error가 발생한다.
- 부모 테이블에 존재하지 않는 값으로 자식 테이블의 삽입은 불가능하다.
- 삽입하려면 먼저 부모 테이블에 값을 추가해야 한다.
- Foreign Key는 반드시 부모 테이블의 primary key에 존재하는 값 또는 NULL값만이 가능하다.

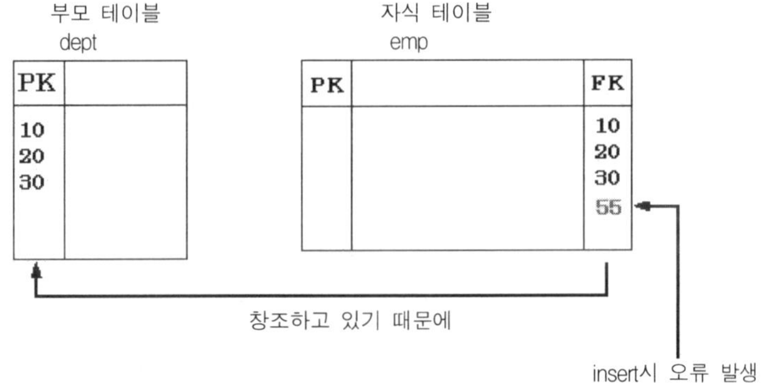

7.2 인덱스 생성

인덱스란 ROWID와 특정 컬럼의 정렬된 값으로 구성하여 목록화한 것이다. 정렬해 놓은 컬럼의 각각의 값과 그에 해당하는 ROWID를 이용하여 곧 바로 데이터 블록에 접근하여 빠르게 해당 데이터를 찾아낸다. 앞 절에서 테이블을 생성하면 기본키나 유일키를 사용하여 자동으로 인덱스를 생성하지만, 이 절에서는

기본 테이블에 인덱스를 추가로 생성하는 경우를 살펴보자.

1) 인덱스의 유형

유형	설명
자동 인덱스	create table 문에서 기본키, 유일키에 의해 자동으로 생성되는 인덱스
수동 인덱스	CREATE INDEX 문에 의해서 만들어지는 인덱스

예제

☜ 자동으로 인덱스 생성하는 경우

```
SQL> create table test2(
  2    id number not null,
  3    name varchar2(10) not null unique,
  4    primary key(id, name));
SQL> select index_name, table_name, table_owner from user_indexes;

INDEX_NAME                 TABLE_NAME             TABLE_OWNER
-------------------------- ---------------------- ----------------
SYS_C005451                TEST2                  NUGU
SYS_C005452                TEST2                  NUGU

SQL> select index_name, table_name, table_owner from ind;
```

☜ ind=user_indexes의 시노님

예제

☜ 수동으로 인덱스 생성하는 경우

```
SQL> create table test3(
  2   id number not null,
  3   name varchar2(10) not null unique);

SQL> create unique index test3_id
  2   on test3(id);

SQL> create unique index test3_name
  2   on test3(name);
  on test3(name)
          *
```

```
ERROR at line 2:
ORA-01408: such column list already indexed

SQL> select index_name,table_name, table_owner from ind;

INDEX_NAME                TABLE_NAME           TABLE_OWNER
------------------------- -------------------- -------------
SYS_C005455               TEST3                NUGU
TEST3_ID                  TEST3                NUGU
SYS_C005451               TEST2                NUGU
SYS_C005452               TEST2                NUGU

SQL>
```

2) 인덱스의 분류

Logical index는 적용되는 컬럼 수에 따라 single column index와 concatenated column index로 나뉘며, UNIQUE의 허용에 따라서 UNIQUE INDEX와 NON-UNIQUE INDEX로 나뉜다.

Physical INDEX는 Partition의 유무에 따라 partitioned index와 Non-partitioned INDEX로 나뉘며, INDEX의 구조에 근거하여 B-TREE INDEX와 BITMAP INDEX로 나뉜다.

LOGICAL INDEX	PHYSICAL INDEX
• SINGLE COLUMN 인덱스 • CONCATENATED 인덱스 • UNIQUE 인덱스 • NON UNIQUE 인덱스 • FUNCTION BASED 인덱스	• PARTITIONED 인덱스 • NON PARTITIONED 인덱스 • B-TREE 인덱스 • BITMAP 인덱스 • NORMAL 인덱스 • REVERSE 인덱스

3) 인덱스의 구조 형태에 의한 분류

인덱스의 배열에 따른 분류는 아래의 표와 같으며, 특히 B*tree 인덱스와 Bitmap 인덱스를 잘 이해하도록 하자.

- B-TREE : 인덱스를 BALANCE TREE 구조로 저장하는 형태로 일반적으로 많이 사용
- BITMAP : 인덱스를 BITMAP 구조로 표현하여 대용량의 데이터와 복잡한 질

의를 처리하는데 사용

테이블을 생성할 때, 인덱스를 지정하지 않더라도 기본키와 유일키의 선언에 의해서 자동으로 인덱스가 생성되거나, 또는 테이블 생성문에 index를 지정하여 테이블 생성과 동시에 인덱스(IOT)를 생성할 수 있다.

그런데, 테이블 생성에서 인덱스를 지정하지 않았더라도 create index 문을 사용하여 의도적으로 인덱스를 생성하는 기본 문장 형식은 다음 표에 요약하였다.

인덱스	생성 문장 형식
B*Tree	CREATE INDEX 인덱스명 ON 테이블명(컬럼명, ...);
Bitmap	CREATE BITMAP INDEX 인덱스명 ON 테이블명(컬럼명, ...);
함수기반	CREATE INDEX 인덱스명 ON 테이블명(함수식(컬럼명) ¦ 산술식);
역방향	CREATE INDEX 인덱스명 ON 테이블명(컬럼명1,컬럼명2,...) REVERSE;
내림차순	CREATE INDEX 인덱스명 ON 테이블명(컬럼명1,컬럼명2,... DESC);
IOT	CREATE TABLE 테이블명(컬럼1 ......, 컬럼2 ....) ORGANIZATION INDEX TABLESPACE 테이블스페이스명 PCTTHRESHOLD n OVERFLOW TABLESPACE 테이블스페이스명;

예제

```
SQL> CREATE INDEX emp_index ON emp (empno);
SQL> SELECT index_name, table_name FROM IND;

INDEX_NAME           TABLE_NAME
-------------------- --------------------
SYS_C005438          TEST
EMP_INDEX            EMP
```

혼자하기

다음 문장을 실행한 결과에 대하여 설명하시오.

```
SQL> drop index emp_index;
```

describe 문을 실행하여 테이블의 필드에 선언된 not null과 같은 제약조건을 확인할 수 있다.

예제

```
SQL> describe test;
```

예제

☜ IOT의 예

```
SQL> CREATE TABLE test(
  2  id          VARCHAR2(5),
  3  name        VARCHAR2(20),
  4  age         NUMBER,
  5  dept        VARCHAR2(20),
  6  CONSTRAINT test_pk PRIMARY KEY(id))
  7  ORGANIZATION INDEX;

테이블이 생성되었습니다.

SQL> SELECT index_name,index_type,table_name,table_type FROM IND;
```

7.3 테이블 삭제

이 절에서는 테이블을 삭제하는 과정을 살펴보기로 하자.

테이블을 삭제하는 방법에 따라 테이블이 휴지통에 버려질 수 있으며, 또한 이를 다시 복원하기도 한다.

[형식]

```
DROP TABLE 테이블이름 [ CASCADE CONSTRAINTS] [PURGE];
```

- 테이블을 삭제하면 테이블의 컬럼에 대해 생성된 인덱스도 함께 삭제된다.
- 삭제된 테이블과 관련된 뷰와 시노님은 'invaild' 상태가 된다.
- 삭제하고자 하는 테이블의 기본키나 유일키를 다른 테이블에서 참조하고 있는 경우에는 해당 테이블을 삭제할 수 없다. 이 경우에는 참조하는 테이블을 먼저 삭제한 후에 삭제하거나, CASCADE CONSTRAINTS 옵션을 사용하여 무결성 제약조건을 동시에 삭제하면 된다.
- 휴지통에 버리지 않고 완전삭제는 PURGE 옵션을 지정한다.

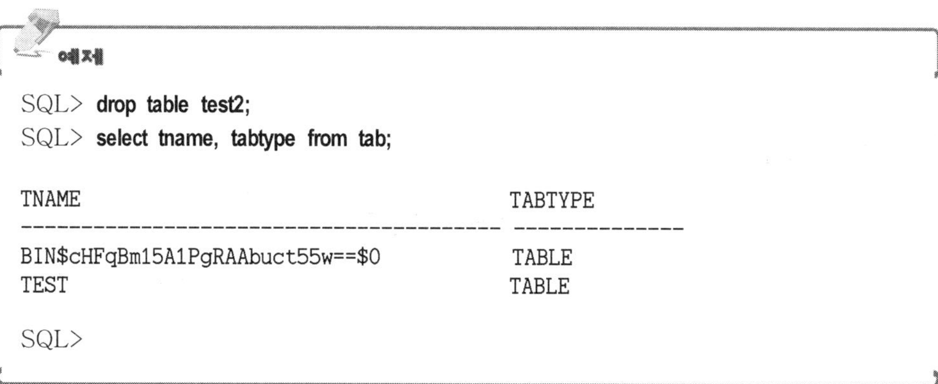
예제

```
SQL> drop table test2;
SQL> select tname, tabtype from tab;

TNAME                                    TABTYPE
---------------------------------------- -------------
BIN$cHFqBm15A1PgRAAbuct55w==$0           TABLE
TEST                                     TABLE

SQL>
```

recyclebin은 drop된 객체들이 모여 있는 곳으로 일종의 휴지통이다. 물론 drop된 객체들도 같은 공간을 차지하고 있다. 즉, test2라는 테이블이 users라는 tablespace에서 생성되었다면, DROP TABLE test2에 의해서 drop된 test2 테이블도 users라는 tablespace 내에 남아 있게 된다. drop된 테이블과 그와 관련된 objects들(index, constraints, 다른 관련된 objects 등)은 없어지지 않고 BIN$라는 첨두어가 붙어 다른 이름으로 변경되어 존재하게 된다.

또한 recyclebin 뷰는 user_recyclebin 뷰를 public synonym으로 선언한 뷰이므로 recyclebin 뷰를 사용하는 것이 간단하다.

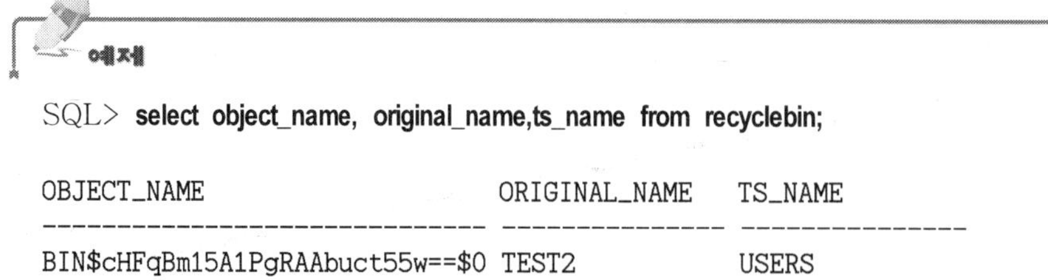
예제

```
SQL> select object_name, original_name,ts_name from recyclebin;

OBJECT_NAME                    ORIGINAL_NAME   TS_NAME
------------------------------ --------------- ---------------
BIN$cHFqBm15A1PgRAAbuct55w==$0 TEST2           USERS
```

```
SQL> select object_name,original_name,operation,type,dropscn,droptime from user_recyclebin;

SQL> FLASHBACK TABLE test2 to before drop;
```

예제

```
SQL> drop table test2;
SQL> select object_name, original_name,ts_name from recyclebin;

OBJECT_NAME                    ORIGINAL_NAME   TS_NAME
------------------------------ --------------- ---------------
BIN$cHFqBm18A1PgRAAbuct55w==$0 TEST2           USERS

SQL> purge table test2;
```

예제

```
SQL> drop table test purge;
```

혼자하기

다음 문의 의미를 설명하여 보자.

```
SQL> RENAME aa TO bb;
```

혼자하기

다음 문의 의미를 설명하여 보자.

```
SQL> TRUNCATE TABLE test;
```

시스템 관리자의 선행 작업

create view를 실행하려면, view를 생성할 권한이 주어져야 하므로 일반 사용자에게 create view 권한을 부여한다.

SQL> **grant create view to nugu;**
SQL> **select * from USER_sys_privs;** ☜ 일반사용자가 자신에게 부여된 시스템 권한을 확인

복/습/문/제

이해도를 측정하기 위하여 각 문제를 5단계로 평가한다(1점~5점).

1. 데이터 무결성(data integrity)이란?
2. 기존 constraint를 활성화/비활성화 하시오.
3. foreign key 관계를 컬럼 레벨로 작성하시오.
4. foreign key 관계를 테이블 레벨로 작성하시오.
5. 테이블 생성에서 유일키, 기본키에 의한 인덱스가 자동으로 생성되는 예는?
6. 테이블 생성에서 INDEX 키워드에 의한 인덱스가 자동으로 생성(IOT)되는 예는?
7. CREATE INDEX 문을 사용한 인덱스를 생성하는 예는?
8. drop table ... purge 문을 실행하시오.
9. flashback table 문으로 휴지통에 버려진 테이블을 복원하시오.
10. purge table 문을 실행하시오.
11. B*tree 인덱스에 대하여 설명하시오.
12. Bitmap 인덱스에 대하여 설명하시오.
13. 설정된 인덱스 정보를 알 수 있는 뷰는?

C.H.A.P.T.E.R

08

테이블의 구조변경과 데이터 입력

공부할 내용

- 테이블의 구조 변경
- 테이블에 데이터 입력
- direct load insert 문

이 장에서는 다양한 alter 문 중에서 alter table 문을 이용하여 테이블 구조를 변경하는 과정을 익히고, insert 문을 사용하여 기존의 테이블에 데이터를 넣는 과정을 공부한다.

또한 기존 테이블과 동일한 테이블을 새로 생성하면서 동시에 데이터까지 복제하는 과정을 익히고, bfile과 같이 대용량의 데이터 파일을 테이블에 넣는 과정을 공부하게 된다.

8.1 테이블의 구조변경

ALTER TABLE 문을 사용하여 새로운 컬럼을 추가, 삭제, 변경할 수 있으며, alter table 문을 사용하여 새로운 컬럼을 추가하면 기존 테이블에서 마지막 컬럼이 된다.

또한 alter table 문으로 기존 테이블의 제약조건을 삭제하거나 추가하여 테이블 구조를 변경할 수 있다. 아래 표는 alter table 문을 이용하여 테이블 구조를 변경할 수 있는 항목을 정리한 것이다.

	추가	수정	삭제
컬럼	가능	가능	가능
제약조건	가능	불가능	가능

- alter table ... add(컬럼 데이터타입)
- alter table ... modify(컬럼 데이터타입)
- alter table ... drop column 컬럼
- alter table ... drop[constraint] 제약조건
- alter table ... add[constraint] 제약조건(컬럼)

1) ALTER TABLE ... ADD 컬럼에 의한 컬럼 추가

ADD 문은 테이블에 컬럼을 추가하는데 사용한다. 새로 추가되는 컬럼은 이미 존재하는 모든 행의 값은 NULL로 초기화한다.

[형식]

```
ALTER TABLE 테이블명
          ADD (컬럼명 datatype [DEFAULT 값]
               [,컬럼명 datatype]...);
```

- 한번의 add 문으로 여러 개의 컬럼 추가가 가능하고, 하나의 컬럼만 추가하는 경우에는 괄호를 생략해도 된다.
- create table as...와 같은 서브 쿼리하여 만든 테이블은 NOT NULL만 복사되며, primary key와 같은 제약조건은 복사되지 않으므로 제약조건을 추가해 주

어야 한다.

- 추가된 컬럼은 테이블의 마지막 부분에 생성되며 사용자가 컬럼의 위치를 지정할 수 없다
- 추가된 컬럼에도 기본 값을 지정할 수 있다.
- 기존 데이터가 존재하면 추가된 컬럼 값은 NULL로 입력되고, 새로 입력되는 데이터에 대해서만 기본 값이 적용된다.

2) ALTER TABLE ... MODIFY 컬럼에 의한 컬럼 변경

modify 문은 테이블의 컬럼을 변경하고자 할 때 사용한다.

【형식】

```
ALTER TABLE 테이블명
        MODIFY (컬럼명 datatype [DEFAULT 값]
                [,컬럼명 datatype]...);
```

- 데이터의 type, size, default 값을 변경할 수 있다.
- 변경 대상 컬럼에 데이터가 없거나 null 값만 존재할 경우에는 size를 줄일 수 있다.
- 데이터 타입의 변경은 CHAR와 VARCHAR2 상호간의 변경만 가능하다.
- 컬럼 크기의 변경은 저장된 데이터의 크기보다 같거나 클 경우에만 가능하다.
- NOT NULL 컬럼인 경우에는 size의 확대만 가능하다.
- 컬럼의 기본값 변경은 그 이후에 삽입되는 행부터 영향을 준다.
- 컬럼이름의 직접적인 변경은 불가능하다.
- 컬럼이름의 변경은 서브 쿼리를 통한 테이블 생성시 alias를 이용하여 변경이 가능하다.
- alter table ... modify문을 이용하여 제약조건을 수정할 수 없다.

	데이터 타입 변경 가능사항	SIZE
NULL 컬럼	문자 ↔ 숫자 ↔ 날짜	확대, 축소가능
NOT NULL 컬럼	CHAR ↔ VARCHAR2	확대만 가능

3) ALTER TABLE ... DROP COLUMN 컬럼에 의한 컬럼 삭제

alter table ... drop 문은 테이블을 삭제하는 것이 아니라, 특정 테이블의 컬럼

을 삭제할 때 사용한다.

[형식]

```
ALTER TABLE 테이블명
            DROP COLUMN 컬럼명;
```

- 컬럼을 삭제하면 해당 컬럼에 저장된 데이터도 함께 삭제된다.
- 한번에 하나의 컬럼만 삭제할 수 있다.
- 삭제 후 테이블에는 적어도 하나의 컬럼은 존재해야 한다.
- 삭제된 컬럼은 복구할 수 없다.

예제

```
SQL> desc test;
 Name                          Null?    Type
 ----------------------------- -------- ----------------------------
 ID                            NOT NULL NUMBER(38)
 NAME                          NOT NULL VARCHAR2(10)
 EMAIL                                  VARCHAR2(50)

SQL> alter table test add (tel number(20));
SQL> alter table test modify (tel number(10));
SQL> alter table test drop column tel;
```

혼자하기

다음 문장의 동작을 설명하시오

```
ALTER TABLE 테이블명 ALLOCATE EXTENT
ALTER TABLE 테이블명 SET UNUSED COLUMN 컬럼명
ALTER TABLE 테이블명 DROP UNUSED COLUMNS
```

다음 예제는 create table ... as select ... 와 같이 서브 쿼리에 의해서 테이블을 생성할 때 not null을 제외한 다른 제약조건은 복사되지 않음으로 테이블 생성 후에 제약 조건을 추가해 주어야 하는 경우를 살펴보기로 하자.

예제

```
SQL> create table aa(
  2  id number primary key,
  3  name char(6) not null,
  4  ph varchar2(20) unique);
```

테이블이 생성되었습니다.

```
SQL> create table test as select * from aa;
```

테이블이 생성되었습니다.

원래 테이블의 제약조건	서브 쿼리로 생성된 테이블의 제약조건
SQL> desc aa; 이름 널? 유형 --------- -------- ---------------- ID NOT NULL NUMBER NAME NOT NULL CHAR(6) PH VARCHAR2(20)	SQL> desc test; 이름 널? 유형 -------- -------- -------------- ID NUMBER NAME NOT NULL CHAR(6) PH VARCHAR2(20)

```
SQL> select owner,constraint_name, constraint_type, table_name, status
  2  from user_constraints;

OWNER      CONSTRAINT_NAME CO TABLE_NAME STATUS
---------- --------------- -- ---------- ----------------
NUGU       SYS_C0020266    C  AA         ENABLED
NUGU       SYS_C0020269    C  TEST       ENABLED
NUGU       SYS_C0020267    P  AA         ENABLED
NUGU       SYS_C0020268    U  AA         ENABLED

SQL> select * from user_cons_columns;

OWNER      CONSTRAINT_NAME TABLE_NAME COLUMN_NAME       POSITION
---------- --------------- ---------- ---------------- ----------
NUGU       SYS_C0020268    AA         PH                        1
NUGU       SYS_C0020267    AA         ID                        1
NUGU       SYS_C0020266    AA         NAME
NUGU       SYS_C0020269    TEST       NAME

SQL>
```

1. 기존 테이블에 무결성 제약조건의 추가방법

【 형식 】

```
ALTER TABLE 테이블명
        ADD [CONSTRAINT 제약조건명] 제약조건타입 (컬럼명);
```

무결성 제약조건은 기존 테이블에 대해서도 추가로 생성할 수 있다. ALTER TABLE ... ADD CONSTRAINT 문은 기존 테이블에 제약조건을 추가하기 위한 명령문이다. 하지만, NOT NULL 무결성 제약조건의 추가는 'NULL 허용' 상태를 'NULL 입력불가' 상태로 변경하는 것을 의미하므로 ALTER TABLE ... MODIFY 문을 사용해야 한다.

예제

```
SQL> alter table test
  2       add constraint test_tel_pk primary key(tel);

SQL> select * from user_cons_columns;
```

2. 기존 테이블에서 무결성 제약조건을 삭제방법

【 형식 】

```
ALTER TABLE 테이블명
   DROP [CONSTRAINT constraint명 ¦ PRIMARY KEY ¦ UNIQUE(컬럼명)]
   [CASCADE];
```

- 제약조건은 수정할 수 없으며, 기존의 제약조건을 삭제 후 재 생성하여야 한다.
- 제약조건을 삭제하려면, 직접 제약조건명을 사용해서 삭제하거나 또는 제약조건이 포함된 테이블을 삭제하면 그 테이블에 속한 제약조건도 함께 삭제된다.
- 무결성 제약조건을 삭제할 때, 그 제약조건은 더 이상 서버에 의해서 적용되지 않기 때문에 자료사전에서 확인할 수 없다.
- primary key는 테이블당 하나만 존재하므로 삭제할 경우, 제약조건명을 지정하지 않아도 primary key 제약조건이 삭제된다.

- CASCADE옵션은 참조하는 FOREIGN KEY가 있을 때 사용한다.

3. 제약조건의 비활성화/활성화

1) 비활성화(disable)

【 형식 】

```
ALTER TABLE 테이블명
        DISABLE CONSTRAINT constraint명 [CASCADE];
```

- 제약조건을 체크하지 않는다.
- 관련된 INDEX도 DROP된다. user_indexes 뷰를 사용하여 확인할 수 있다.
- 대량의 데이터를 테이블에 입력하거나, batch 작업시에 작업의 성능을 향상하기 위하여 사용한다(primary key를 삭제하지 않고도 삭제한 것과 같은 기능을 하게 된다.).
- 여기서 cascade옵션은 비활성화 시키려는 제약조건을 참조하는 다른 모든 제약조건들도 비활성화 시킨다.

2) 활성화(enable)

【 형식 】

```
ALTER TABLE 테이블명
        ENABLE CONSTRAINT constraint명;
```

- 기존에 선언된 제약조건의 비활성화 상태를 활성화시킨다.
- 제약조건이 check 기능을 다시 수행한다.
- 관련된 index가 다시 생성된다.
- 테이블의 행(row)이 제약조건에 위배 되는지/않되는지 체크한다.
- check가 끝날 때까지 테이블에 LOCK이 걸린다.
- 제약조건이 생성되면, 디폴트로 Enable(활성화)된다.
- utlexcpt.sql은 제약조건에 위배되어 활성화 되지 않은 행을 보관하는 테이블로 이를 수정하여 활성화 시킬 수 있다.
- 제약조건이 disable된 후 제약조건에 위배되는 데이터가 들어간 경우, 다시 제약조건을 ENABLE시키려 하면 error가 발생한다.

```
SQL> select constraint_name, table_name, status from user_constraints
  2  where table_name='DEPT';

CONSTRAINT_NAME       TABLE_NAME            STATUS
--------------------  --------------------  --------
SYS_C005837           DEPT                  ENABLED
SYS_C005838           DEPT                  ENABLED

SQL> alter table dept disable primary key cascade;

Table altered.
```

☜ cascade옵션을 사용한 이유는 dept 테이블의 primary key는 emp 테이블의 deptno 컬럼에 의해 참조되고 있기 때문임

```
SQL> select constraint_name, table_name, status from user_constraints
  2  where table_name='DEPT';

CONSTRAINT_NAME       TABLE_NAME            STATUS
--------------------  --------------------  --------
SYS_C005837           DEPT                  ENABLED
SYS_C005838           DEPT                  DISABLED

SQL> alter table dept enable constraint sys_c005838;

Table altered.

SQL> select constraint_name, table_name, status from user_constraints
  2  where table_name='DEPT';

CONSTRAINT_NAME       TABLE_NAME            STATUS
--------------------  --------------------  --------
SYS_C005837           DEPT                  ENABLED
SYS_C005838           DEPT                  ENABLED

SQL>
```

예제

```
SQL> select constraint_name, constraint_type from user_constraints
  2  where table_name='TEST';

CONSTRAINT_NAME      CO
-------------------- --
SYS_C005436          C
SYS_C005437          C
SYS_C005438          P

SQL> alter table test drop constraint SYS_C005438;
SQL> alter table test add constraint test_pk primary key(id);
SQL> select owner,constraint_name, constraint_type, table_name, status
  2    from user_constraints;
```

혼자하기

테이블에 정의된 제약조건을 확인하여 보자.

8.2 테이블에 데이터 입력

테이블을 정상적으로 생성하고 갱신과정을 모두 익혔다면, 이제 테이블에 데이터를 입력하는 과정을 살펴보자.

INSERT 문은 테이블에 행(row)을 추가하는데 이용하며,

single table insert이나

multi table insert를 수행할 수 있다.

Single table insert	오직 하나의 테이블이나 뷰에 오직 하나의 행(row)의 값을 삽입
Multi table insert	하나 이상의 테이블로부터 서브 쿼리로 얻은 여러 행(row)을 삽입

1) 하나의 행만 입력

- insert 문은 한번에 오직 한 행만 추가한다.
- insert 문의 컬럼의 삽입 순서는 테이블 내의 컬럼의 순서에 따른다.
- insert 문에 컬럼이 명시되지 않으면, 삽입되는 값은 테이블 내의 컬럼 순서대로 나열되어야 한다.
- 문자와 날짜 값은 단중 인용부호(' ') 내에 기술한다(숫자 값은 제외).
- 만약 테이블이 놓일 자리에 subquery를 사용할 경우 WITH CHECK OPTION을 사용하여 삽입하고자 하는 값을 제한할 수 있다.
- 입력되기 위해 지정한 행의 컬럼 수와 삽입하기 위해서 지정한 필드 값의 수가 서로 맞지 않으면 오류가 발생한다.

2) 여러 행을 입력

- insert 문에서 서브 쿼리 절을 이용하여 자신이나 다른 테이블의 데이터를 복사하여 여러 행을 동시에 입력한다.
- 서브 쿼리의 결과 집합은 insert 문에서 지정된 컬럼 개수와 데이터 타입이 일치해야 한다.
- 서브 쿼리를 이용한 다중행 입력에서 테이블에 기본키나 유일키 제약조건이 설정된 컬럼 값이 중복되지 않도록 주의해야 한다.

예제

```
SQL> insert into test values(1111, 'COREA', 'nugu@arirang.co.kr');
```

예제

방법1	SQL> create table cp_emp(id number, name varchar2(10), salary number);
	SQL> insert into cp_emp 2 select empno, ename, sal from scott.emp;
방법2	SQL> create table cp_emp 2 AS select empno,ename,sal from scott.emp;
방법3	SQL> create view vw_emp 2 as select empno, ename, sal from emp;

방법1처럼 테이블을 만든 후, 데이터를 입력하는 방법보다, 방법2처럼 테이블을 생성하면서 바로 데이터를 넣는 방법이 편리하지만, 원본의 데이터가 변경되는 경우라면 방법3처럼 뷰를

이용하는 것이 더 편리할 것이다. 그리고 서브 쿼리에 의해서 테이블을 생성하면 not null을 제외한 다른 제약조건은 복사되지 않기 때문에 뷰를 생성하여 사용하기를 권한다.

```
SQL> select tname, tabtype from tab;
```

예제

Sequence 값에서 insert하는 예

```
SQL> create sequence zz
  2  increment by 1
  3  start with 1005
  4  maxvalue    9999
  5  minvalue    1000
  6  nocycle
  7  cache 20;

SQL> insert into test values (zz.nextval,'KUNSAN','kunsan@arirang.co.kr');
SQL> insert into test values (zz.nextval, 'OkGu','joayo@arirang.co.kr');

SQL> select * from test;

        ID NAME                 ADDR
---------- -------------------- ------------------------------
      1005 KUNSAN               kunsan@arirang.co.kr
      1006 OkGu                 joayo@arirang.co.kr

SQL>
```

3) 조건별 다중 테이블에 입력

- 서브 쿼리의 결과를 조건에 충족되는 여러 테이블에 넣는 경우이다.

【 조건별 형식 】

```
INSERT ALL
        WHEN 조건절1 THEN
              INTO [테이블1] VALUES (컬럼1,컬럼2,...)
        WHEN 조건절2 THEN
              INTO [테이블2] VALUES (컬럼1,컬럼2,...)
        ELSE
              INTO [테이블3] VALUES (컬럼1,컬럼2,...)
        Subquery;
```

예제

☜ 조건별 다중 테이블 입력의 경우

```
SQL> create table emp_low  as select * from emp where 1=2;
SQL> create table emp_high  as select * from emp where 1=2;

SQL> insert ALL
  2     when sal <  2000 then into emp_low
  3     when sal >= 2000 then into emp_high
  4  select * from emp;

SQL> select ename,sal from emp_low;

ENAME                       SAL
-------------------- ----------
SMITH                       800
ALLEN                      1600
WARD                       1250
MARTIN                     1250
TURNER                     1500
ADAMS                      1100
JAMES                       950
MILLER                     1300

SQL> select ename,sal from emp_high;

ENAME                       SAL
-------------------- ----------
JONES                      2975
BLAKE                      2850
CLARK                      2450
SCOTT                      3000
KING                       5000
FORD                       3000

SQL>
```

4) 무조건 다중 테이블 입력

【 무조건 형식 】

```
INSERT ALL ¦ FIRST
        [INTO 테이블1 VALUES (컬럼1,컬럼2,...)]
        [INTO 테이블2 VALUES (컬럼1,컬럼2,...)]
        .......
      Subquery;
```

여기서

ALL	서브 쿼리의 결과셋을 해당하는 insert 절에 모두 입력
FIRST	서브 쿼리의 결과셋을 해당하는 첫 번째 insert 절에 입력

예제

☜ 무조건 다중 테이블 입력의 경우

```
SQL> create table dept1 as select * from dept where 1=2;
SQL> create table dept2 as select * from dept where 1=2;

SQL> insert all
  2  into dept1 values(deptno,dname,loc)
  3  into dept2(deptno,dname) values(deptno,dname)
  4  select * from dept;

SQL> select * from dept1;

    DEPTNO DNAME          LOC
---------- -------------- -------------
        10 ACCOUNTING     NEW YORK
        20 RESEARCH       DALLAS
        30 SALES          CHICAGO
        40 OPERATIONS     BOSTON

SQL> select * from dept2;

    DEPTNO DNAME          LOC
---------- -------------- -------------
        10 ACCOUNTING
        20 RESEARCH
        30 SALES
        40 OPERATIONS
```

```
SQL>
```

혼자하기

두 테이블에서 필요한 데이터만 뽑아 insert하는 과정을 보이자.

5) 치환변수를 사용한 새로운 행 삽입

치환변수를 사용하여 새로운 행을 삽입할 수 있다.

- 문자 변수인 경우 &와 함께 변수명을 단중 인용부호(' ')를 사용해야 한다.
- 숫자 변수인 경우에는 &와 함께 변수명만 쓰며, 단중 인용부호(' ')를 사용하지 않아야 한다.
- ACCEPT를 사용하면 치환변수 ampersand(&&)처럼 사용자로부터 변수를 입력받아 사용할 수 있고, 사용자가 직접 입력메시지를 정의할 수도 있다.
- ACCEPT를 사용하여 입력받은 변수명을 VALUES 절에 다시 사용하여 데이터를 삽입한다.
- accept, &&로 지정한 변수는 define으로 지정한 것과 같으므로 undefine으로 해지해야 한다.

예제

```
SQL> insert into test values(&id, '&name','&email');
id의 값을 입력하십시오: 4444
name의 값을 입력하십시오: 홍길동
email의 값을 입력하십시오: nugu@arirang.com
구   2: &id, '&name','&email')
신   2: 4444, '홍길동','nugu@arirang.com')

1 개의 행이 만들어졌습니다.

SQL> accept id PROMPT 'id는? '
id는? 3333
SQL> accept name PROMPT 'name은? '
name은? 좋은이
SQL> accept email PROMPT 'E-mail은? '
```

```
E-mail은? abc@arirang.com
SQL> insert into test values(&id,'&name','&email');
구    2: values(&id,'&name','&email')
신    2: values(3333,'좋은이','abc@arirang.com')

SQL> select * from test;

        ID NAME                 EMAIL
---------- -------------------- --------------------------
      4444 홍길동               nugu@arirang.com
      3333 좋은이               abc@arirang.com

SQL>
```

6) DEFAULT 값을 사용한 행 삽입

insert와 update 문에서 특정 값이 아닌 디폴트값을 입력할 수도 있다.

예제

```
SQL> create table test( id number not null, sal number(8,2),
  2                      hiredate date DEFAULT systimestamp);
SQL> insert into test values(1111,30000,' ');
SQL> insert into test values(2222,40000,default);
SQL> select * from test;

        ID        SAL HIREDATE
---------- ---------- ----------
      1111      30000
      2222      40000 2009-10-22

SQL>
```

7) NULL 값의 행 삽입

새로운 행을 추가할 때 data 없이 NULL값을 추가할 수도 있다.

방법	설명
implicit(묵시적) 방법	NOT NULL 컬럼이 아닌 경우, NULL값을 명시하지 않아도 암시적으로 NULL값이 추가된다. NULL값이 입력될 컬럼에 아무것도 쓰지 않음
Explicit(명시적) 방법	insert 절에 특정 컬럼명을 기술하지 않았을 경우에는 values 절에 직접 'NULL'이라는 키워드를 적어 준다. 이 경우 테이블 내의 컬럼의 위치에 맞게 NULL이 입력된다.

예제

```
SQL> create table test(id number,  name char(10),  email varchar2(30));
SQL> insert into test values(1111,'COREA','NULL');   ☜ 명시적 NULL 삽입
SQL> insert into test values(2222,'SEOUL','');       ☜ 명시적 공백 삽입
SQL> insert into test(id,name) values(3333,'Alway'); ☜ 묵시적으로 공백 삽입
SQL> insert into test(id,name) values(3333,'Alway');

SQL> select * from test;

        ID NAME                 EMAIL
---------- -------------------- ---------------
      1111 COREA                NULL
      2222 SEOUL
      3333 Alway

SQL> insert into test values(4444,'happy');          ☜ 오류 발생
insert into test values(4444,'happy')
            *
ERROR at line 1:
ORA-00947: not enough values

SQL>
```

8.3 direct load insert 문

DIRECT LOAD INSERT는 오라클 데이터베이스 내의 특정 테이블의 데이터를 다른 테이블로 복사할 때 사용하는 방법이다. 이 때 반드시 두 테이블의 구조는 같아야 한다.

DML 트랜잭션의 INSERT와 달리 데이터베이스 버퍼 캐시를 거치지 않고 직접 data log에 쓰기 때문에 작업속도가 빠르다.

먼저 자신에게 bfile_dir에 부여된 권한을 확인한다.

```
SQL> select * from user_tab_privs;

GRANTEE  OWNER  TABLE_NAME   GRANTOR  PRIVILEGE  GRANTA  HIERAR
-------  -----  ----------   -------  ---------  ------  ------
NUGU     SYS    BFILE_DIR    SYS      EAD        NO      NO

SQL>
```

1) DIRECT LOAD INSERT에 의한 행 삽입

[형식]

```
INSERT /*+ HINT */ INTO  테이블명
         [[NO]LOGGING]
         SUBQUERY;
```

여기서 direct load를 의미하는 HINT인 Append를 명시하고 행이 삽입될 테이블의 스키마와 테이블명을 명시한다.

여기서 사용되는 HINT는 OPTIMIZER가 HINT 절에 쓰인 내용을 근거로 그에 맞게 SQL 문장을 처리하는 실행계획을 세우도록 도와주는 역할을 한다.

DIRECT LOAD INSERT에 사용되는 HINT에는 다음과 같이 3가지가 있다.

APPEND	direct load에 사용됨
NOAPPEND	이전까지 행 삽입에 사용되던 일반적인 INSERT를 의미
PARALLEL	PARALLEL DIRECT LOAD에 사용된다. 일반적으로 PARALLELISM이란 SLAVE process의 수

```
SQL> select * from test;

        ID NAME       ADDR
---------- ---------- ----------
     11111 COREA      ASIA
     22222 NIPPON     ASIA

SQL> CREATE TABLE cp_test
  2  AS SELECT * FROM test
  3    WHERE 1=2;          ☜ 테이블의 구조만 복사 함
```

```
SQL> INSERT /*+ APPEND */ INTO cp_test
  2  NOLOGGING
  3  SELECT * FROM test;

SQL> SELECT * FROM cp_test;
select * from cp_test
              *
1행에 오류:
ORA-12838: 병렬로 수정한 후 객체를 읽거나 수정할 수 없습니다.


SQL> conn nugu
암호 입력:******
Connected.

SQL> SELECT * FROM cp_test;
        ID NAME       ADDR
---------- ---------- ----------
     11111 COREA      ASIA
     22222 NIPPON     ASIA

SQL>
```

2) PARALLEL DIRECT LOAD에 의한 행 삽입

[형식]

```
INSERT /*+  PARALLEL(테이블명, PARALLELISM) */
         INTO 테이블명
         [[NO]LOGGING]
         SUBQUERY;
```

여기서

INSERT /*+ PARALLEL(schema.테이블명, PARALLELISM) */ INTO [schema.]테이블명은 PARALLEL DIRECT LOAD를 의미하는 HINT인 PARALLEL의 명사와 함께 PARALLEL 작업이 처리될 테이블의 사용자 스키마와 테이블명을 기술한 후 컴마 뒤에 PARALLELISM을 의미하는 숫자를 기술한다.

예제

```
SQL> truncate table cp_test;
```

☜ 다음은 SLAVE process의 수인 PARALLELISM을 3으로 지정한 경우이다.

```
SQL> INSERT /*+  PARALLEL (test,3) */ INTO cp_test
  2  NOLOGGING
  3  SELECT * FROM test;

2 개의 행이 만들어졌습니다.

SQL> select * from cp_test;

        ID NAME       ADDR
---------- ---------- ----------
     11111 COREA      ASIA
     22222 NIPPON     ASIA

SQL>
```

혼자하기

프로세스에 대하여 설명하여 보자.

대용량의 파일을 테이블의 개체로 넣기 위해서는 큰 파일이므로 먼저 오라클 관리자가 bfile이 저장될 디렉터리를 생성하고 사용자에게 접속할 권한을 부여해야 한다.

예제

BFILE을 insert하는 예

```
SQL> connect nugu
SQL> create table bfile_doc (id number, doc bfile);
SQL> insert into bfile_doc
  2      values(1111,bfilename('bfile_dir','unix.hwp'));
SQL> select * from bfile_doc;

        ID DOC
---------- ----------------------------------------
      1111 bfilename('bfile_dir', 'unix.hwp')
```

```
SQL>
```

혼자하기

BFILE에 대한 insert 과정을 반복하여 보자.

시스템 관리자의 선행 작업

오라클 관리자가 PARALLEL DIRECT LOAD를 수행하기 전에 다음 문장을 먼저 실행해야 한다.

ALTER SESSION ENABLE PARALLEL DML;

그래야 현재 세션에서 PARALLEL DML 문장을 사용할 수 있도록 세션이 변경된다.

```
SQL> connect sys as sysdba
SQL> ALTER SESSION ENABLE PARALLEL DML;
```

혼자하기

세션(session)이란?

BFILE을 테이블에 삽입하려면 대용량이므로 오라클 관리자가 먼저 디렉터리를 생성하고 사용자에게 읽을 권한을 부여해야 한다.

```
SQL> connect system
SQL> host mkdir /export/home/oracle/bfile
SQL> create directory bfile_dir as '/export/home/oracle/bfile';
SQL> grant read, write on directory bfile_dir to nugu;
```

복/습/문/제

이해도를 측정하기 위하여 각 문제를 5단계로 평가한다(1점~5점).

1. 테이블에 필드를 추가하시오.

2. 테이블에서 필드의 데이터 타입을 변경하시오.

3. 테이블에서 필드를 삭제하시오.

4. 테이블에 제약조건을 추가하시오.

5. 테이블에서 제약조건을 삭제하시오.

6. emp 테이블의 deptno와 sal을 그리고 dept 테이블에서 dname의 자료를 하나의 테이블에 넣어 완성하시오.

7. sequence에서 nextval와 currval의 의미는?

8. direct load insert에 의한 행 삽입을 실행하시오.

9. parallel direct load에 의한 행 삽입을 실행하시오.

10. BFILE을 insert하는 과정을 실행하시오.

11. HINT, OPTIMIZER, EXPLAIN PLAN에 대하여 설명하시오.

C.H.A.P.T.E.R 09

테이블의 데이터 갱신/삭제

공부할 내용

- update 문
- delete 문
- merge 문

이 장에서는 update 문을 이용하여 테이블의 데이터를 갱신하는 과정을 익히며, 또한 delete 문을 사용하여 테이블에서 특정 레코드를 삭제하는 공부도 하게 된다.

또한 merge 문을 사용하여 여러 테이블의 데이터를 하나의 테이블에 update, insert하는 과정을 공부한다.

9.1 update 문

테이블 내의 데이터를 업데이트하는 방법으로는 다음과 같이 구분하여 다루어 보자.

- 일반적인 UPDATE
- 자신의 테이블에서 서브 쿼리하여 UPDATE
- 다른 테이블에서 서브 쿼리하여 UPDATE

1) 일반적인 UPDATE

UPDATE는 기존의 데이터를 변경할 때 사용한다. 수정하려는 테이블명을 적어주고 변경할 값을 SET 절 바로 뒤에 적는다. 대부분 WHERE 절을 사용하여 조건에 적합한 행만 변경한다. WHERE 절의 조건에 따라 행의 수정이 가능하다. 이때 WHERE 절의 조건을 생략하면 테이블 전체가 갱신된다.

[형식]

```
UPDATE 테이블명
        SET 컬럼명= 변경할값[, 컬럼명= 변경할값,...]
        [WHERE 조건];
```

데이터를 업데이트한 후 **commit**하면 데이터베이스 내의 데이터가 변경된다. 일반 사용자는 데이터를 원래로 상태로 되돌릴 수 없지만, **flashback_transaction_query** 뷰를 참조하여 데이터베이스 관리자는 데이터를 원래로 상태로 되돌리는 것이 가능하다.

```
SQL> select * from test;

        ID NAME                 EMAIL
---------- -------------------- ------------------------------
      1111 kim                  nugu@arirang.co.kr
      1005 KUNSAN               kunsan@arirang.co.kr

SQL> update test set email='gunsan@arirang.co.kr'
```

```
  2      where id=1005;
```

2) 자신의 테이블에서 서브 쿼리하여 UPDATE

서브 쿼리를 사용하면 한 번의 update 명령으로 여러 컬럼을 동시에 수정할 수 있다. 여러 컬럼을 서브 쿼리의 결과 값으로 업데이트한다.

예제

```
SQL> select * from test;

        ID NAME                 EMAIL
---------- -------------------- ------------------------------
      1111 kim                  nugu@arirang.co.kr
      1005 KUNSAN               gunsan@arirang.co.kr

SQL> update test
  2     set (name,email)=(select name,email from test where id=1111)
  3  where id=1005;

SQL> select * from test;

        ID NAME                 EMAIL
---------- -------------------- ------------------------------
      1111 kim                  nugu@arirang.co.kr
      1005 kim                  nugu@arirang.co.kr
```

3) 다른 테이블에서 서브 쿼리하여 UPDATE

서브 쿼리를 사용하면 다른 테이블의 값을 참조하여 현재 테이블의 값을 수정할 수 있다. SET 절의 컬럼 이름은 서브 쿼리의 컬럼 이름과 달라도 되지만, 데이터 타입과 컬럼 수는 반드시 일치해야 한다.

[형식]

```
UPDATE 테이블명1
       SET (컬럼명1, 컬럼명2,...) = (SELECT s_컬럼명1, s_컬럼명2,...
                                     FROM 테이블명2
                                     [WHERE 조건2])
       [WHERE 조건];
```

```
SQL> update emp set job='SALESMAN'
  2  where deptno=(select deptno from dept
  3                 where dname='SALES');
```

혼자하기

commit이 무엇이며, 그 반대 동작은?

참고

foreign key가 지정되어 두 테이블이 부모와 자식 테이블로 연관되어 있는 경우, UPDATE할 때 무결성 제약조건에 따른 에러가 발생한다.

- 제약조건을 위배하는 값으로 업데이트한다면 에러가 발생한다.
- 부모 테이블에 존재하지 않는 값으로 자식 테이블의 갱신은 불가능하다.
- 갱신하려면 먼저 부모 테이블에 값을 추가해야 한다.

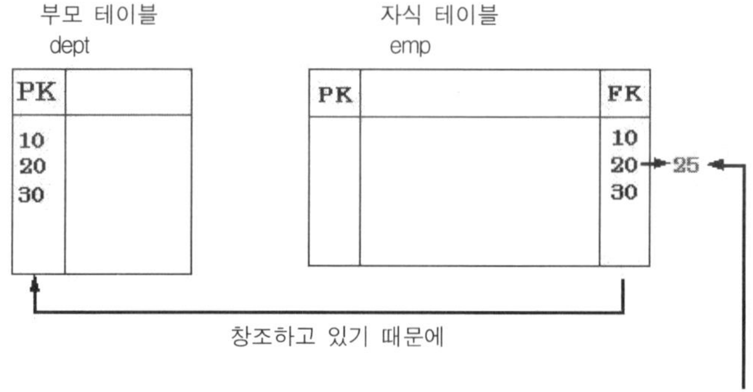

☜ on delete cascade가 없는 경우

```
SQL> create table aa(a_id number(4) primary key,
  2    a_name char(10),
```

```
  3    a_email varchar2(20));

SQL> create table bb(b_id number(4) primary key,
  2   b_name char(10),
  3   b_email varchar2(20),
  4   a_id number(4) references aa);

SQL> select constraint_name,constraint_type,table_name
  2    from user_constraints;

CONSTRAINT_NAME CO TABLE_NAME
--------------- -- ----------
SYS_C0020788    R  BB
SYS_C0020786    P  AA
SYS_C0020787    P  BB

SQL> insert into aa values(10,'arirang','abc@arirang.ac.kr');
SQL> insert into aa values(20,'thrirang','cde@arirang.ac.kr');
SQL> insert into aa values(30,'kunsan','kimgun@arirang.ac.kr');

SQL> insert into bb values(1111,'kim','kim@abc.ac.kr',10);
SQL> insert into bb values(2222,'lee','lee@abc.ac.kr',20);
SQL> insert into bb values(3333,'joe','joe@abc.ac.kr',30);

SQL> update bb set a_id=33 where b_id=3333;
update bb set a_id=33 where b_id=3333
*
1행에 오류:
무결성 제약조건(NUGU.SYS_C0020788)이 위배되었습니다- 부모 키가 없습니다

SQL> delete aa where a_id=30;
delete aa where a_id=30
*
1행에 오류:
무결성 제약조건(NUGU.SYS_C0020788)이 위배되었습니다- 자식 레코드가 발견
되었습니다

SQL>
```

9.2 delete 문

delete 문은 다음 기능을 수행한다.

- 테이블에서 지정한 행(record)을 삭제하는데 사용한다.
- 하나 이상의 행을 동시에 삭제할 수 있다.
- delete 문은 데이터만 삭제하는 것이며, 테이블 자체를 삭제하지 못한다(drop table 문을 이용).
- FROM 절은 생략할 수 있다.
- WHERE 절을 생략하면 테이블 내의 모든 행이 삭제된다(truncate와 같음).
- delete 문으로 테이블 내의 컬럼 삭제는 안 된다(drop column 문을 사용).

테이블 내의 레코드를 삭제하는 방법으로 다음과 같이 구분하여 다루어 보자.

- 일반적인 delete
- subquery를 참조한 DELETE
- 자식 있는 부모 테이블의 데이터 삭제

1) 일반적인 DELETE

[형식]

```
DELETE [FROM] 테이블명
       WHERE 조건절;
```

- WHERE 절에 삭제하려고 하는 행에 대한 조건을 명시하여 delete를 실행한다.
- WHERE 절을 생략하면 테이블에 들어 있는 모든 레코드가 삭제된다.

예제

SQL> **delete from test where id=1005;**
SQL> **delete test;** ☜ truncate table test;와 차이점은?

2) subquery를 참조한 DELETE

[형식]

```
DELETE [FROM] 테이블명1
        WHERE (컬럼명1, 컬럼명2,...) = (SELECT s_컬럼명1, s_컬럼명2,...
                                      FROM 테이블명2
                                      [WHERE 조건2])
```

- subquery를 사용하여 다른 테이블의 값을 근거로 현재 테이블의 행을 delete한다.
- WHERE 절에서 서브 쿼리를 이용하여 다른 테이블에 저장된 데이터를 검색하여 한꺼번에 여러 행의 내용을 삭제할 수 있다.
- WHERE 절의 컬럼 이름은 서브 쿼리의 컬럼 이름과 달라도 되지만, 데이터 타입과 컬럼 수는 반드시 일치해야 한다.

예제

```
SQL> delete from emp
  2  where deptno=(select deptno from dept
  3                  where deptno=30);
```

3) 자식있는 부모 테이블의 데이터 삭제

- ON DELETE CASCADE를 사용하면 자식 테이블에 관련된 행이 있지만 부모 테이블에서 그 행의 삭제를 허용할 수 있다.
- ON DELETE SET NULL은 자식 테이블이 참조하는 부모 테이블의 값이 삭제되면 자식 테이블의 값을 NULL 값으로 변경시킨다.

예제

☜ on delete cascade가 있는 경우

```
SQL> create table aa(a_id number(4) primary key,
  2   a_name char(10),
  3   a_email varchar2(20));

SQL> create table bb(b_id number(4) primary key,
```

```
  2        b_name char(10),
  3        b_email varchar2(20),
  4        a_id number(4) references aa on delete cascade);

SQL> select constraint_name,constraint_type,table_name
  2        from user_constraints;

CONSTRAINT_NAME CO TABLE_NAME
--------------- -- ----------
SYS_C0020794    R  BB
SYS_C0020792    P  AA
SYS_C0020793    P  BB

SQL> insert into aa values(10,'arirang','abc@arirang.ac.kr');
SQL> insert into aa values(20,'thrirang','cde@arirang.ac.kr');
SQL> insert into aa values(30,'kunsan','kimgun@arirang.ac.kr');

SQL> insert into bb values(1111,'kim','kim@abc.ac.kr',10);
SQL> insert into bb values(2222,'lee','lee@abc.ac.kr',20);
SQL> insert into bb values(3333,'joe','joe@abc.ac.kr',30);
SQL> delete aa where a_id=30;

1 행이 삭제되었습니다.

SQL> select * from aa;

      A_ID A_NAME               A_EMAIL
---------- -------------------- -----------------------
        10 arirang              abc@arirang.ac.kr
        20 thrirang             cde@arirang.ac.kr

SQL> select * from bb;

      B_ID B_NAME               B_EMAIL                    A_ID
---------- -------------------- -------------------- ----------
      1111 kim                  kim@abc.ac.kr                10
      2222 lee                  lee@abc.ac.kr                20

SQL>
```

혼자하기

참조키 관계에 있는 테이블의 데이터 삭제에 대해 설명하여 보자.

참고

foreign key가 지정되어 두 테이블이 부모와 자식 테이블로 연관되어 있는 경우, DELETE할 때 무결성 제약조건에 따른 에러가 발생한다.

- 제약조건을 위배하도록 행을 삭제할 경우 에러가 발생한다.
- 자식 테이블에서 참조하고 있기 때문에 삭제가 불가능하다.
- 자식 테이블에서 참조하고 있는 행은 부모 테이블에서 먼저 삭제하고 난 후에 자식 테이블의 값을 삭제할 수 있다.

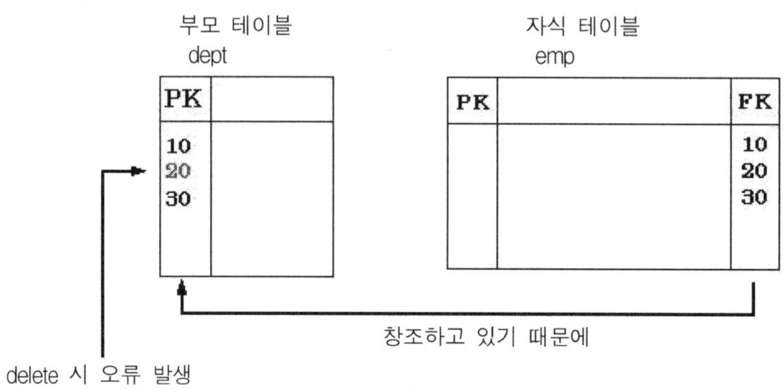

9.3 merge 문

merge 문은 구조가 같은 두 개의 테이블을 비교하여 하나의 테이블로 합치기 위한 데이터 조작이다.

예를 들어, 하루에 수만 건씩 발생하는 데이터를 하나의 테이블에 관리할 경우 대량의 데이터로 인해 질의문의 성능이 저하된다.

이런 경우, 지점별로 각각의 테이블에서 관리하다가 년 말에 종합 분석을 위해 하나의 테이블로 합칠 때 merge 문을 사용하면 편리하다.

[형식]

```
MERGE INTO 테이블명 alias
        USING [테이블명 ¦ 뷰명 ¦ subquery] alias
        ON 조건
  WHEN MATCHED THEN
       UPDATE SET ...
  WHEN NOT MATCHED THEN
       INSERT ...  VALUES ...;
```

merge하고자 하는 소스 테이블의 행을 읽어 타킷 테이블에 매치되는 행이 존재하면 새로운 값으로 UPDATE를 수행하고, 만일 매치되는 행이 없을 경우 새로운 행을 타킷 테이블에서 INSERT를 수행한다.

merge 문에서 where 절은 사용할 수 없으며 대신 on이 사용된다. 또한 when matched then 절과 when not matched then 절에는 테이블명 대신 alias를 사용한다.

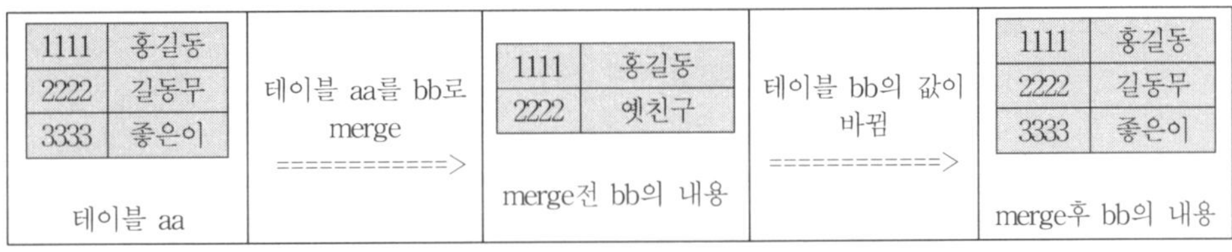


```
SQL> create table aa(id number(4), name varchar2(10));
SQL> insert into aa values(1111,'홍길동');
SQL> insert into aa values(2222,'길동무');
SQL> insert into aa values(3333,'좋은이');

SQL> create table bb (id number(4), name varchar2(10));
SQL> insert into bb values(1111,'홍길동');
SQL> insert into bb values(2222,'옛친구');

SQL> merge into bb B
  2        using aa A
  3        on (A.id=B.id)
  4   when matched then
  5        update set  B.name=A.name
  6   when not matched then
```

```
  7          insert values(A.id, A.name);

SQL>
```

aa의 데이터	bb의 데이터(merge 전)	bb의 데이터(merge 후)
SQL> select * from aa; ID NAME ---------- ---------- 1111 홍길동 2222 길동무 3333 좋은이	SQL> select * from bb; ID NAME ---------- ---------- 1111 홍길동 2222 옛친구	SQL> select * from bb; ID NAME ---------- ---------- 1111 홍길동 2222 길동무 3333 좋은이

예제

```
SQL> create table emp(id number primary key,
  2                   name varchar2(10),
  3                   salary number);

SQL> insert into emp values(1001,'홍길동',145);
SQL> insert into emp values(1002,'고군산',165);
SQL> insert into emp values(1003,'좋은이',173);

SQL> create table bonus(id number,
  2                     bonus number default 100);

SQL> insert into bonus(id)
  2   (select id from emp where1=2);

SQL> merge into bonus D
  2  using (select id, salary from emp) S
  3  on (D.id = S.id)
  4 when matched then update set
  5   D.bonus=D.bonus + S.salary*0.1
  6 when not matched then insert(D.id, D.bonus)
  7   values(S.id, S.salary*0.09);

SQL> select * from bonus;

        ID      BONUS
---------- ----------
      1001      114.5
      1002      116.5
      1003      15.57
```

```
SQL>
```

혼자하기

반복하여 merge 문을 실행하여 보자.

복/습/문/제

이해도를 측정하기 위하여 각 문제를 5단계로 평가한다(1점~5점).

1. 제약조건이 있는 테이블에서 update 과정을 실행하시오.
2. foreign key 관계에 있는 테이블을 생성하고 데이터를 업데이트하시오.
3. foreign key 관계에 있는 테이블에서 데이터를 삭제하시오.
4. foreign key 관계에 있는 테이블에 데이터를 넣어 보시오.
5. delete 문에서 where 절을 생략하고 실행하여 그 결과를 설명하시오.
6. ON DELETE CASCADE를 이용한 예를 들어 보이시오.
7. ON DELETE SET NULL를 이용한 예를 들어 보이시오.
8. delete test; 문과 truncate table test; 문에 대한 실행과정에서의 차이점은?
9. 과장 미만은 8%, 과장 이상은 7%의 봉급을 인상하는 merge 문을 작성하여 실행하시오.
10. A, B 그룹에서 A그룹은 10%, B그룹은 13%의 보너스를 계산하는 merge 문을 작성하여 실행하시오.

C.H.A.P.T.E.R

10

테이블 관리

공부할 내용

- lock table 문
- transaction
- commit과 rollback
- Flashback transaction history 기능의 이해

이 장에서는 테이블을 lock하거나 특정 컬럼을 lock하는 과정을 이해하고, 또한 이를 해지하는 과정을 공부하게 된다.

그리고 트랜잭션에 대한 이해와 이를 실행하면서 트랜잭션의 동작을 자세히 이해하도록 한다.

commit 문과 rollback 문의 동작을 공부하고, 현재 지정된 autocommit 상태를 확인하고, set transaction 문의 동작을 실행하여 익힌다.

10.1 LOCK TABLE 문

LOCK이란?

RAC 환경에서는 여러 INSTANCE들이 하나의 물리적인 데이터베이스를 사용하기 때문에 이들 사이에서 LOCK을 관리하는 일이 필요하다. LOCK은 다른 사용자의 트랜잭션이 접근하지 못하게 보호막을 치는 것과 같다

예를 들어, user A가 데이터를 수정하는 중에 user B가 같은 데이터를 요구할 때 똑같은 데이터를 동시에 수정하면 서로 데이터 값이 어긋나는 일이 발생하는데, 이를 데이터의 integrity(무결성)가 깨졌다고 한다.

데이터의 무결성을 보호하기 위해 user A가 데이터 수정작업 중에 LOCK을 걸면, user B는 UNDO SEGMENT를 통해 예전의 데이터를 보게 된다. Locking 정보를 구하는 뷰를 생성하는 스크립트는 $ORACLE_HOME/rdbms/admin/utllockt.sql이라는 스크립트로 준비되어 있다.

자신이 소유한 하나 이상의 테이블을 지정한 형태로 lock하여 다른 사용자의 접근을 허용하거나 거부하게 된다.

LOCK TABLE 문은 하나 이상의 테이블이나, 테이블 파티션, 테이블 서브 파티션을 지정한 모드로 lock하는데 쓰인다.

이 처럼 의도적으로 lock함으로써 자신이 어떤 동작을 하는 동안 타인이 해당 테이블이나 뷰에 대해서 permit/deny하게 된다.

Lock된 테이블은 트랜잭션상의 commit이나 rollback할 때까지만 lock 상태를 유지하게 된다(그러므로 unlock table 문은 없다.).

lock하였다고 해서 타인이 쿼리하는 것 자체를 막는 것은 결코 아니다.

[형식]

```
LOCK TABLE {table ¦ view}
        [{PARTITION (partition) ¦ SUBPARATITION (subpartition)}
         ¦ @ dblink],...
      IN lockmode MODE [nowait];
```

여기서 lockmode는 다음중 하나이다.

ROW SHARE	잠긴 테이블에 동시 액세스가 가능
ROW EXCLUSIVE	share 모드만 제외하고 row share와 같음
SHARE UPDATE	row share와 같음
SHARE	update를 제외한 동시 쿼리가 가능
SHARE ROW EXCLUSIVE	테이블 전체를 잠금, 테이블을 읽기만 가능
EXCLUSIVE	잠긴 테이블에 쿼리만 허용

그리고 NOWAIT를 지정하면, 다른 사용자가 이미 lock하였더라도 바로 자신에게 제어권이 넘겨 오도록 한다.

예제

```
SQL> select table_name,table_lock from tabs;

TABLE_NAME TABLE_LOCK
---------- ----------------
TEST       ENABLED

SQL> lock table test in exclusive mode nowait;

테이블이 잠금되었습니다.

SQL> select table_name,table_lock from tabs;

TABLE_NAME TABLE_LOCK
---------- ----------------
TEST       ENABLED

SQL> alter table test disable table lock;

테이블이 변경되었습니다.

SQL> select table_name,table_lock from tabs;

TABLE_NAME TABLE_LOCK
---------- ----------------
TEST       DISABLED

SQL> alter table test enable table lock;

테이블이 변경되었습니다.
```

```
SQL> select table_name, table_lock from tabs;

TABLE_NAME TABLE_LOCK
---------- ----------------
TEST       ENABLED

SQL>
```

혼자하기

트랜잭션에 대하여 말해보자.

10.1.1 select ... for update of 문(LOCK row 문)

이 문은 어떤 한 사용자가 테이블의 어느 행을 update 하는 동안 다른 사용자가 해당 레코드(행)를 update하지 못하도록 해당 레코드를 lock하는 경우에 사용된다.

물론 테이블 전체를 lock하는 경우도 있지만, 특정 행에 대해서만 lock하는 경우이다.

select ... for update of 문은 SELECT 문을 통해 해당 row에 lock을 거는 문장이다. nowait을 추가하여 wait 상태에 들어가지 않도록 한다.

사용자 A가 먼저 lock을 걸어 놓은 상태에서 사용자 B가 lock을 걸려고 하니 이미 lock되어 있음을 알리면서 동시에 사용자 B의 update 문을 취소한다.

예제

사용자 A	사용자 B

SQL> **column sq new_value sqp;**
SQL> **select '<'¦¦userenv('sessionid')**
  2   **¦¦'>SQL>' sq from dual;**
SQL> **set sqlprompt "&sqp";**
<256>SQL>
	SQL> **column sq new_value sqp;**
	SQL> **select '<'¦¦ userenv('sessionid')**
	  2 **¦¦ '>sql>' sq from dual;**
	SQL> **set sqlprompt "&sqp";**
	<257>sql>

<256>SQL> **SELECT job FROM emp** **WHERE ename='MILLER';**	<257>sql> **SELECT job FROM emp** **WHERE ename='MILLER';**

JOB --------- CLERK	JOB --------- CLERK
<256>SQL> **SELECT job FROM emp** 2 **WHERE ename='MILLER'** 3 **FOR UPDATE OF job NOWAIT;** JOB --------- CLERK	
	<257>sql> **SELECT job FROM emp** 2 **WHERE ename='MILLER'** 3 **FOR UPDATE OF job NOWAIT;** ORA-00054: resource busy and acquire with NOWAIT specified

혼자하기

sqlplus 창을 두 개 열고 lock row를 실행하여 보자.

10.2 transaction

트랜잭션(Transaction)이란 일의 처리가 완료되지 않은 중간 과정을 취소하여 작업의 시작 전 단계로 되돌리는 기능이다. 즉, 결과가 도출되기까지의 중간 단계에서 문제가 발생하였을 경우, 모든 중간 과정을 무효화하여 작업의 처음 시작 전 단계로 되돌리는 것이라 할 수 있다. 일의 완료를 알리는 commit과 일의 취소를 알리는 rollback이 쓰이며, 중간중간에 작업의 포인트를 지정하기 위해서 savepoint를 사용한다.

DML문을 실행하면 해당 트랜잭션에 의해 발생한 데이터가 다른 사용자에 의해 변경이 발생하지 않도록 LOCK(잠김)을 발생한다. 이 lock은 commit 또는 rollback 문이 실행되면 해제된다.

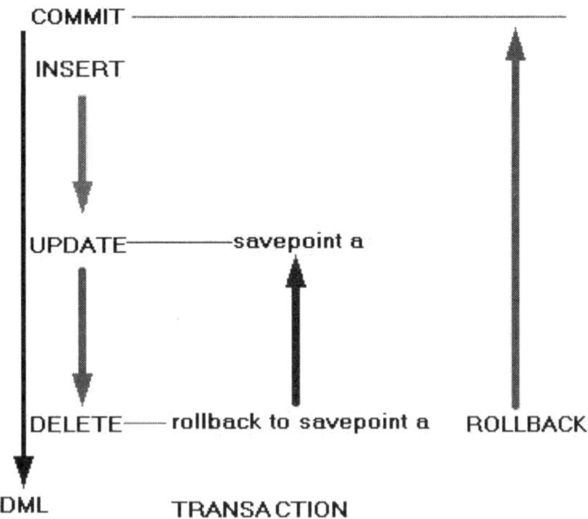

사용자 A, B가 동일한 테이블에서 작업하는 과정에서 레코드의 데이터 갱신의 예를 살펴보기로 하자.

예제

사용자 A	사용자 B
SQL> column sq new_value sqp; SQL> select '<'||userenv('sessionid') 2 ||'>SQL>' sq from dual; SQL> set sqlprompt "&sqp"; <254>SQL>	SQL> column sq new_value sqp; SQL> select '<'|| userenv('sessionid') 2 || '>sql>' sq from dual; SQL> set sqlprompt "&sqp"; <255>sql>
<254>SQL> select ename,job from emp where ename='MILLER'; ENAME JOB ---------- --------- MILLER CLERK ☜ 자료가 동일함	<255>sql> select ename,job from emp where ename='MILLER'; ENAME JOB ---------- --------- MILLER CLERK ☜ 자료가 동일함
<254>SQL> update emp set job='Manager' where ename='MILLER';	
<254>SQL> select ename,job from emp where ename='MILLER'; ENAME JOB ---------- --------- MILLER Manager ☜ 자료가 바뀜	<255>sql> select ename,job from emp where ename='MILLER'; ENAME JOB ---------- --------- MILLER CLERK ☜ 자료가 안 바뀜

<254>SQL>**commit;**	
<254>SQL> **select ename,job from emp** **where ename='MILLER';** ENAME JOB ---------- --------- MILLER Manager	<255>sql> **select ename,job from emp** **where ename='MILLER';** ENAME JOB ---------- --------- MILLER Manager ☜ 자료가 바뀜

데이터베이스에 있는 하나의 레코드에 대해 여러 트랜잭션이 동시에 변경 요청이 있을 때에 데이터의 일관성을 유지하기 위하여 먼저 접근한 트랜잭션이 끝날 때까지 다른 트랜잭션들은 접근을 허용하지 않는다. 데이터베이스는 delete, insert, update가 수행되는 레코드에 대해 lock을 걸어 lock을 건 트랜잭션이 아닌 다른 트랜잭션이 또 다른 delete, insert, update를 처리하지 못하도록 한다. 레코드에 대해 lock이 걸리면 lock을 건 트랜잭션만 해당 레코드를 변경할 수 있으며 다른 트랜잭션은 해당 레코드에 대해 SELECT 문만 수행할 수 있다.

예제

사용자 A	사용자 B
<256>SQL> **select job from emp** 2 **where ename='MILLER';** JOB --------- CLERK <256>SQL>	<257>sql> **select job from emp** 2 **where ename='MILLER';** JOB --------- CLERK <257>sql>
<256>SQL> **update emp set** **job='artist' where ename='MILLER';** <256>SQL>	<257>sql> **update emp set job='engineer'** 2 **where ename='MILLER';** 계속 대기 상태임, down 아님
<256>SQL> **commit;** Commit complete. <256>SQL>	1 row updated. ☜ 이제야 보임 <257>SQL>

그러나 lock이 데이터의 일관성을 유지할 수 있는 장점이 있으나 lock을 걸지 못한 다른 트랜잭션들은 프로그램이 다운된 것처럼 느낄 것이다. 어느 세션에서 이미 lock을 걸고 있다면 그 외의 다른 세션은 이를 알아내 프로세스가 wait에 들어가는 상황을 막고 싶을 것이다.

2개의 세션이 서로 lock을 걸고 있어서 어느 세션도 자신의 트랜잭션을 끝낼 수 없는 상황이 발생한다. 각각의 트랜잭션은 서로 상대방의 lock이 해지되기를 기다리고 있다가 결과적으로 두 트랜잭션 모두 자신의 트랜잭션을 끝낼 수 없게 된다. 이를 dead lock이라 하고 오라클은 이러한 상황을 자동으로 감지하여 해결한다. 또한 for update of nowait를 사용하여 이러한 dead lock을 방지할 수도 있다.

READ CONSISTENCY(읽기 일관성)

- 데이터의 검색을 일관되게 한다.
- DML 문장이 실행될 때 rollback을 위해 오라클 서버가 변경전 데이터와 변경 후 데이터를 모두 보관한다.
- 테이블을 직접 변경하고 있는 세션에서만 변경 중인 데이터를 확인할 수 있으며 다른 세션에서는 변경중인 데이터를 확인할 수 없다.
- 어떤 사용자가 변경중인 행을 다른 사용자가 변경할 수 없다. 변경중인 사용자에 의해 commit 또는 rollback 문이 실행된 후 변경할 수 있다.

트랜젝션의 시작과 종료

트랜젝션 시작	• 데이터베이스를 처음 접속했을 때 • 하나 또는 여러 개의 DML 문이 실행된 후 commit 또는 rollback 문이 실행된 직후
트랜젝션 종료	• commit 또는 rollback 문이 실행될 때 • DDL 문 또는 DCL 문이 실행될 때(auto COMMIT) • 정상적으로 데이터베이스를 종료할 때(EXIT를 이용한 SQL*Plus 종료) • 비정상적으로 데이터베이스를 종료할 때(예 : power off) (auto ROLLBACK)

혼자하기

DML 문, DDL 문, DCL 문이란?

10.3 commit과 rollback 문

테이블에 insert, update, delete 문으로 지시하고, COMMIT을 실행하면 모든 변경 사항이 영구히 데이터베이스에 저장되며, ROLLBACK은 마지막 commit이나 Rollback 이후의 변경 사항을 취소하고 데이터베이스를 원래의 상태로 되돌려 준다. 이를 트랜잭션(transaction)이라 하며, 트랜잭션에서 데이터베이스를 변경하라는 명령이 commit이고, commit 전까지 변경된 것을 되돌리는 것이 rollback이다.

SAVEPOINT는 트랜잭션 내에 세이브포인트를 만들 수 있게 해준다. 하나의 트랜잭션 내에 여러 개의 세이브포인트를 만들 수 있으며, 'ROLLBACK TO 세이브포인트' 문을 이용하여 큰 규모의 트랜잭션 내에서 명령들의 특정한 그룹만 롤백할 수 있다.

【 형식 】

<table>
<tr><td rowspan="5">COMMIT [WORK]</td><td colspan="2">[COMMENT string] [WRITE [WAIT ¦ NOWAIT]
[IMMEDIATE ¦ BATCH]]</td><td rowspan="5">;</td></tr>
<tr><td rowspan="3">FORCE</td><td>string [, integer]</td></tr>
<tr><td>CORRUPT_XID string</td></tr>
<tr><td>CORRUPT_XID_ALL</td></tr>
<tr><td colspan="2"></td></tr>
</table>

예제

```
SQL> create table test(no number(4));
SQL> insert into test values(10);
SQL> commit;
SQL> insert into test values(20);
SQL> savepoint aa;
SQL> insert into test values(30);
SQL> savepoint bb;
SQL> insert into test values(40);
SQL> select * from test;

        NO
----------
```

```
        10
        20
        30
        40

SQL> rollback to bb;
SQL> select * from test;

        NO
----------
        10
        20
        30

SQL> rollback;
SQL> select * from test;

        NO
----------
        10

SQL>
```

예제

```
SQL> show autocommit
autocommit OFF
SQL> set autocommit on;
SQL> show autocommit;
autocommit IMMEDIATE
SQL> set autocommit off;
SQL> show autocommit;
autocommit OFF
SQL>
```

혼자하기

다음 SQL 문장의 동작을 설명하시오.

```
commit;
rollback;
savepoint AA;
rollback to AA;
```

SET TRANSACTION 명령으로 고립도 레벨이나 트랜잭션의 읽기 전용 혹은 읽기 쓰기 모드, 그리고 특정한 롤백 세그먼트를 이용하도록 하는 등의 다양한 트랜잭션 속성을 지정하는데 이용된다.

【 형식 】

```
SET TRANSACTION READ ONLY
SET TRANSACTION READ WRITE
SET TRANSACTION ISOLATION LEVEL SERIALIZABLE
SET TRANSACTION ISOLATION READ COMMITTED
```

또한 SET CONSTRAINTS 문은 트랜잭션 내의 연기 가능 제약조건의 강제 모드를 지정한다.

예제

```
SQL> commit;
SQL> SET TRANSACTION READ ONLY;
SQL> update emp set ename=lower(ename);
update emp set ename=lower(ename)
       *
1행에 오류:
READ ONLY 트랜잭션은 삽입/삭제/갱신 작업을 수행할 수 없습니다.

SQL> COMMIT;
SQL> SET TRANSACTION READ WRITE;
SQL> update emp set ename=lower(ename);

14 행이 갱신되었습니다.

SQL>
```

10.4 Flashback transaction history와 Flashback row history 기능

Flashback Transaction History를 이용하면 오라클 데이터베이스 내에서 발생한 모든 트랜잭션의 등록 내용을 참조할 수 있다. 즉, 어떤 사용자가 언제 데이터베이스에 접속하여 어떤 DML 문(update, insert, delete)을 실행하여 어떤 행에 대해, 언제 commit 문을 실행하였는지 알 수 있다.

이 기능은 Flashback Row History와 함께 사용할 수 있으며, flashback row history 기능은 과거 특정 시점부터 현재 쿼리가 수행되는 시점까지 변경된 모든 버전의 행 정보를 참조할 수 있으므로, 플래시백 데이터베이스와 자료사전(data dictionary)만으로도 트랜잭션을 분석할 수 있기 때문에 매우 빠르고 효과적이다.

예제

```
SQL> create table test (id number(5), ename varchar2(20));

SQL> insert into test values(11111,'Korea');

SQL> update test set ename='Corea' where id=11111;

SQL> commit;

SQL> update test set ename='Seoul of Corea' where id=11111;

SQL> commit;

SQL> select * from test
  2    versions between scn minvalue and maxvalue;

        ID ENAME
---------- --------------------
     11111 Seoul of Corea
     11111 Corea

SQL> select versions_xid, ename,id from test
  2    versions between scn minvalue and maxvalue;

VERSIONS_XID     ENAME                        ID
---------------- -------------------- ----------
000500050000062E Seoul of Corea            11111
0008002600000637 Corea                     11111
```

```
SQL> select * from test;

        ID ENAME
---------- --------------------
     11111 Seoul of Corea

SQL>
```

시스템 관리자의 선행 작업

flashback_transaction_query 뷰의 기능은 임의의 SQL 문장을 수행하고 난 후 임의의 시점에서 다시 그 SQL 문장의 결과를 원래대로 되돌리게 할 수 있는 기능을 제공한다.

UNDO_SQL을 통하여 commit한 것을 되돌릴 수 있지만, 오라클 관리자만 사용할 수 있다.

```
SQL> conn nugu

SQL> select * from test2;

        ID NAME
---------- --------------------
      1111 백두산
      2222 한라산
      3333 월명산

SQL> conn sys as sysdba

SQL> select COMMIT_SCN,OPERATION,UNDO_SQL
  2  from flashback_transaction_query
  3  where table_name='TEST2';

COMMIT_SCN OPERATION
---------- --------------------------------
UNDO_SQL
----------------------------------------------------------------------
   1721776 UPDATE
update "NUGU"."TEST2" set "NAME" = '금강산' where ROWID =
'AAAMYWAAEAAAABGAAC';

   1719296 UPDATE
```

```
update "NUGU"."TEST2" set "NAME" = '월명산' where ROWID =
'AAAMYWAAEAAAABGAAC';

SQL> update "NUGU"."TEST2" set "NAME" = '금강산' where ROWID =
'AAAMYWAAEAAAABGAAC';

SQL> commit;

SQL> conn nugu
Connected.
SQL> select * from test2;

        ID NAME
---------- --------------------
      1111 백두산
      2222 한라산
      3333 금강산

SQL>
```

복/습/문/제

이해도를 측정하기 위하여 각 문제를 5단계로 평가한다(1점~5점).

1. lock table을 실행하시오.

2. lock row를 실행하시오.

3. 트랜잭션을 구체적으로 설명하시오.

4. commit과 rollback을 이용하여 실행하시오.

5. savepoint을 이용하여 실행하시오.

6. set transaction 문의 동작을 실행하시오.

7. flashback_transaction_query 뷰를 관리자가 복원토록 요청하고 그 결과를 확인해 보시오.

8. autocommit을 on/off 하여 트랜잭션을 실행하시오.

9. 현재 설정된 autocommit을 확인하시오.

10. flashback transaction history로 트랜잭션의 정보를 확인하시오.

11. flashback row history로 행에 대한 트랜잭션의 정보를 확인하시오.

C.H.A.P.T.E.R 11

백업/복구

공부할 내용

- sqlldr
- exp & imp
- expdp & impdp
- rman

이 장에서는 테이터의 백업과 복구에 대한 개념을 이해시키고, 일반 사용자가 자신의 테이블을 백업하고 복구하는 과정을 익힌다. exp/imp와 expdp/impdp, sqlldr를 사용하여 백업과 복원을 실습하며, 또한 rman의 사용법을 이해하게 될 것이다.

백업방법

1) 물리적 모드 방법(physical mode) : 데이터 파일, 콘트롤 파일, 리두로그 파일, 파라미터 파일을 운영체제상의 복사 명령(cp)으로 다른 곳에 복사하는 방법
2) 논리적 모드 방법(logical mode) : exp나 expdp와 같은 툴로 테이블, 뷰, 인덱스 따위를 운영체제상의 파일 형태(2진 파일)로 복사하는 방법

복구방법

1) 물리적 모드 방법(physical mode) : 물리적 모드로 백업해 두었던 데이터 파일, 콘트롤 파일, 리두로그 파일, 파라미터 파일을 운영체제상의 복사 명령(cp)으로 복구하는 방법
2) 논리적 모드 방법(logical mode) : exp나 expdp와 같은 논리적 모드로 백업해 두었던 테이블, 뷰, 인덱스 따위를 imp나 impdp와 같은 논리적 툴로 복구하는 방법

11.1 sqlldr

SQL*Loader는 대량의 데이터를 삽입하고자 할 때 데이터베이스 외부의 텍스트 파일로부터 데이터를 읽어 들여 오라클 데이터베이스 내로 load하는 것이다.

다른 application이나 다른 DBMS에서 만들어진 텍스트 형식의 파일을 가지고 오라클 데이터베이스에 insert할 수 있기 때문에 DBMS간의 data migration을 수행할 수 있다.

SQL*Loader를 사용하여 LOAD하는 방식이 있다.

1) 일반 경로를 이용한 방법(CONVENTIONAL PATH LOAD 방식)

2) 직접 경로를 이용한 방법(DIRECT PATH LOAD 방식)

일반 경로 방식은 데이터베이스의 buffer cache를 거쳐서 load되며, 직접 경로 방식은 데이터베이스의 buffer cache를 사용하지 않고 직접 메모리에 data block을 만들어 해당 테이블에 할당된 extent에 저장한다.

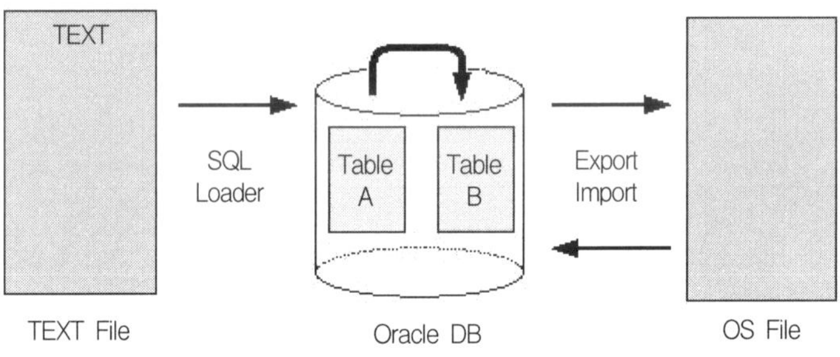

일반 경로를 이용한 방법	직접 경로를 이용한 방법
commit 문으로 데이터 저장	하나의 블록이 모두 사용되면 저장
리두 로그 정보가 항상 생성	노아카이브 모드 : 리두로그 정보 생성 안됨 아카이브로그 : 리두로그 정보 생성
테이블의 모든 제약조건 적용	기본키, 유일키, not null 제약조건만 적용
클러스트도 로드 가능	클러스트 로드 불가능
로드 중에도 insert 트리거 사용	로드 중에 insert 트리거 사용 불가능
다른 사용자가 로드되는 테이블 사용 가능	다른 사용자가 로드되는 테이블 사용할 수 없음
sqlldr nugu/password CONTROL=nugu.ctl BAD=nugu.bad DISCARD=nugu.dsc ERRORS=999 LOAD=2000 DISCARDMAX=5	**sqlldr** nugu/password CONTROL=nugu.ctl BAD=nugu.bad DISCARD=nugu.dsc DIRECT=y

sqlldr에서 사용되는 키워드와 그 의미는 다음과 같다.

키워드	설명
USERID	user의 이름과 password를 지정
CONTROL	control 파일의 이름을 지정
DATA	입력 data 파일 이름(control 파일내에 지정할 수 있음)
PARLOG	parameter 파일의 이름을 지정
BAD	bad 파일의 이름을 지정(이름을 지정하지 않은 경우, controlFILE.bad로 control 파일이 있는 디렉터리에 생성)
ERRORS	bad record의 최대 수를 지정(거부되는 record가 많으면 load를 중단시키는 역할을 함)
LOG	log 파일의 이름(이름을 지정하지 않는 경우 controlFILE.log로 생성)
DISCARD	control 파일의 WHEN절을 위배하는 경우에 생성
DISCARDMAX	discard되는 record의 최대 수를 지정(잘못된 데이터가 많으면 입력을 중단시키는 역할을 함)
SKIP	load하지 않고 건너 뛸 record의 수를 지정(이전에 실패한 load를 계속할 때 주로 사용)
LOAD	skip에 의해 지정된 record를 건너 뛴 다음 load할 record 수를 지정
DIRECT	true이면 DIRECT PATH LOAD를 사용
PARFILE	추가 매개변수 파일을 지정
PARALLEL	DIRECT PATH에서만 가능하며 PARALLEL DIRECT PATH가 실행
FILE	병렬 직접경로에 의한 로드의 경우 세그먼트가 생성될 파일을 지정
LOG	PARALLEL DIRECT LOAD 시 TEMPORARY SEGMENT가 생성될 LOG를 지정
ROWS	CONVENTIONAL PATH LOAD의 경우에 구축되는 배열의 row의 수를 지정 (direct load path의 경우에는 data save마다 입력으로부터 읽어 들일 row의 수를 지정)
BINDSIZE	CONVENTIONAL PATH LOAD의 경우 각 데이터베이스 호출 시 삽입될 row의 배열을 구축하는데 사용될 최대 byte 수를 지정

일반 경로 방식을 사용한 예제는 다음과 같다.

예제

☜ control 파일에 data까지 함께 포함되어 있는 경우

```
SQL> create table test (
  2      id number(4) primary key,
  3      name char(10),
  4      addr char(10));

SQL> !
bash-3.00$ vi test.ctl
```

```
load data infile *
 append into table test
 fields terminated by ','
 (id,name,addr)
begindata
11,홍길동,군산,
22,아무개,전주,
33,임꺽정,한성,
22,우리들,서울,
```

```
bash-3.00$ sqlldr userid=nugu/passwd control=test.ctl

Commit point reached - logical record count 4
bash-3.00$ ls
    test.bad      ☜ load 되지 못한 내용이 저장된 파일
    test.ctl
    test.log      ☜ load 과정에 대한 정보를 저장한 파일
bash-3.00$ cat test.bad
22,우리들,서울,
bash-3.00$ exit

SQL> select * from test;

        ID NAME                 ADDR
---------- -------------------- --------------------
        11 홍길동               군산
        22 아무개               전주
        33 임꺽정               한성

SQL>
```

직접경로 방식을 사용한 예제는 다음과 같다.

예제

☜ control 파일과 data 파일이 각각 있는 경우

```
SQL> create table test (
  2    id number(4) primary key,
  3           char(10),
  4    addr char(10));

SQL> !cat test.ctl
```

```
load data infile *
 append into table test
 fields terminated by ','
 (id,name,addr)
```

```
SQL> !cat test.dat
```

```
11,홍길동,군산,
22,아무개,전주,
33,임꺽정,한성,
22,우리들,서울,
```

```
SQL> !
bash-3.00$ sqlldr control=test.ctl data=test.dat direct=true
Username: nugu/password

Load completed - logical record count 4.
bash-3.00$ ls
  test.ctl
  test.dat
  test.log  ☜ load 과정에 대한 정보를 저장한 파일
bash-3.00$ exit

SQL> select * from test;
```

```
        ID NAME                 ADDR
---------- -------------------- --------------------
        11 홍길동               군산
        22 아무개               전주
        33 임꺽정               한성
        22 우리들               서울

SQL>
```

11.2 exp 유틸리티와 imp 유틸리티

오라클 시스템 관리자가 아닌 일반 사용자가 데이터베이스 전체를 백업하거나 복구할 권한이 주어져 있지 않기 때문에 본 교재에서는 일반 사용자 신분으로 자신의 객체인 테이블을 백업하고 복구하는 과정만 공부하겠다. 물론 **exp_full_database** 롤과 **imp_full_database** 롤을 가지면 데이터베이스 전체를 익스포트(export)하거나 임포트(import)할 수 있다.

1) exp 유틸리티

export 유틸리티는 오라클 DB들 사이에 데이터 객체들을 이동하는 방법을 제공하는 것으로, 익스포트를 실행하면 관련된 객체들(테이블, 인덱스, 뷰)이 추출되고, 추출된 데이터들이 익스포트 파일로 저장된다.

익스포트 파일은 바이너리 형식의 덤프 파일로 작성되며, 덤프 파일은 import 유틸리티를 사용하여 데이터를 읽어 올 수 있다. 임포트 유틸리티를 실행하지 않고 익스포트 파일의 내용을 표시하려면 **imp scott**/password **file=expdat.dmp show=Y** 처럼 SHOW 매개변수를 사용하면 된다.

다음은 Export 유틸리티에서 사용할 수 있는 매개변수이다.

매개변수	기본값	의미
USERID/PASSWORD		백업할 사용자 id와 암호를 입력
BUFFER	OS 지정	데이터를 읽어올 버퍼의 크기, 0이면 한번에 1행씩 읽음
FILE	expdat.dmp	운영체제상에 저장될 백업 파일명
GRANTS	Y	백업될 객체의 role과 privilege까지 백업
INDEXS	Y	백업될 테이블의 인덱스까지 함께 백업
ROWS	Y	테이블의 행을 백업할 것인지 여부
CONSTRAINTS	Y	테이블의 제약조건도 포함하여 백업할 것인지 여부
COMPRESS	Y	객체들의 익스텐트를 하나의 익스텐트로 만들어 백업할 것인지 여부
FULL	N	데이터베이스 전체 데이터를 백업 Y는 전체 DB EXPORT는 EXP_FULL_DATABASE 롤을 가져야 사용 가능
TRANSPORT_TABLESPACE	Y	데이터베이스 간에 tablespace를 이동시킬 때 사용
OWNER	Y	백업할 객체를 소유하고 있는 사용자 ID를 정의
TABLES		TABLE mode EXPORT를 위한 schema.TABLE TABLES=(scott.emp,system.dept)
COMPLETE		모든 테이블의 데이터 백업
INCREMENTAL		최근에 백업(complete,cumulative,incremental)한 이후의 변경된 테이블만 백업
RECORD		SYS.INVID, SYS.INCEXP 테이블에 INCREMENTAL 익스포트 백업 내용을 기록
HELP		Export 툴의 옵션을 나열
LOG		백업과정에 대한 로그정보를 지정한 파일로 생성
CONSISTENT	N	변경중이 테이블이 백업되고 있다면 변경 전 정보를 백업
STATISTICS		백업시 객체들의 통계정보를 수집하여 함께 백업함
compute		테이블의 모든 행으로 통계정보를 수집
estimate		테이블의 일부 행으로 통계정보를 수집
NONE		통계정보를 수집하지 않음
DIRECT	N	Y는 export할 때 DIRECT PATH를 사용토록 지정 N은 export할 때 CONVENTIONAL PATH를 사용토록 함
FEEDBACK	(표시 안 함)	백업도중 정의된 행수가 백업되면 '.'으로 표시를 함
RECORDLENGTH	O/S 지정	출력 record의 크기, 이 크기는 평가 버퍼에 쓰일 buffer의 크기를 지정
PARLOG	N	export parameter의 list들을 저장하고 있는 parameter log의 이름을 지정하면 여러 개의 parameter들이 같이 적용

2) imp 유틸리티

임포트(import)는 익스포트 덤프 파일로부터 객체 정의와 테이블 데이터를 읽어서 데이터 객체를 오라클 데이터베이스에 삽입한다.

익스포트 덤프 파일은 오라클 임포트에 의해서만 읽을 수 있고, 임포트 유틸리티의 버전이 덤프 파일을 생성하기 위해 사용된 익스포트 유틸리티 버전보다 낮은 경우에는 읽어 올 수 없다.

테이블 객체를 익스포트 유틸리티를 사용하여 익스포트하여 생성된 익스포트 파일은 다음과 같은 순서로 객체를 포함한다.

i) 타입 정의
ii) 테이블 정의
iii) 테이블 데이터
iv) 테이블 인덱스
v) 무결성 제약조건, 뷰, 프로시져와 트리거
vi) 비트맵 인덱스, 함수기반 인덱스와 도메인 인덱스

따라서 먼저 새로운 테이블이 생성되고, 데이터가 임포트 된 다음 인덱스가 생성된다. 그 다음에 트리거가 임포트되고, 무결성 제약조건이 생성된 테이블에 활성화된다. 그런 다음 비트맵 인덱스, 함수기반 인덱스와 도메인 인덱스가 생성된다. 이러한 순서는 테이블이 임포트되는 순서에 의해 에러가 발생하지 않도록 하기 위해서이다.

익스포트와 마찬가지로 임포트 유틸리티를 사용하기 전에 **catexp.sql**이나 **catalog.sql** 스크립트를 실행하고, 임포트할 권한을 가져야 한다.

임포트하려면 CREATE SESSION 권한을 가져야 하는데, 이 권한은 CONNECT 롤에 포함되어 있고, 자신의 스키마에 객체를 임포트하기 위해서 필요한 권한은 RESOURCE 롤에 포함되어 있다. 사용자가 익스포트한 파일이 아니고 다른 사용자가 익스포트한 파일을 임포트하려면 imp_full_database 롤을 가지고 있어야 한다.

예제

$ **exp userid=nugu/**password **tables=(nugu.test)**

```
$ ls -l expdat.dmp
-rw-r--r--   1 nugu     student   7168  6월  4일  12:51 expdat.dmp
$ file expdat.dmp
expdat.dmp:      데이터
$ sqlplus nugu
SQL> drop table test purge;
SQL> !imp userid=nugu/password file=expdat.dmp tables=test
SQL> select * from test;

        ID NAME                 ADDR
---------- -------------------- --------------------
        11 홍길동               군산
        22 아무개               전주
        33 임꺽정               한성
        22 우리들               서울

SQL>
```

혼자하기

반복하여 백업과 복구를 실행하여 보자.

11.3 expdp 유틸리티와 impdp 유틸리티

exp 유틸리티는 대부분 클라이언트 쪽에 덤프 파일을 저장하지만, expdp 유틸리티는 덤프 파일을 서버쪽에 저장한다.

특히 로그(log) 파일의 경우에는 기본적으로 DPUMP_DIR 파라미터에 설정된 위치에 저장되는 것이 기본이지만, directory 파라미터를 사용하여 log의 파일 저장 위치를 지정할 수 있다.

data dump export 과정이 진행중에 Ctrl+C키를 누르면 export 과정의 상황을 확인할 수 있는 모드로 전환되며, 이때 status 명령으로 export 과정을 모니터링 할 수 있다.

다시 원래 export 과정으로 돌아가려면 continue_client 명령을 수행하면 된다.

현재 진행하고 있는 export 과정에 대한 정보는 dba_datapump_jobs 뷰를 사용하여 확인할 수 있으며, 이는 기본적으로 아무런 정보도 저장되어 있지 않지만, export 진행 중에 이 뷰를 확인하면 현재 진행 중이 export에 대한 정보를 알아낼 수 있다.

expdp에서 사용된 변수는 다음과 같은 의미이다.

expdp	데이터 펌프 export 유틸리티를 시작하는 명령어
nugu/password	사용자 ID와 암호
tables	export하고자 하는 테이블 이름
directory	덤프 파일을 저장하게 될 위치
dumpfile	덤프 파일의 이름
job__name	data pump export 과정을 담당하게 될 job 이름

```
$ expdp nugu/password tables=test2 directory=dirpump dumpfile=exptest2.dmp job_name=test2_exo
$ ls -ls /export/home/oracle/datapump_dir
-rw-r-----    1 oracle   oinstall   77824 Feb 22 20:18 exptest2.dmp
-rw-r--r--    1 oracle   oinstall    1036 Feb 22 20:18 export.log
$ sqlplus nugu
SQL> drop table test2 purge;
SQL> ! impdp nugu/password directory=dirpump dumpfile=exptest2.dmp job_name=test2_exo
SQL> select * from test2;
```

export 과정에서 여러 개의 thread를 사용하여 빠른 export를 수행하기 위해서 다음과 같은 옵션을 넣을 수 있다.

%U	생성되어질 덤프 파일의 파일 형태를 설정(01번호부터 시작되어 증가)
parallel = #	전체 #개의 thread를 사용하도록 지정함

parallel 예제

```
$ expdp nugu/password tables=test2 directory=dirpump dumpfile=exptest2_%U.dmp \
  parallel=3 job_name=test2_exp
```

```
$ ls -l /export/home/oracle/datapump_dir
-rw-r--r--   1 oracle   oinstall    1159 Feb 23 11:22 export.log
-rw-r-----   1 oracle   oinstall   12288 Feb 23 11:22 exptest2_01.dmp
-rw-r-----   1 oracle   oinstall    8192 Feb 23 11:22 exptest2_02.dmp
-rw-r-----   1 oracle   oinstall   69632 Feb 23 11:22 exptest2_03.dmp
$ sqlplus nugu
SQL> drop table test2 purge;
SQL> ! impdp nugu/password directory=dirpump dumpfile=exptest2_%U.dmp job_name=test2_exp
SQL> select * from test2;
```

혼자하기

반복하여 백업과 복구를 실행하여 보자.

export 툴(exp, expdp)로 백업하는 방법은 데이터베이스전체 모드, 테이블스페이스 모드, 사용자 모드, 테이블 모드와 같은 4가지 모드가 있다.

사용자 자신은 테이블 모드와 사용자 모드를 사용할 수 있지만, EXP_FULL_DATABASE 롤을 소유한 사용자는 다음 표에 제시한 4가지 모드를 다 사용할 수 있다.

데이터베이스 전체 모드	• 전체 데이터베이스를 export할 경우에 사용 • 데이터베이스의 object 중에서 SYS SCHEMA가 소유한 것을 제외한 모든 객체가 export됨 • database mode로 export하려면 exp_full_database 롤을 가지고 있어야 함
테이블 스페이스 모드	지정된 테이블스페이스의 객체를 export함
사용자 모드	• 사용자 단위로 export할 경우에 사용 • 사용자 자신이 소유한 객체만 export할 수 있음 • exp_full_database 롤을 부여 받은 사용자는 다른 사용자의 테이블을 export할 수 있음
테이블 모드	• 테이블 단위로 export할 경우에 사용 • 지정된 테이블의 Meta data 즉, data dictionary 정보가 export됨 • 사용자 자신이 소유한 테이블을 export할 수 있음 이때 테이블에 걸려 있는 constraint나 privilege 등의 정보도 export됨 • 옵션(ROWs)에 따라 테이블 내의 row를 포함시키거나 배제할 수 있음 • exp_full_database 롤을 부여받은 사용자는 다른 사용자의 테이블을 export할 수 있음

【 예시 】

```
$ exp userid=nugu/password full=y
        ☜ 사용자 모드로 export하는 경우
$ exp nugu/password FILE=exp_nugu.dmp LOG=exp_nugu.log TABLES=test
        ☜ 테이블 모드로 export하는 경우
$ exp USERID=nugu/password TABLES=(nugu.test, nugu.test2)
        ☜ 특정 사용자의 지정한 객체만
$ exp USERID=SYSTEM/password FULL=Y
        ☜ 모든 사용자의 모든 객체(Database Mode)
$ exp USERID=SYSTEM/password TRANSPORT_TABLESPACE=Y
        ☜ 다른 테이블스페이스로 데이터 파일 이동
$ exp USERID=SYSTEM/password tablespace='USERS'
        ☜ 테이블스페이스 모드
$ exp USERID=SYSTEM/password OWNER=SCOTT
        ☜ 특정 사용자의 객체만
```

11.4 rman 유틸리티

복구 관리자(recovery manager : rman)는 데이터베이스의 백업과 복구에 관련된 정보를 저장하고 필요한 경우 백업과 복구 절차를 수행해 주는 유틸리티이다. 데이터베이스, 테이블스페이스, 데이터 파일, 컨트롤 파일, 아카이브 파일별로 백업할 수 있으며, 백업에서 사용되지 않는 블록을 제외하고 백업할 수도 있다. 또한 백업 시 손상된 블록의 사용 가능 여부를 확인해 주기도 한다.

rman 툴은 자체적인 스크립트 해석 인터프리터를 가진 명령 언어 인터프리터(command language interpreter)이므로 입력된 명령을 해석하여 실행하게 된다. 예를 들어, backup, restore, copy, recover와 같은 명령을 rman 툴에서 실행할 수 있는 것이다.

rman의 형식은 다음과 같다.

【 형식 】

```
RMAN  [TARGET ConnectStringSpec
      ¦ { CATALOG ConnectStringSpec }
      ¦ LOG ['] filename ['] [APPEND ]
      ......
      ]...
ConnectStringSpec::=
  ['] [userid] [/ [password]] [@net_service_name] [']
```

rman의 형식에서 사용되는 구성 요소의 용어의 의미는 다음과 같다.

Target DB	RMAN이 Backup과 Recovery를 실행할 데이터베이스
recovery Catalog	타킷 DB에 대한 백업과 복구 관련 정보를 저장하기 위해 사용
RMAN	오라클을 설치하면 $ORACLE_HOME/bin에 자동으로 설치되는 클라이언트 프로그램
Channel	rman에 의해 백업과 복구 작업을 실행할 때 데이터베이스와 백업 장치(디스크 또는 테이프) 간에 작업을 처리해 주는 프로세스를 의미

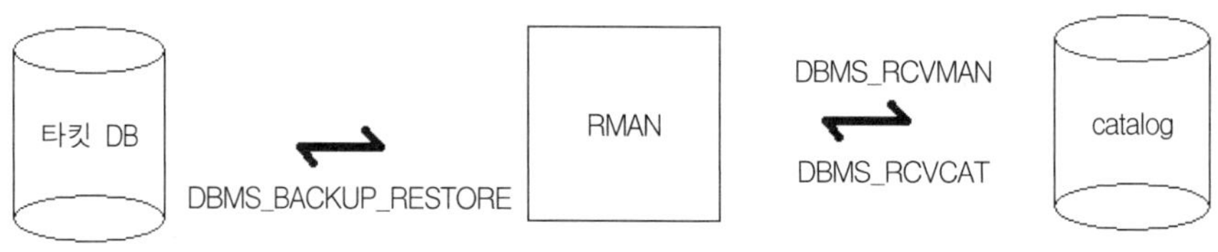

11.4.1 RMAN 시작과 DB에 연결

다음 예제는 간단하게 rman에 접속하고 접속해지 하는 과정이다.

```
$ rman

RMAN> exit

$
```

SQL*Plus로 데이터베이스에 접속하듯이 RMAN으로도 데이터베이스에 접속하는데,

그 차이점은 RMAN은 SYSDBA 권한을 가지고 타킷과 보조 데이터베이스에 접속해야 하는데 AS SYSDBA 키워드는 사용하지 않아도 묵시적으로 가진 것으로 간주하기 때문에 의도적으로 표시하지 않아도 된다는 점만 다르다.

RMAN에 연결되면 CONNECT TARGET을 실행해야 타킷 데이터베이스에 접속이 이루어진다.

예제

```
$ rman

RMAN> connect target /

connected to target database: ORCL (DBID=1204356616)

RMAN> exit

Recovery Manager complete.
$
```

다음 예는 RMAN 세션중에 출력되는 텍스트 파일을 로그 파일(/tmp/msglog.log)에 추가하도록 하는 예제이다.

예제

```
$ rman TARGET / LOG /tmp/msglog.log APPEND
RMAN> exit
$
```

11.4.2 디폴트 RMAN configuration 보기

RMAN이 백업과 복구를 실행하는 구성을 미리 작성한 디폴트 configure가 준비되어 적용된다.

configure란 백업장치를 지정하고, 백업 장치에 접속(이를 channel이라 부름)의 구성을 설정하는 것이다.

현재 작성된 configure를 다음과 같이 확인할 수 있다.

1) RMAN을 시작하고 타킷 DB에 접속한다.
   $ rman TARGET /

2) SHOW ALL 명령을 실행한다.
   RMAN> SHOW ALL;

```
$ rman TARGET /
RMAN> show all;

using target database control file instead of recovery catalog
RMAN configuration parameters for database with db_unique_name
ORCL are:
CONFIGURE RETENTION POLICY TO REDUNDANCY 1; # default
CONFIGURE BACKUP OPTIMIZATION OFF; # default
CONFIGURE DEFAULT DEVICE TYPE TO DISK; # default
CONFIGURE CONTROLFILE AUTOBACKUP OFF; # default
CONFIGURE CONTROLFILE AUTOBACKUP FORMAT FOR DEVICE TYPE
DISK TO '%F'; # default
CONFIGURE DEVICE TYPE DISK PARALLELISM 1 BACKUP TYPE TO
BACKUPSET; # default
CONFIGURE DATAFILE BACKUP COPIES FOR DEVICE TYPE DISK TO
1; # default
CONFIGURE ARCHIVELOG BACKUP COPIES FOR DEVICE TYPE DISK
TO 1; # default
CONFIGURE MAXSETSIZE TO UNLIMITED; # default
CONFIGURE ENCRYPTION FOR DATABASE OFF; # default
CONFIGURE ENCRYPTION ALGORITHM 'AES128'; # default
CONFIGURE COMPRESSION ALGORITHM 'BZIP2'; # default
CONFIGURE ARCHIVELOG DELETION POLICY TO NONE; # default
CONFIGURE SNAPSHOT CONTROLFILE NAME TO '/export/home/oracle/
app/oracle/product/110.1/dbs/snapcf_orcl.f'; # default

RMAN>
```

나열되는 항목은 CONFIGURE 명령으로 재작성할 수 있으며, 다음은 channel를 configure하는 예시이다.

```
CONFIGURE DEFAULT DEVICE TYPE TO DISK; # backup goes to disk
CONFIGURE DEVICE TYPE sbt PARALLELISM 2; # 2 channels used in
in channel
CONFIGURE CHANNEL 1 DEVICE TYPE DISK FORMAT '/disk1/%U' #
1st channel to disk1
CONFIGURE CHANNEL 2 DEVICE TYPE DISK FORMAT '/disk2/%U' #
2nd channel to disk2
BACKUP DATABASE; # backup - 1st channel goes to disk1 and 2nd
to disk2
```

11.4.3 데이터베이스 백업

BACKUP 명령으로 파일을 백업한다. RMAN은 configure로 설정된 장치에 데이터를 백업하는데, 디폴트는 disk이다.

flash recovery가 가능하고 FORMAT 매개변수를 지정하지 않은 경우라면, RMAN은 recovery 영역에 unique한 이름으로 자동적으로 백업을 생성한다. RMAN은 디폴트로 image copy보다는 백업 셋을 생성하는데, 여기서 image copy란 유닉스의 cp 명령어로 복사하는 것을 image copy라 한다.

backup set은 하나 이상의 backup piece로 RMAN으로만 억세스할 수 있도록 물리적 파일을 복사하는 것을 뜻한다.

BACKUP AS COPY 명령은 데이터베이스 파일을 디스크에 bit-for-bit로 image copy를 수행하는데 이는 RMAN에서만 이용할 수 있다.

option	예제	설명
FORMAT	BACKUP FORMAT 'AL_%d/%t/%s/%p' ARCHIVELOG LIKE '%arc_dest%';	백업할 조각의 위치와 이름을 지정함 %U : 유일한 이름 %d : DB_NAME %t : timestamp를 가짐 %s : number를 가짐 %p : backup piece number
TAG	BACKUP TAG 'weekly_full_db-bkup' DATABASE MAXSETSIZE 10M;	백업 라벨에 사용자 정의 문자로 지정하지만, TAG을 지정하지 않으면 date와 time이 디폴트임

예제

데이터베이스를 백업

ARCHIVELOG 모드	1) RMAN을 시작하고 타킷 DB에 접속한다.
	`$ rman TARGET /`
	2) BACKUP DATABASE 명령을 실행한다.
	`RMAN> BACKUP DATABASE PLUS ARCHIVELOG;`

NOARCHIVELOG 모드	데이터베이스는 반드시 mount 상태이어야 한다.
	1) RMAN을 시작하고 타킷 DB에 접속한다.
	`$ rman TARGET /`
	2) shutdown하고 mount한다.
	`RMAN> SHUTDOWN IMMEDIATE`
	`RMAN> STARTUP FORCE DBA;`
	`RMAN> SHUTDOWN IMMEDIATE`
	`RMAN> STARTUP MOUNT;`
	3) BACKUP DATABASE를 실행한다.(아래 둘 중 하나)
	`RMAN> BACKUP DATABASE;`
	`RMAN> BACKUP AS COPY DATABASE;`
	4) 데이터베이스를 open한다.
	`RMAN> ALTER DATABASE OPEN;`

앞 예제에서와 같이 archive mode와 noarchive mode을 예제로 익혔다.

1) incremental backup

incremental backup은 BACKUP INCREMENTAL 명령을 사용하여 실행하는데, 이는 full database backup보다 더 빠르다.

그러므로 recovery도 redo logs만 사용하는 경우보다 더 신속하게 복구할 수 있다.

incremental backup이나 full backup 모두 level 0의 내용은 동일하지만, full backup과 달리 level 0 backup은 incremental backup에 관한 사항이 담겨있다.

level 1 incremental backup은 이전의 incremental backup 이후의 변경된 내용만 담긴다.

그래서 level 1 백업을 cumulative incremental backup이라 하고, level 0 백업을 differential incremental backup이라 하는데, differential이 디폴트이다.

데이터베이스의 incremental 백업

1) RMAN을 시작하고 타킷 DB에 접속한다.

```
$ rman TARGET /
```

2) BACKUP INCREMENTAL 명령을 실행한다.

다음은 level 0 incremental 백업인 경우

```
RMAN> BACKUP INCREMENTAL LEVEL 0 DATABASE;
```

다음은 level 1 cumulative incremental 백업인 경우

```
RMAN> BACKUP INCREMENTAL LEVEL 1 CUMULATIVE DATABASE;
```

다음은 level 1 differential incremental 백업인 경우

```
RMAN> BACKUP INCREMENTAL LEVEL 1 DATABASE;
```

2) incrementally updated backup

incrementally updated 백업은 BACKUP FOR RECOVER OF COPY 명령을 사용한다.

FOR RECOVER OF COPY 문의 옵션은 다음과 같다.

option	예제
FOR RECOVER OF COPY WITH TAG 'tag_name'	BACKUP INCREMENTAL LEVEL 1 FOR RECOVER OF COPY WITH TAG 'incr_update' DATABASE;
FOR RECOVER OF COPY DATAFILECOPY FORMAT 'format'	BACKUP INCREMENTAL LEVEL 1 FOR RECOVER OF COPY DATAFILECOPY FORMAT 'disk2/df1.cpy' DATABASE;

예제

데이터베이스의 incrementally updated 백업

1) RMAN을 시작하고 타킷 DB에 접속한다.

```
$ rman TARGET /
```

2) RECOVER COPY와 BACKUP INCREMENTAL 명령을 실행한다.
다음 스크립트를 실행한다.

```
RECOVER COPY OF DATABASE
  WITH TAG 'incr_update';
BACKUP
  INCREMENTAL LEVEL 1
  FOR RECOVER OF COPY WITH TAG 'incr_update'
  DATABASE;
```

3) database 파일과 백업의 validating

VALIDATE 명령을 사용하여 모든 데이터베이스 파일이 존재를 확인하고, 바른 위치에 있는지 확인하며, 또한 물리적 오류의 여지를 확인한다.

CHECK LOGICAL옵션을 사용하여 논리적 오류도 확인할 수 있다.

예제

데이터베이스 파일의 유효성 확인

1) RMAN을 시작하고 타킷 DB에 접속한다.

```
$ rman TARGET /
```

2) VALIDATE 명령을 해당파일에 실행한다.

```
BACKUP VALIDATE CHECK LOGICAL
  DATABASE ARCHIVELOG ALL;
```

만약 각각의 블럭에 대한 유효성 체크는 다음과 같이 할 수 있다.

```
VALIDATE DATAFILE 4 BLOCK 10 TO 13;
```

다음은 백업셋에 대한 유효성 체크의 예이며, 백업셋은 LIST BACKUP를 실행하여 확인할 수 있다.

VALIDATE BACKUPSET 3;

4) RMAN에 동작하는 스크립트

데이터베이스를 주기적으로 반복하여 백업한다는 것은 실증하기 때문에 이러한 동작을 RMAN 명령으로 작성한 명령 파일을 하나의 스크립트로 작성하여 RUN 명령을 실행시키면 편리하다.

예제

RMAN에서 동작할 스크립트 생성과 실행

1) vi와 같은 문서편집기로 RMAN 명령 파일을 작성한다.

```
#my_commnad_file.txt
CONNECT TARGET /
BACKUP DATABASE PLUS ARCHIVELOG;
LIST BACKUP;
EXIT;
```

2) RMAN을 구동하고 작성한 스크립트를 @ 명령으로 실행시킨다.

% rman

RMAN> *@/my_dir/my_command_file.txt*

또는 다음과 같이 실행시켜도 된다.

% rman *@/my_dir/my_command_file.txt*

11.4.4 RMAN 동작의 레포트

RMAN의 LIST나 REPORT 문을 사용하여 RMAN을 사용한 백업 상태에 대한 정보를 알 수 있고, SHOW ALL 문을 사용하여 configuration에 대한 정보를 확인할 수 있다.

1) 백업정보 list

LIST BACKUP나 LIST COPY 문을 사용하여 백업과 데이터 파일에 대한 정보를 나타낸다.

다음 표는 백업에 대한 LIST 문의 옵션이다.

option	예제	설명
BY BACKUP	LIST BACKUP OF DATABASE BY BACKUP	백업셋의 출력으로 디폴트임
BY FILE	LIST BACKUP BY FILE	백업된 파일에 대한 정보
SUMMARY	LIST BACKUP SUMMARY	요약이 출력되는데 디폴트이며 출력은 VERBOSE임
EXPIRED	LIST EXPIRED COPY	RMAN에 의해 기록된 백업에 관한 목록이지만, 최근 CROSSCHECK 문에 의한 것은 제외함
RECOVERABLE	LIST BACKUP RECOVERABLE	AVAILABLE 상태에 있는 datafile이 backup, copy된 사항이 나열됨

예제

LIST BACKUP/COPY 실행

1) RMAN을 시작하고 타킷 DB에 접속한다.

```
$ rman TARGET /
```

2) LIST 문을 실행한다.

```
RMAN> LIST BACKUP OF DATABASE;
RMAN> LIST COPY OF DATAFILE 1, 2;
RMAN> LIST BACKUP OF ARCHIVELOG FROM SEQUENCE 10;
RMAN> LIST BACKUPSET OF DATAFILE;
```

2) 데이터베이스 파일과 백업에 관한 REPORT

REPORT 문을 실행하여 LIST 문보다 더 다양한 정보를 알 수 있다.

다음은 REPORT 문의 옵션이다.

option	예제	설명
NEED BACKUP	REPORT NEED BACKUP DATABASE	백업해야 할 파일을 보임 추가적으로 REDUNDANCY, RECOVERY WINDOW를 사용할 수 있음
OBSOLETE	REPORT OBSOLETE	backup retention policy로 구성된 쓸모없는(폐기된) 백업을 나열함
SCHEMA	REPORT SCHEMA	데이터베이스 내의 테이블스페이스와 데이터 파일을 출력
UNRECOVERABLE	REPORT UNRECOVERABLE	최근의 데이터 파일 백업에서 복구될 수 없는 데이터 파일을 출력

예제

1) RMAN을 시작하고 타킷 DB에 접속한다.
```
$ rman TARGET /
```
2) REPORT 문을 실행한다.
```
RMAN> REPORT SCHEMA;
RMAN> REPORT OBSOLETE;
```

11.4.5 RMAN 백업 Maintaining

타킷 데이터베이스의 control 파일에 저장된 RMAN의 정보가 RMAN maintence command에 의해 사용된다.

1) Crosschecking backup

CROSSCHECK 명령에 의해 RMAN에 의해 백업된 논리적 기록물과 저장매체에 있는 파일을 동기화한다.

예제

crosscheck all backups &copies on disk

1) RMAN을 시작하고 타킷 DB에 접속한다.
```
$ rman TARGET /
```
2) CROSSCHECK 문을 실행한다.
```
RMAN> CROSSCHECK BACKUP;
RMAN> CROSSCHECK COPY;
```

2) Delete Obsolete Backups

DELETE 명령으로 RMAN으로 디스크나 테이프에 백업하였지만 쓸모없는 백업이나 파일을 삭제하게 된다.

control 파일의 파일 상태를 DELETED로 갱신하고, NOPROMPT를 지정하지 않으면 삭제할 때 의지를 묻게 된다.

DELETE OBSOLETE 명령은 더 이상 필요 없는 백업이나 복사된 파일을 지울 때 사용된다.

예제

```
delete obsolete backups &copies
 1) RMAN을 시작하고 타킷 DB에 접속한다.
     $ rman TARGET /

 2) DELETE OBSOLETE 문을 실행한다.
     RMAN> DELETE OBSOLETE;
```

11.4.6 Diagnosing & Repairing Failures with Data Recovery Advisor

data recovery advisor를 이용하여 간단하게 데이터베이스의 문제점을 진단하고 수리할 수 있다.

1) Listing Failures &Determing Repair Options

Failure란 데이터의 오염(corruption)을 의미한다. failure에는 **fail priority**와 **failure status**가 있는데, priority에는 **CRITICAL**, **HIGH**, **LOW**가 있으며, 상태는 **OPEN**이나 **CLOSED**일 수 있다.

- **LIST FAILURE** : 모든 종류의 failure를 출력
- **ADVISE FAILURE** : repair option으로 수동과 자동을 결정

예제

```
LIST FAILURE &ADVISE FAILURE
 RMAN을 시작하고 타킷 DB에 접속한다.
     $ rman TARGET /
     RMAN> LIST FAILURE;
     RMAN> ADVISE FAILURE;
```

2) Repairing Failures

앞의 LIST FAILURE나 ADVISE FAILURE를 실행하고 나서 **REPAIR FAILURE** 명령으로 수리할 수 있다.

예제

REPAIR FAILURE
RMAN을 시작하고 타킷 DB에 접속한다.
```
$ rman TARGET /
RMAN> REPAIR FAILURE;
```

11.4.7 Flashback Database

데이터베이스를 과거 어느 시점으로 되돌리는 것으로 이는 미디어 복구와 달리 데이터 파일을 restore할 필요가 없다.

FLASHBACK DATABASE 명령을 사용하면 과거 어느 시점으로 되돌릴 수 있는데, 이 기능은 반드시 데이터베이스가 mount되어 있어야 한다.

예제

Flashback database

1) RMAN을 시작하고 타킷 DB에 접속한다.
```
$ rman TARGET /
```

2) 데이터베이스가 mount 되어 있어야 한다.
```
RMAN> SHUTDOWN IMMEDIATE;
RMAN> STARTUP MOUNT;
```

3) FLASHBACK DATABASE를 다음중 하나를 실행한다.
```
SQL> select name,scn, time, database_incarnation#,
  2  guarantee_flashback_database
  3  from v$restore_point
  4  where guarantee_flashback_database='YES';
```
```
RMAN> FLASHBACK DATABASE TO SCN 86115;
RMAN> FLASHBACK DATABASE TO RESTORE POINT BEFORE_CHANGE;
```

RMAN> FLASHBACK DATABASE TO TIME "TO_DATE('11/20/10','MM/DD/YY')";

4) 데이터베이스를 SQL*Plus에서 검증하기 위해 open한다.
RMAN> SQL "ALTER DATABASE OPEN READ ONLY";

5) 데이터베이스를 open한다.
RMAN> SHUTDOWN IMMEDIATE;
RMAN> STARTUP MOUNT;
RMAN> ALTER DATABASE OPEN RESETLOGS;

11.4.8 Restore & Recover Database Files

RESTORE나 RECOVER 명령으로 데이터베이스 파일을 복구할 수 있다.

1) 데이터베이스 파일 복구 준비

RESTORE ... PREVIEW 명령으로 사전에 미리보기를 하지만 RESTORE는 실행되지 않는다.

예제

Preview a database restore &recovery

1) RMAN을 시작하고 타킷 DB에 접속한다.
$ rman TARGET /

2) 필요한 경우라면 테이블스페이스와 데이터파일을 확인한다.
RMAN> REPORT SCHEMA;

3) RESTORE DATABASE 명령에 PREVIEW 옵션을 실행한다.
RMAN> RESTORE DATABASE PREVIEW SUMMARY;

2) 데이터베이스 전체를 recover

RESTORE DATABASE와 RECOVER DATABASE 명령을 사용하여 데이터베이스 전체를 복구할 수 있다.

예제

Recover whole database

1) RMAN을 시작하고 타킷 DB에 접속한다.
```
$ rman TARGET /
```

2) 파일 복구 준비를 실행한다.
```
RMAN> RESTORE DATABASE PREVIEW SUMMARY;
```

3) 데이터베이스를 mount 상태로 만든다.
```
RMAN> STARTUP FORCE MOUNT;
```

4) 데이터베이스를 restore한다.
```
RMAN> RESTORE DATABASE;
```

5) 데이터베이스를 recover한다.
```
RMAN> RECOVER DATABASE;
```

6) 데이터베이스를 open한다.
```
RMAN> ALTER DATABASE OPEN;
```

3) 테이블스페이스만 recover

RESTORE TABLESPACE와 RECOVER TABLESPACE 명령을 사용하여 필요한 테이블스페이스만 복구할 수 있다.

데이터 파일을 새 위치에 restore할 수 없다면, SET NEWNAME 명령을 RUN하고 SWITCH DATAFILE 명령이나 또는 ALTER DATABASE RENAME FILE 문으로 control file을 갱신할 수 있다.

예제

Recover tablespace when the database is open

1) RMAN을 시작하고 타킷 DB에 접속한다.
```
$ rman TARGET /
```

2) 파일 복구 준비를 실행한다.
```
RMAN> RESTORE DATABASE PREVIEW SUMMARY;
```

3) OFFLINE 복구를 준비한다.(예 : 테이블스페이스 이름::=users)

RMAN> SQL 'ALTER TABLESPACE users OFFLINE';

4) 테이블스페이스를 restore와 recover한다. 테이블스페이스의 데이터파일은 dba_data_files 뷰에서 확인할 수 있다.

RMAN>

```
RUN
  {
   SET NEWNAME FOR DATAFILE '/disk1/oradata/prod/users01.dbf'
     TO '/disk2/users01.dbf';
   RESTORE TABLESPACE users;
   SWITCH DATAFILE ALL;
   RECOVER TABLESPACE users;
  }
```

5) 테이블스페이스를 ONLINE한다.
RMAN> SQL 'ALTER TABLESPACE users ONLINE';

이 방법 외에 RESTORE DATAFILE과 RECOVER DATAFILE을 사용하여 데이터파일 레벨로 복구할 수도 있다.

4) 데이터 블럭(block)별로 recover

잘못된 데이터 파일 블럭 단위로 복구도 가능한데, v$database_block_corruption 뷰에서 오류된 데이터 파일 블럭을 확인할 수 있다.

예제

Recover data blocks

1) SQLPlus에서 오류된 데이터 블럭 번호를 확인한다.
SQL> SELECT NAME, VALUE FROM V$DIAG_INFO

2) RMAN을 시작하고 타킷 DB에 접속한다.
$ rman TARGET /

3) RECOVER 명령을 실행하여 블럭을 수리한다.
RMAN> RECOVER CORRUPTION LIST;

개별 블럭을 수리하려면 다음과 같이 실행한다.

RMAN> RECOVER DATAFILE 1 BLOCK 233, 235 DATAFILE 2 BLOCK 100 TO 200;

 시스템 관리자의 선행 작업

expdp, impdp를 실행하기 위하여 디렉터리와 권한을 부여한다.

예제

catexp.sql 또는 catalog.sql 스크립트를 실행한다.

예제

```
SQL> conn /as sysdba
SQL> create  directory dirpump as '/export/home/oracle/datapump_dir';
SQL> grant read,write on directory dirpump to nugu;
SQL> exit
$ mkdir /export/home/oracle/datapump_dir
```

복/습/문/제

이해도를 측정하기 위하여 각 문제를 5단계로 평가한다(1점~5점).

1. 물리적 백업과 물리적 복구에 대해 설명하시오.

2. 논리적 백업과 논리적 복구에 대해 설명하시오.

3. exp/imp를 사용하여 사용자 테이블 하나만 백업/복구하시오.

4. exp/imp를 사용하여 사용자 테이블 모두를 백업/복구하시오.

5. expdp/impdp를 사용하여 사용자 테이블 하나만 백업/복구하시오.

6. expdp/impdp를 사용하여 사용자 테이블 모두를 백업/복구하시오.

7. sqlldr 툴로 데이터가 포함된 제어 파일에서 테이블을 복구하시오.

8. sqlldr 툴로 제어파일과 데이터 파일에서 테이블을 복구하시오.

9. rman의 기능을 서술하시오.

10. dbv로 백업된 파일의 무결성을 검증하시오.

C.H.A.P.T.E.R

12

audit, trigger와 pl/sql

공부할 내용

- audit
- alert 파일
- trigger
- pl/sql
- procedure와 function

이 장에서는 감사(audit)에 대해 설명하고, 트리거(trigger)와 pl/sql의 개념을 익히고 실습으로 그 동작을 확인시킨다. 트리거를 설정함으로써 객체에 변동이 발생하는 상황을 방지하는 기능을 숙지하게 된다. 또한 procedure와 function에 대한 간단한 예제를 통해 익힌다.

12.1 audit

데이터베이스 내에 의심되는 활동에 대한 감사(audit)가 필요하거나 또는 데이터베이스 내의 특별한 활동을 모니터링하거나, 데이터베이스의 활동에 대한 통계자료를 수집할 때 데이터베이스 관리자는 데이터베이스를 감사할 수 있으며, 다음과 같은 방법이 있다.

- audit 명령어를 사용하는 방법
- alert 파일을 참조하는 방법
- 데이터베이스 트리거를 사용하는 방법

audit 명령어를 사용하면 어떤 사용자가 언제 데이터베이스를 접속했는지에 대한 정보를 알 수 있고, 또한 alert 파일을 참조하면 데이터베이스의 저장구조가 변경되는 경우 언제 어떻게 변경되었는지 알 수 있으며, 그리고 아주 복잡한 형태의 비즈니스를 감사할 때는 데이터베이스의 트리거(trigger)를 사용하기도 한다.

데이터베이스 감사를 사용하려면, 먼저 오라클 데이터베이스 감사 기능이 활성화 되어야 한다.

데이터베이스 감사의 활성화와 비활성화는 오라클 파라미터 파일의 audit_trail 파라미터의 초기값을 지정하여 수행할 수도 있다.

audit_trail 파라미터 초기값을 지정하는 방법 외에 데이터베이스의 활성화와 비활성화는 audit와 noaudit 문을 사용하여 수행할 수도 있다.

감사의 활성화와 비활성화는 그 세션에서만 동작한다.

audit와 noaudit를 실행하기 위해서는 AUDIT SYSTEM 시스템 권한을 가지고 있어야 한다. 또한 audit 동작을 감사하려면 객체가 자신의 소유이어야 하고, AUDIT ANY 시스템 권한이 있어야 하고, 감사에 대한 정보를 다음 뷰에서 확인할 수 있다.

뷰	설명
dba_aduit_trail	데이터베이스 감사에 대한 전체 내용
user_aduit_trail	사용자 자신이 지정한 감사에 대한 내용
sys.aud$	감사 내용이 저장되는 SYSTEM 테이블스페이스 내의 테이블로 관리자가 주기적으로 정리해야 함

audit가 수행될 수 있는 환경으로 지정하였다면, audit 명령으로 원하는 감사를 수행할 수 있다. 감사의 종류는 다음과 같이 분류된다.

감사의 종류	참조할 뷰	감사 데이터가 저장되는 테이블	
문장 감사(statement audit)	dba_stmt_audit_opts	sys.aud$	dba_audit_trail user_audit_trail
권한 감사(privilege audit)	dba_priv_audit_opts		
객체 감사(object audit)	dba_obj_audit_opts		
	user_obj_audit_opts		

1) 문장 감사

문장 데이터베이스 감사는 오라클 SQL 문장에 대한 감사이며, create, alter, drop과 같은 DDL 문장으로 데이터베이스 구조 또는 객체를 액세스하는 데이터베이스 감사와 select, insert, update, delete와 같은 DML 문장으로 데이터베이스 구조 또는 객체를 액세스하는 감사로 나눌 수 있다.

【 형식 】

지정	AUDIT statement_option [,statement_option] [BY user] [BY {SESSION ¦ ACCESS}] [WHENEVER [NOT] SUCCESSFUL];
해지	NOAUDIT statement_option [,statement_option] [BY user] [WHENEVER [NOT] SUCCESSFUL];

여기서 statement_option은 다음과 같다.

shortcut	문장 옵션
CONNECT	SESSION
RESOURCE	ALTER SYSTEM, CLUSTER, DATABASE LINK, PROCEDURE, ROLLBACK SEGMENT, SEQUENCE, SYNONYM, TABLE, TABLESPACE, VIEW
DBA	SYSTEM AUDIT, PUBLIC DATABASE LINK, PUBLIC SYNONYM, ROLE, SYSTEM GRANT, USER
ALL	

【 예시 】

```
SQL> conn sys as sysdba

SQL> audit user by access;

SQL> audit connect;

SQL> audit dba by access whenever not successful;

SQL> audit system grant, system audit by nugu;

SQL> select user_name, audit_option, success, failure
  2        from dba_stmt_audit_opts;

SQL> noaudit user;

SQL> noaudit connect;

SQL> noaudit system grant, system audit by nugu;

SQL>
```

2) 권한 감사

권한 감사는 모든 사용자 또는 선별적인 사용자의 작업에 대한 다양하고 폭넓은 감사 영역을 가진다. 감사 결과는 dba_priv_audit_opts 뷰에서 확인할 수 있다.

【 형식 】

지정	AUDIT system_priv
	    [BY user]
	    [BY {SESSION ¦ ACCESS}]
	    [WHENEVER [NOT] SUCCESSFUL];

해지	NOAUDIT system_priv
	    [BY user]
	    [WHENEVER [NOT] SUCCESSFUL];

【 예시 】

```
SQL> connect sys as sysdba
SQL> audit audit system, grant any privilege,
  2      alter tablespace, manage tablespace;
SQL> audit create table by nugu by access;
SQL> audit alter any table, alter any procedure
  2      by nugu by access whenever successful;
SQL> select * from dba_priv_audit_opts;
SQL> noaudit audit system, grant any privilege,
  2      alter tablespace, manage tablespace;
SQL> noaudit create table by nugu;
SQL> noaudit alter any table, alter any procedure by nugu;
SQL>
```

3) 객체 감사

객체 감사는 지정한 스키마 객체의 모든 DML 문장(select, insert, update, delete)과 revoke와 grant 문을 감사할 수 있다. 따라서 객체 감사는 모든 사용자를 대상으로 설정된다.

[형식]

지정	AUDIT [object_opt [,object_opt] ¦ ALL] ON [[schema.] object ¦ DEFAULT] [BY {SESSION ¦ ACCESS}] [WHENEVER [NOT] SUCCESSFUL];
해지	NOAUDIT [object_opt [,object_opt] ¦ ALL] ON [[schema.] object ¦ DEFAULT] [BY {SESSION ¦ ACCESS}] [WHENEVER [NOT] SUCCESSFUL];

예제

```
SQL> connect sys as sysdba
SQL> audit select, insert, update, delete
  2      on nugu.emp
  3      by access whenever successful;
SQL> audit all on nugu.emp by access whenever successful;
SQL> connect nugu
SQL> select * from emp;
SQL> select * from user_obj_audit_opts
  2      where object_name = 'ACCOUNT' or object_name = 'EMP';
```

☞ 출력에서 ALT는 ALTER의 약자이고,
AUD는 AUDIT,
COM은 COMMENT의 약자이다.
또한 컬럼값 'A'는 BY ACCESS를
'S'는 BY SESSION을 나타내며,
'-'는 아무런 객체 감사가 실행되지 않았음을 의미한다.

```
SQL> noaudit select,insert,update,delete on nugu .emp;
SQL> noaudit all on nugu.emp;
SQL> select count(*) from dba_obj_audit_opts;
```

4) audit trail의 관리

감사가 선언되면 그 기록 파일인 audit trail은 parameter 파일에서 audit_trail=DB라 지정했을 경우, SYSTEM 테이블스페이스에 sys.adu$ 테이블에 감사 정보가 기록된다. 기록 작업은 SYSTEM 테이블스페이스가 채워질 때까지 계속된다.

그러나 SYSTEM 테이블스페이스가 가득차서 audit trail을 저장하지 못하면 감사를 지정한 특정 명령은 실행되지 않는다.

가령, 'AUDIT connect'라고 감사를 지정했지만 현재 SYSTEM 테이블스페이스의 공간이 가득 찼다면 다른 사용자들이 데이터베이스에 접속할 때마다 audit trail을 SYSTEM 테이블스페이스에 저장할 수 없기 때문에 connect에 대한 명령이 실행되지 않게 된다.

그 해결 방법은 audit trail을 남기지 않는 SYS사용자나 INTERNAL로 접속하여 sys.aud$ 테이블을 비우든지 감사 중지(NOAUDIT)를 내리면 된다.

데이터베이스 관리자가 sys.aud$에 대한 권한은 다음과 같다.

- cataudit.sql 스크립트를 실행하여 sys.aud$ 테이블을 생성
- catnoaud.sql 스크립트를 실행하여 sys.aud$ 테이블을 삭제

```
SQL> conn sys as sysdba
SQL> truncate table sys.aud$;
SQL> select count(*) from dba_audit_trail;
```

예제

```
SQL> conn nugu
SQL> select username, timestamp, action_name from user_audit_trail;

USERNAME             TIMESTAMP  ACTION_NAME
-------------------- ---------- ------------------------
NUGU                 2009-11-13 LOGOFF
NUGU                 2009-11-13 LOGON
```

혼자하기

감사(audit)란?

5) alert 파일 읽기

데이터베이스 상태를 감시하는 방법으로 ALERT_SID.LOG 파일을 참조한다.

이 파일은 데이터베이스가 STARTUP으로 시작해서 SHUTDOWN으로 종료할 때까지 참조되며, 데이터베이스 관리자가 파일구조를 생성하거나 변경할 때마다 그 내용을 기록한다.

파일의 크기가 너무 커지면, 로그 정보를 저장하는데 많은 시간이 소요되므로 DB 관리자는 항상 이 파일을 모니터링하고 관리해야 한다.

예제

```
$ cat /export/home/oracle/admin/orcl/bdump/alert_orcl.log
```

12.2 trigger

데이터베이스 사용자 계정과 암호를 가진 사용자가 뜻하지 않은 어떤 돌발작업을 예방할 방법은 전혀 없게 되지만, 이런 경우 데이터베이스 트리거를 이용하면 원치 않는 시간에 원치 않는 사용자가 원치 않는 작업을 하는 것을 방지할 수 있다.

예를 들어, 개발자가 EMP 테이블에 대하여 월요일~금요일 사이에 발생하는 테이블 변경 작업 이외에 주말에는 누군가에 의해 변경되는 것을 방지하기 위하여 check_salary라는 트리거를 생성하였다고 한다면 데이터베이스 내에서 트리거가 가지는 조건의 테이블인 EMP에 어떤 이벤트(update, insert, delete)가 발생할 때마다 트리거가 생성될 때 정의된 BEGIN~END 사이의 문장을 먼저 처리하게 된다.

만약 어떤 사용자가 토요일에 EMP 테이블을 UPDATE 하려고 한다면 그 update는 실행되지 않고 사용자의 화면에 지정된 메시지가 보이게 된다.

trigger란 어떤 작업 전/후 trigger에 정의한 로직을 실행시키는 PL/SQL 블럭이다.

trigger란 테이블에 미리 지정한 어떤 이벤트가 발생할 때 활동하도록 한 객체를 의미한다.

트리거 역시 임의의 테이블에 대해 SQL 문장이 실행될 때 임의의 조건을 만족하는 경우 해당되는 명령을 처리하는 방식으로 사용된다.

트리거에서 사용되는 몇몇 예약어를 살펴보자.

BEFORE	구문을 실행하기 전에 트리거를 시작
AFTER	구문을 실행한 후에 트리거를 시작
FOR EACH ROW	행 트리거임을 알림
REFERENCING	영향 받는 행의 값을 참조
:OLD	참조 전 열의 값
:NEW	참조 후 열의 값

예를 들어, primary key로 선언된 필드의 입력값을 시퀀스에서 차례대로 입력하는 예이다.

```
SQL> create table test(
  id number primary key,
  data varchar2(20));

SQL> create sequence test_seq;

SQL> create or replace TRIGGER test_trigger
BEFORE insert ON test FOR EACH ROW
BEGIN
 select test_seq.nextval
   into:new.id
  from dual;
end;
/

SQL> select trigger_name,status from user_triggers;

TRIGGER_NAME                   STATUS
------------------------------ ----------------
TEST_TRIGGER                   ENABLED

SQL> insert into test(data) values('COREA');

SQL> insert into test(id,data) values(5,'Beautiful');
```

```
SQL> select * from test;

        ID DATA
---------- ----------------------------------------
         1 COREA
         2 Beautiful      ☜ 5가 아니고 2가 들어감

SQL> select text from user_source;

TEXT
--------------------------------------------------------------
trigger test_trigger
before insert on test for each row
begin
 select test_seq.nextval
  into:new.id
 from dual;
end;

SQL> drop trigger test_trigger;
```

1) TRIGGER의 종류

트리거는 SQL문이 언제 실행되느냐에 따라 또는 트리거하는 SQL 문장에 의해 영향 받는 각 행에 대해 트리거가 실행되느냐 아니냐에 따라 다음과 같이 분류된다.

구성요소	가능한 값	기능
트리거 유형	문장 레벨의 트리거 행 레벨의 트리거	트리거 몸체의 내용이 몇 번이나 실행되는지
트리거 동작시기	before after	사용자가 트리거 이벤트를 유발시킬 때 언제 실행할 것인지
트리거 이벤트	insert update delete	테이블에 어떤 데이터 조작 연산이 트리거를 발생시키는지
트리거 몸체	PL/SQL 블록으로 begin~end절 안에 정의	어떤 이벤트가 발생하면 어떤 작업이 수행되는지
트리거 조건	when [조건]	사용자의 트리거 이벤트 중에 조건을 만족하는 데이터만 트리거 함

실행 시점과 범위를 조합하여 트리거는 다음 4가지로 분류한다.

실행범위	실행시점	내용
문장레벨	BEFORE	SQL 문이 실행되기 전에 그 문장에 대해 한번 실행
	AFTER	SQL 문이 실행된 후 그 문장에 대해 한번 실행
행 레벨	BEFORE	DML 작업하기 전에 각 행에 대해 한번 씩 실행
	AFTER	DML 작업한 후 각 행에 대해 한번 씩 실행

2) TRIGGER의 상태변경

트리거를 다음 표에 요약된 것처럼 상태를 변경할 수 있다.
예를 들어, enable/disable을 활성화/비활성화로 지정할 수 있다.

트리거 활성화/비활성화	ALTER TRIGGER 트리거이름 {DISABLE ¦ ENABLE};
해당 테이블과 관련된 모든 트리거의 상태를 활성화/비활성화	ALTER TABLE 테이블이름 {DISABLE ¦ ENABLE} ALL TRIGGERS;
트리거를 재 컴파일	ALTER TRIGGER 트리거이름 COMPILE;
트리거를 삭제	DROP TRIGGER 트리거이름;

혼자하기

스스로 트리거를 만들어 실행하여 보자.

12.3 pl/sql

PL/SQL은 Procedural Language extensions to SQL을 의미하며, 이는 비절차적인 SQL 언어를 절차적으로 사용할 수 있도록 한다.

또한 PL/SQL은 절차적으로 표현하기 위해 변수를 선언할 수 있는 기능, 참과 거짓을 구별할 수 있는 기능, 원하는 곳으로 이동할 수 있는 기능 따위를 제공한다.

PL/SQL에서는 오라클 데이터를 처리하는데 SQL 문을 사용하거나, 데이터를 처리하기 위해서 흐름제어를 사용할 수 있다.

더욱이 상수와 변수를 선언하고, procedure와 function을 정의하며, 실행오류를 찾아낼 수 있다.

PL/SQL은 블록 구조로 된 언어이며, PL/SQL 프로그램을 만드는 기본단위는 서브블록을 가질 수 있는 논리적 블록이다.

각각의 블록 내에 선언된 선언문은 선언된 블록 내에서만 유효하며 블록을 벗어나면 무효하다.

PL/SQL은 블록 구조로 되어 있으며 반드시 실행부분은 존재하여야 하고 블록의 구조는 다음과 같다.

```
[ DECLARE ]
   -- 선언문(declarations)
BEGIN
   -- 실행문(statements)
[ EXCEPTION ]
   -- 예외 처리문(handlers)
END;
```

1) PL/SQL의 블록 작성요령

- 블록 내에 SQL 문을 여러 번 사용할 수 있음
- 식별자는 최대 30문자로 작성
- 식별자는 테이블 또는 컬럼명과 같을 수 없음
- 식별자는 알파벳으로 시작해야 함
- 문자와 날짜 타입은 단일 인용부호(' ')로 표시함
- 주석은 단일 라인인 경우 2개의 대시(--), 여러 라인 경우 /* ... */로 표기
- 블록 내에는 CREATEST, LEAST, DECODE, 그룹 함수를 사용할 수 없음

예제

```
SQL> set serveroutput on
SQL> declare
  2  v_empno     number;
  3  v_ename     varchar2(14);
  4  v_job       varchar2(13);
```

```
begin
 select empno,ename,v_job
  into v_empno, v_ename, v_job
 from emp
 where empno=7934;
update emp set sal=sal*1.1
where job=v_job;
end;
/
PL/SQL 처리가 정상적으로 완료되었습니다.

SQL>
```

예제

$ **vi test2.sql**

```
CREATE OR REPLACE PROCEDURE test2
(v_empno IN emp.empno%TYPE)
IS
TYPE ename_table_type  IS TABLE OF VARCHAR2(10)
  INDEX BY BINARY_INTEGER;
ename_table ename_table_type;
TYPE sal_table_type IS TABLE OF NUMBER(7,2)
INDEX BY BINARY_INTEGER;
 sal_table          sal_table_type;
 v_ename             emp.ename%TYPE;
 v_sal              emp.sal%TYPE;
 i                   BINARY_INTEGER := 0;
BEGIN
 delete from top_dogs;
 select ename, sal into v_ename, v_sal
 from emp where empno =v_empno;
 ename_table(i) := v_ename;
 sal_table(i)    := v_sal;
 insert into top_dogs(name,salary)
  values(ename_table(i), sal_table(i));
 commit;
END;
/
```

```
SQL> create table top_dogs(name varchar2(10), salary number(7,2));
SQL> start test2.sql
SQL> execute test2(7934);
SQL> select * from top_dogs;
```

PL/SQL의 종류는 다음 6가지 종류가 있다.

anonymous procedure	anonymous PL/SQL은 DECLARE...로 시작되며, 사용자가 반복적으로 실행하려는 SQL문을 필요할 때마다 작성하여 실행하는 방법, 데이터베이스에 그 정보가 저장되지 않음
stored procedure	CREATE PROCEDURE name ...문에 의해서 생성된 후, 데이터베이스 내에 그 정보가 저장됨. stored procedure는 로직을 처리만 하고 끝남
stored function	stored procedure와 같으며, stored procedure는 로직을 처리만 하고 끝나지만, stored function은 그 처리 결과를 사용자에게 반환함
package	자주 사용되는 여러 procedure, function들을 하나의 package묶어서 관리에 편리하도록 함
trigger	어떤 작업 전, 또는 작업 후 trigger에 정의한 로직을 실행시키는 PL/SQL 블럭임
object type	객체에 데이터를 입력, 수정, 삭제, 조회하기 위해서는 반드시 PL/SQL 언어를 사용해야 함

2) 프로시저와 트리거의 차이

프로시져	트리거
create procedure 문법사용	create trigger 문법사용
생성하면 소스코드와 실행코드(pcode)가 생성됨	생성하면 소스코드와 실행코드(pcode)가 생성됨
EXECUTE 명령어 실행	생성후 자동 실행
commit, rollback 실행 가능	commit, rollback 실행 안 됨

PL/SQL 언어 중에서 Stored function은 Stored procedure와 개념이 동일하며, 동일한 기능을 가지고 있다. 한 가지 차이점은 stored procedure는 로직을 처리만 하고 끝내지만, stored function은 그 처리 결과를 사용자에게 반환하는 기능을 가지고 있는 점이 다르다.

예제

프로시져 예제

```
SQL> set serveroutput on
SQL>  create or replace procedure nugu_proc as
  2  begin
  3     dbms_output.put_line('Beautiful Korea');
  4  end nugu_proc;
  5  /
```

```
Procedure created.

SQL> set serveroutput on          ☜ 패키지에서 출력하도록 알림
SQL> begin                        ☜ PL/SQL에서 프로시저를 호출하는 경우
  2      nugu_proc;
  3   end;
  4   /

Beautiful Korea   ☜ 프로시져 실행 결과

SQL> execute nugu_proc;            ☜ SQL*Plus 명령에서 실행하는 경우

Beautiful Korea   ☜ 프로시져 실행 결과

SQL> select object_name from user_procedures;
SQL> drop procedure nugu_proc;
```

예제

☜ stored function의 예제

$ **vi tax.sql**

```
create or replace function tax
(v_value  In number)
 return number
IS
BEGIN
 RETURN (v_value*0.07);
END tax;
/
```

```
$ sqlplus nugu
SQL> start tax.sql

함수가 생성되었습니다.

SQL> variable x number;
SQL> execute :x :=tax(1000);

PL/SQL 처리가 정상적으로 완료되었습니다.

SQL> print x

         X
----------
```

```
       70

SQL>
SQL> select sal, tax(sal)        ☜ DML 문장에서도 실행됨
  2   from emp
  3   where empno=7934;

       SAL   TAX(SAL)
---------- ----------
      1300         91

SQL> update emp set sal=tax(sal) where empno=7934;

1 행이 갱신되었습니다.

SQL> select * from user_source;  ☜ function의 등록을 확인
SQL> drop function tax;
```

함수의 결과는 return을 사용하여 값을 반환한다. return 문이 없는 함수는 사용할 수 없다.
create와 drop으로 function을 만들고 삭제하며, function을 실행하기 위해서 execute를 사용하지 않는다.

예제

이 예제는 test라는 테이블에 insert, update, delete가 발생하는 경우, 발생 전·후의 변화를 기록으로 남기는 예제이다.

test 테이블의 구조는 다음과 같다고 가정한다.

id	name	addr	phone
number(4)	varchar2(10)	varchar2(50)	varchar2(50)

test 테이블의 변화된 상황을 기록할 테이블 **audit_test**를 다음과 같이 생성한다.

name	n_addr	n_phone	o_addr	o_phone
varchar2(10)	varchar2(50)	varchar2(50)	varchar2(50)	varchar2(50)

test 테이블 생성	create table test(
	  id number(4),
	  name varchar2(10),
	  addr varchar2(50),
	  phone varchar2(50));

<table>
<tr><td>audit_test
테이블 생성</td><td><pre>create table audit_test(
  name   varchar2(10),
  n_addr   varchar2(50),
  n_phone varchar2(50),
  o_addr   varchar2(50),
  o_phone varchar2(50));</pre></td></tr>
<tr><td>audit_test_trigger
문 생성</td><td><pre>create or replace TRIGGER audit_test_trigger
  AFTER insert or update or delete ON test FOR EACH
ROW

begin
  if inserting then
   insert into audit_test(name, n_addr, n_phone)
    values(:new.name, :new.addr, :new.phone);

  elsif updating then
   insert into audit_test(name, n_addr, n_phone, o_addr,
o_phone)
    values('UPDATE', :new.addr, :new.phone, :old.addr,
:old.phone);

  elsif deleting then
   insert into audit_test(name, n_addr, n_phone)
    values('DELETE', :old.addr, :old.phone);

  end if;
end;
/</pre></td></tr>
</table>

```
SQL> insert into test values(1111,'kim','kunsan','123-1234-1234');
SQL> select * from test;

        ID NAME       ADDR            PHONE
---------- ---------- --------------- --------------------
      1111 kim        kunsan          123-1234-1234

SQL> select * from audit_test;

NAME      N_ADDR     N_PHONE          O_ADDR     O_PHONE
--------- ---------- ---------------- ---------- --------------
kim       kunsan     123-1234-1234

SQL> update test set addr='Seoul' where id=1111;
SQL> select * from test;

        ID NAME       ADDR            PHONE
---------- ---------- --------------- --------------------
      1111 kim        Seoul           123-1234-1234
```

```
SQL> select * from audit_test;

NAME       N_ADDR      N_PHONE          O_ADDR      O_PHONE
---------- ----------- ---------------- ----------- --------------
Kim        Kunsan      123-1234-1234
UPDATE     Seoul       123-1234-1234    Kunsan      123-1234-1234

SQL> select trigger_name from user_triggers;

TRIGGER_NAME
---------------------------
AUDIT_TEST_TRIGGER

SQL> select name, line, text from user_source;

TYPE    LINE TEXT
------- ---- ----------------------------------------------------
TRIGGER    1 TRIGGER audit_test_trigger
TRIGGER    2  AFTER insert or update or delete ON test FOR EACH ROW
TRIGGER    3 BEGIN
TRIGGER    4   IF INSERTING THEN
TRIGGER    5    insert into audit_test(name, n_addr, n_phone)
TRIGGER    6     values(:new.name, :new.addr, :new.phone);
TRIGGER    7   ELSIF UPDATING THEN
TRIGGER    8    insert into audit_test(name, n_addr, n_phone, o_addr, o_phone)
TRIGGER    9   values('UPDATE', :new.addr, :new.phone, :old.addr, :old.phone);
TRIGGER   10   ELSIF DELETING THEN
TRIGGER   11    insert into audit_test(name, n_addr, n_phone)
TRIGGER   12     values('DELETE', :old.addr, :old.phone);
TRIGGER   13   END IF;
TRIGGER   14 END;

SQL>
```

혼자하기

프로시져(procedure)의 종류에 대해 구체적으로 설명하시오.

시스템 관리자의 선행 작업

감사가 실행하기 위해서 관리자는 init.ora라는 환경설정 파일에서 감사 관련 부분을 수정해 주어야 한다.

audit_trail에는 다음과 같은 값이 올 수 있으며, 디폴트값으로 정해진 것은 없다.

audit_trail = NONE 혹은 FALSE	감사 기능을 사용하지 않음
audit_trail = DB 혹은 TRUE	감사 기능을 사용하고 audit trail을 데이터베이스 내부의 테이블인 sys.aud$에 기록함
audit_trail = OS	감사 기능을 사용하고 audit trail을 운영체제의 file에 기록함, 이때 경로명은 audit_file_dest에 의해 지정함

예제

☜환경 설정

오라클 관리자는 파라미터 파일을 수정하여 감사 관련부분을 설정한다.

변경 전	# audit_trail = true # if you want auditing
변경 후	audit_trail = true ☜ #을 제거함

```
# vi /export/home/oracle/app/oracle/product/110.1/dbs/init.ora
```

audit 권한을 부여하고 환경을 설정함

예제

```
SQL> conn sys as sysdba
SQL> grant audit any to nugu;                              ☜ 감사 권한 부여
SQL> start $ORACLE_HOME/rdbms/admin/cataudit.sq            ☜ sys.aud$ 테이블 생성
SQL> start $ORACLE_HOME/rdbms/admin/catnoaud.sql           ☜ sys.aud$ 테이블 삭제
```

복/습/문/제

이해도를 측정하기 위하여 각 문제를 5단계로 평가한다(1점~5점).

1. audit의 종류와 그 기능을 설명하시오.

2. bb 테이블을 수정하려고 할 때 수정 전에 트리거하는 트리거를 생성하시오.

3. bb 테이블을 수정하려고 할 때 수정 후에 트리거하는 트리거를 생성하시오.

4. 동작중인 트리거를 비활성화 하시오.

5. 동작중인 트리거를 삭제하시오.

6. execute 문에 대하여 설명하시오.

7. audit 문을 작성하여 실행하시오.

8. %TYPE, %ROWTYPET 변수 지정에 대하여 설명하시오.

9. RECORD형, TABLE형 변수에 대하여 설명하시오.

10. user_source 뷰에 대하여 설명하시오.

C.H.A.P.T.E.R

13

웹 연동 작업

공부할 내용

- 웹 연동 설정
- oci 함수
- apache+php+oracle 연동 실행

이 장에서는 서버에 아파치와 오라클을 설치하고, 웹 연동을 위해 php를 사용하는 과정을 설명한다.

php의 oci 함수에 대하여 익히고, 이를 사용하여 데이터베이스에 웹 연동을 실행하는 과정을 체계적으로 익힌다.

자신만의 소박한 쇼핑몰을 구성할 수 있어야 한다.

13.1 웹 연동 설정

웹 연동을 위해서는 apache, php, oracle을 순서대로 설치해야 된다.

1) 아파치 설치

아파치 프로그램 httpd를 다운 받는 사이트는 아래와 같다.

http://www.apache.org

ⅰ) 인스톨 과정

```
# gzip -dc httpd* ¦ gtar xf -
# cd httpd*
# ./configure \
     --prefix=/export/home/apache2 \          ☜ Apache2가 설치될 곳
     --enable-so \
     --enable-mods-shared=all
# make
# make install
```

ⅱ) 아파치 환경 설정

```
# vi /export/home/apache2/conf/httpd.conf
```

Listen 12.34.56.78:80	☜ # 제거 후, 수정
#Listen 80	☜ # 삽입하여 비실행문으로 수정
ServerAdmin root@arirang.kunsan.ac.kr	☜ 수정
Servername arirang.kunsan.ac.kr:80	☜ # 제거 후 수정
AddType application/x-httpd-php .php .phtml .php3 .html .htm	☜ 추가
AddType application/x-httpd-php-source .phps	☜ 추가
AddDefaultCharset EUC-KR	☜ 추가
Include conf/extra/httpd-userdir.conf	☜ # 제거

```
# vi /export/home/apache2/conf/extra/httpd-userdir.conf
```

변경전	UserDir public_html # # Control access to UserDir directories. The following is an example # for a site where these directories are restricted to read-only. # <Directory "/home/*/public_html">
변경후	UserDir public_html UserDir disabled root ☜ 추가 # # Control access to UserDir directories. The following is an example # for a site where these directories are restricted to read-only. # <Directory "/export/home/*/public_html"> ☜ 수정

\# **vi /export/home/apache2/conf/httpd.conf**

변경전	# User home directories # Include conf/extra/httpd-userdir.conf
변경후	# User home directories Include conf/extra/httpd-userdir.conf ☜ #제거

iii) 시스템 부팅 때 httpd가 실행되는 스크립트 작성

\# **vi /etc/rc2.d/S99httpd2**
/export/home/apache2/bin/apachectl start
\# **chmod 744 /etc/rc2.d/S99httpd2**
\# **/etc/rc2.d/S99httpd2 start**
\# **pgrep httpd** ☜ httpd 데몬을 확인

2) 오라클 설치

오라클을 아래 사이트에서 내려 받아 설치한다.

http://www.oracle.com/technology/software/index.html

i) 오라클에 필요한 시스템 커널 변수 변경

\# **vi /etc/system** ☜ x86 버전인 경우

```
set semsys:seminfo_semmni=100
set semsys:seminfo_semmns=1024
set semsys:seminfo_semmsl=256
set semsys:seminfo_semvmx=32767
set shmsys:shminfo_shmmax=4294967295
set shmsys:shminfo_shmmni=100
```

\# **reboot**

ii) 오라클의 group과 user 추가

오라클 10g를 설치하기 위해서 필요한 그룹과 사용자를 만들어야 한다.

그룹	oinstall	Oracle Inventory group
	dba	OSDBA group
사용자	oracle	Oracle software owner

```
# groupadd oinstall
# groupadd dba
# useradd -g oinstall -G dba -s /bin/sh -d /export/home/oracle/app/oracle/product/10.2 oracle
# mkdir -p /export/home/oracle/app/oracle/product/10.2
# cp /etc/skel/local.profile /export/home/oracle/app/oracle/product/10.2/.profile
# chown -R oracle:oinstall  /export/home/oracle
# passwd oracle
# vi /etc/group
oinstall::102:oracle
dba::103:oracle
#
```

여기서 oinstall이 primary group이고 dba가 secondary group이 되어야 한다.

iii) oracle 사용자의 환경 설정

```
$ vi .profile
```

```
PATH=/bin:/usr/bin:/usr/local/bin:/usr/ucb:/etc:.:/usr/ccs/bin
  export PATH
DISPLAY=arirang:0.0
  export DISPLAY
ORACLE_OWNER=oracle
  export ORACLE_OWNER
LD_LIBRARY_PATH=/usr/lib:/usr/local/lib
  export LD_LIBRARY_PATH
ORACLE_BASE=/export/home/oracle
```

```
  export ORACLE_BASE
ORACLE_HOME=$ORACLE_BASE/app/oracle/product/10.2
  export ORACLE_HOME
ORACLE_SID=orcl
  export ORACLE_SID
LD_LIBRARY_PATH="${LD_LIBRARY_PATH}:$ORACLE_HOME/lib"
  export LD_LIBRARY_PATH
ORACLE_TERM=vt100
  export ORACLE_TERM
PATH=$PATH:$ORACLE_HOME/bin
  export PATH
NLS_LANG=AMERICAN_AMERICA.KO16MSWIN949
# NLS_LANG=AMERICAN_AMERICA.KO16KSC5601
# NLS_LANG=AMERICAN_AMERICA.UTF8          ☜ UNICODE로 설정하는 경우
  export NLS_LANG
```

ⅳ) 오라클 설치

```
$ cd /export/home/work
$ gzip -d solarisx86_DB_10_2_*_Disk1.cpio.gz
$ cpio -idcmv < solarisx86_DB_10_2_*_Disk1.cpio
$ cd Disk1
$ ./runInstaller
```

설치 과정 중간에 root.sh 스크립트를 root가 실행한다.

3) PHP 설치

php를 인터넷에서 내려 받는다.

http://www.php.net

ⅰ) 인스톨 과정

```
# bzip2 -dc php-5.3.* ¦ gtar xf -
# cd php-5.3.*
# ./configure \
    --with-apxs2=/export/home/apache2/bin/apxs \          ☜ 아파치2.x 버전인 경우
    --with-oci8=/export/home/oracle/app/oracle/product/10.2   ☜ Orcale이 설치된 곳
# gmake
# gmake test
# gmake install
# cp php.ini-production /usr/local/lib/php.ini              ☜ 5.3.x버전인 경우
```

ii) php 환경 설정

vi /usr/local/lib/php.ini

변경 전	register_globals=Off
변경 후	register_globals=On ☜ 수정

reboot

4) 홈페이지 만듦

vi /export/home/apache2/htdocs/index.html

```
<html><body>
<?php phpinfo(); ?>
</body></html>
```

#

13.2 oci 함수

oci 함수는 php에서 제공하는 아파치(apache)와 오라클을 인터페이스하는 함수로 php에서 oci8이라는 이름으로 제공하고 있으므로 php의 매뉴얼을 참조하여 새로운 기능이 추가되는지 확인할 필요가 있으며, 저자가 정리한 oci 함수는 다음과 같다. oci 함수의 alias는 부록에 수록되어 있으므로 부록을 참조한다.

함수 명	설명
oci_bind_array_by_name	Binds PHP array to Oracle PL/SQL array by name
oci_bind_by_name	Binds the PHP variable to the Oracle placeholder
oci_cancel	Cancels reading from cursor
oci_close	Closes Oracle connection
OCI-Collection->append	Appends element to the collection
OCI-Collection->assign	Assigns a value to the collection from another existing collection
OCI-Collection->assignElem	Assigns a value to the element of the collection
OCI-Collection->free	Frees the resources associated with the collection object
OCI-Collection->getElem	Returns value of the element
OCI-Collection->max	Returns the maximum number of elements in the collection

OCI-Collection->size	Returns size of the collection
OCI-Collection->trim	Trims elements from the end of the collection
oci_commit	Commits outstanding statements
oci_connect	Establishes a connection to the Oracle server
oci_define_by_name	Uses a PHP variable for the define-step during a SELECT
oci_error	Returns the last error found
oci_execute	Executes a statement
oci_fetch_all	Fetches all rows of result data into an array
oci_fetch_array	Returns the next row from the result data as an associative or numeric array, or both
oci_fetch_assoc	Returns the next row from the result data as an associative array
oci_fetch_object	Returns the next row from the result data as an object
oci_fetch_row	Returns the next row from the result data as a numeric array
oci_fetch	Fetches the next row into result-buffer
oci_field_is_null	Checks if the field is NULL
oci_field_name	Returns the name of a field from the statement
oci_field_precision	Tell the precision of a field
oci_field_scale	Tell the scale of the field
oci_field_size	Returns field's size
oci_field_type_raw	Tell the raw Oracle data type of the field
oci_field_type	Returns field's data type
oci_free_statement	Frees all resources associated with statement or cursor
oci_internal_debug	Enables or disables internal debug output
OCI-Lob->append	Appends data from the large object to another large object
OCI-Lob->close	Closes LOB descriptor
oci_lob_copy	Copies large object
OCI-Lob->eof	Tests for end-of-file on a large object's descriptor
OCI-Lob->erase	Erases a specified portion of the internal LOB data
OCI-Lob->export	Exports LOB's contents to a file
OCI-Lob->flush	Flushes/writes buffer of the LOB to the server
OCI-Lob->free	Frees resources associated with the LOB descriptor
OCI-Lob->getBuffering	Returns current state of buffering for the large object
OCI-Lob->import	Imports file data to the LOB
oci_lob_is_equal	Compares two LOB/FILE locators for equality
OCI-Lob->load	Returns large object's contents
OCI-Lob->read	Reads part of the large object
OCI-Lob->rewind	Moves the internal pointer to the beginning of the large object
OCI-Lob->save	Saves data to the large object
OCI-Lob->saveFile	oci_lob_import의 별칭

OCI-Lob->seek	Sets the internal pointer of the large object
OCI-Lob->setBuffering	Changes current state of buffering for the large object
OCI-Lob->size	Returns size of large object
OCI-Lob->tell	Returns current position of internal pointer of large object
OCI-Lob->truncate	Truncates large object
OCI-Lob->write	Writes data to the large object
OCI-Lob->writeTemporary	Writes temporary large object
OCI-Lob->writeToFile	oci_lob_export의 별칭
oci_new_collection	Allocates new collection object
oci_new_connect	Establishes a new connection to the Oracle server
oci_new_cursor	Allocates and returns a new cursor(statement handle)
oci_new_descriptor	Initializes a new empty LOB or FILE descriptor
oci_num_fields	Returns the number of result columns in a statement
oci_num_rows	Returns number of rows affected during statement execution
oci_parse	Prepares Oracle statement for execution
oci_password_change	Changes password of Oracle's user
oci_pconnect	Connect to an Oracle database using a persistent connection
oci_result	Returns field's value from the fetched row
oci_rollback	Rolls back outstanding transaction
oci_server_version	Returns server version
oci_set_prefetch	Sets number of rows to be prefetched
oci_statement_type	Returns the type of an OCI statement
ocifetchinto	Fetches the next row into an array(deprecated)

예제

솔라리스 CDE 한글 모드에서 계정 oracle로 실행한다.
다음 홈 페이지를 작성하여 웹브라우저로 실행하여 그 결과를 확인하여 보자.

```
<html>
<body>
<?php
putenv("ORACLE_SID=orcl");
putenv("ORACLE_HOME=/export/home/oracle/app/oracle/product/110.1");
$conn=OCILogon("nugu","password");
print "Server Version: ".OCIServerVersion($conn);
OCILogoff($conn);
?>
</body>
```

혼자하기

.OCIServerVersion($conn)과 OCIServerVersion($conn)의 차이를 확인하시오.

13.3 oracle+php+oracle 연동 실행

다음 예제는 웹 연동을 이용하여 create/drop table 문, 데이터 insert/update/delete과 데이터 찾기의 예제를 들어 보며, 이를 실습으로 각자 확인하기 바란다.

다음 예제를 스스로 해결하고 또한 이를 upgrade시키면 자신의 소박한 쇼핑몰이 될 수 있다.

예제

1) 웹에서 데이터 넣기(파일이름: insert.html)

```
<html><body>
<?php
if($submit) {
putenv("ORACLE_SID=orcl");
putenv("ORACLE_HOME=/export/home/oracle/app/oracle/product/110.1");
putenv("NLS_LANG=AMERICAN_AMERICA.KO16KSC5601");

$conn=oci_connect("nugu","password");
$sql="insert into aa(name,logging) values('$name',sysdate)";
$stmt=oci_parse($conn,$sql);
oci_execute($stmt);

echo "입력 되었습니다... 즐거운 시간이 함께 하시길...₩n";
oci_close($conn);
} else {
 // display form
?>

<form method="post" action="">
이름:<input type="text" size=20 name="name"><br />
<input type="submit" name="submit" value="정보 보내기"><br />
</form>
```

```
<?php
} // end if
?>
</body></html>
```

2) 웹 연동으로 select하기(파일이름: select.html)

```
<html> <body>
<?php
putenv("ORACLE_SID=orcl");
putenv("ORACLE_HOME=/export/home/oracle/app/oracle/product/110.1");
putenv("NLS_LANG=AMERICAN_AMERICA.KO16KSC5601");

$conn = oci_connect("nugu","password");
$stmt = oci_parse($conn,"select * from aa");
oci_execute($stmt);

$nrows = oci_fetch_all($stmt,$results);
if ( $nrows > 0 ) {
print "<TABLE BORDER=₩"1₩">₩n";
print "<TR>₩n";
while ( list( $key, $val ) = each( $results ) ) {
print "<TH>$key</TH>₩n";
}
print "</TR>₩n";

for ( $i = 0; $i < $nrows; $i++ ) {
reset($results);
print "<TR>₩n";
while ( $column = each($results) ) {
$data = $column['value'];
print "<TD>$data[$i]</TD>₩n";
}
print "</TR>₩n";
}
print "</TABLE>₩n";
} else {
echo "No data found<BR>₩n";
}
print "$nrows Records Selected<BR>₩n";

oci_free_statement($stmt);
oci_close($conn);
?>

<hr color="#0000ff" size=3>
```

```
<table border=1>
  <td><a href="insert.html">자료 넣기</a>
  <td><a href="update.html">자료 수정</a>
  <td><a href="delete.html">자료 삭제</a>
  <td><a href="select.html">자료 보기</a>
  <td><a href="find.html">자료 찾기</a><tr>
</table>
</body> </html>
```

3) 웹에서 데이터 수정(파일이름: update.html)

```
<html><body>
<?php
if($submit) {
putenv("ORACLE_SID=orcl");
putenv("ORACLE_HOME=/export/home/oracle/app/oracle/product/110.1");
putenv("NLS_LANG=AMERICAN_AMERICA.KO16KSC5601");

$conn = oci_connect("nugu","password");
$sql="update aa set logging=sysdate where name='$name' ";
$stmt=oci_parse($conn,$sql);
oci_execute($stmt);

echo "수정되었습니다.... 즐거운 시간이 되시길....₩n";
oci_close($conn);
} else {
// display form
?>

<form method="post" action="">
이름:<input type="text" size=10 name="name"><br>
<input type="Submit" name="submit" value="정보 수정하기">
</form>

<?php
} // end if
?>

</body></html>
```

4) 웹에서 데이터 삭제(파일이름: delete.html)

```
<html><body>
<?php
if($submit) {
putenv("ORACLE_SID=orcl");
```

```
putenv("ORACLE_HOME=/export/home/oracle/app/oracle/product/110.1");
putenv("NLS_LANG=AMERICAN_AMERICA.KO16KSC5601");

$conn = oci_connect("nugu","password");
$sql="delete from aa where name='$name' ";
$stmt=oci_parse($conn,$sql);
oci_execute($stmt);
echo "해당 자료가 삭제되었습니다..... 즐거운 시간이 되시길.....₩n";
oci_close($conn);
} else {
// display form
?>

<form method="post" action="">
이름:<input type="text" size=10 name="name"><br>
<input type="Submit" name="submit" value="정보 삭제하기">
</form>

<?php
} // end if
?>
</body></html>
```

5) 웹에서 자료 찾기(파일이름: find.html)

```
<html> <body>

<form method="post" action="">
이름:<input type="text" size=10 name="name"><br>
<input type="Submit" name="submit" value="찾을 정보">
</form>

<?php
putenv("ORACLE_SID=orcl");
putenv("ORACLE_HOME=/export/home/oracle/app/oracle/product/110.1");
putenv("NLS_LANG=AMERICAN_AMERICA.KO16KSC5601");

$conn = oci_connect("nugu","password");

$sql="select * from aa where name= ('$name')";
$stmt=oci_parse($conn,$sql);
oci_execute($stmt);

$nrows = OCIFetchStatement($stmt,$results);
if ( $nrows > 0 ) {
print "<TABLE BORDER=₩"1₩">₩n";
print "<TR>₩n";
while ( list( $key, $val ) = each( $results ) ) {
```

```
print "<TH>$key</TH>₩n";
}
print "</TR>₩n";

for ( $i = 0; $i < $nrows; $i++ ) {
reset($results);
print "<TR>₩n";
while ( $column = each($results) ) {
$data = $column['value'];
print "<TD>$data[$i]</TD>₩n";
}
print "</TR>₩n";
}
print "</TABLE>₩n";
} else {
echo "No data found<BR>₩n";
}
print "$nrows Records Selected<BR>₩n";

oci_free_statement($stmt);
oci_close($conn);
?>
</body></html>
```

시스템 관리자의 선행 작업

13.1절은 시스템 관리자가 선행하여 설정을 완료하여야 한다.

서버가 재부팅된 후, 오라클을 다음과 같이 구동시킨다.

```
# su - oracle
$ sqlplus /nolog
SQL> connect sys/password as sysdba
SQL> startup
```

복/습/문/제

이해도를 측정하기 위하여 각 문제를 5단계로 평가한다(1점~5점).

1. 서버에 아파치를 설치하는 과정을 실행하시오.
2. 서버에 오라클을 설치하는 과정을 실행하시오.
3. 서버에 php를 설치하는 과정을 실행하시오.
4. 서버가 웹 연동이 되는지 확인하시오.
5. telnet으로 서버에 접속하여 오라클에 접속하시오.
6. ftp로 서버에 접속하여 그 사용법을 실행하시오.
7. 웹 연동으로 insert 과정을 실행하시오.
8. 웹 연동으로 select 과정을 실행하시오.
9. 웹 연동으로 update 과정을 실행하시오.
10. 웹 연동으로 delete 과정을 실행하시오.
11. 웹 연동으로 패턴 검색 과정을 실행하시오.

부 록

부록 1_솔라리스 설치방법

솔라리스 10버전에서는 약간의 변화가 있다. 설치 과정은 다음과 같다.

1) DVD 드라이버에 Solaris Disk을 넣고 부팅한다.

2) Select type of installation : 1 Solaris Interface를 선택

3) 자동으로 인식된 하드웨어를 화면에 나타낸다.
이때, F2키를 누르면 kdmconfig 화면이 뜨며, 여기서 인식된 하드웨어를 변경할 수 있다.

4) 사용언어 5 한글을 선택한다.

5) 시스템 식별정보 사항이 나열됨

네트워크
커버로스 보안
이름서비스
날짜 및 시간
루트 암호
전원관리

네트워크 네크워크에 연결되어 있음을 선택

여러 네트워크 인터페이스를 구성할 인터페이스를 선택

elxl0

구분	세부항목	설정값
네트워크	elxl0에 대한 DHCP 사용여부	아니오를 선택
	elxl0에 대한 호스트 이름	arirang를 입력
	elxl0에 대한 IP 주소	203.234.57.***를 입력
	elxl0에 대한 넷마스크	255.255.255.0를 그대로 사용함
	elxl0용 IPv6 사용가능	아니오를 선택
	elxl0에 대한 기본 경로 설정	주소를 지정함을 선택
	elxl0에 대한 IP 주소 경로 지정	203.234.57.14를 입력함
커버로스 활성화		아니오
이름서비스		없음
시간대 지정기준		지리적 대륙/국가/지역

대륙 및 국가	아시아를 더블클릭 후 대한민국을 선택
날짜 및 시간	필요시 년월일시간분을 수정
루트 암호	**********
정보확인	

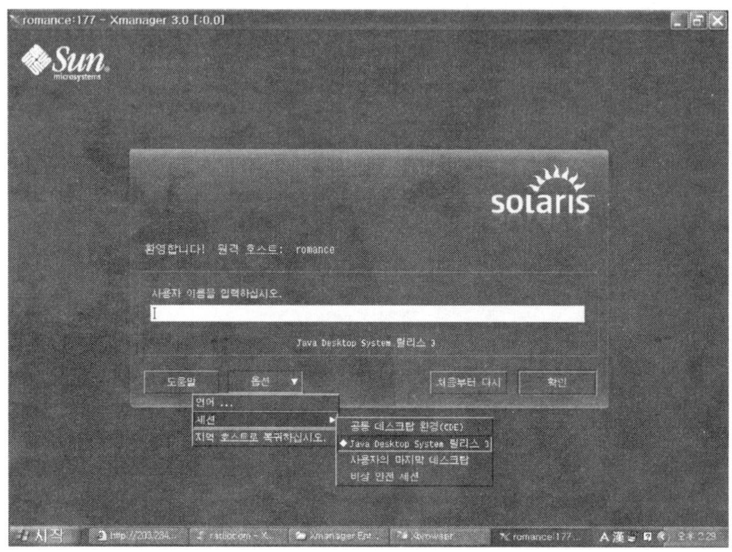

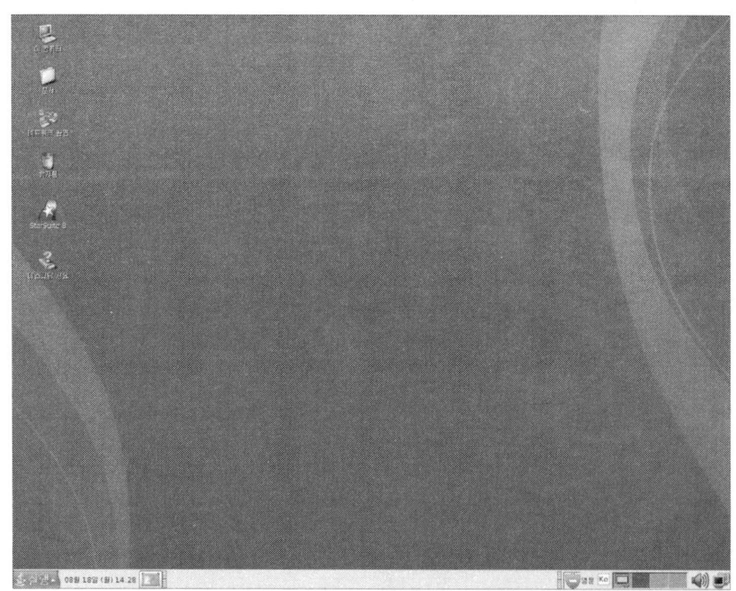

부록 2_오라클 설치방법

솔라리스 운영체제가 정상적으로 설치되었더라도, 오라클 설치 과정에서 SUNWi1cs 패키지나 SUNWi15cs 패키지와 같은 필요한 패키지가 없어서 경고나 실패의 메시지를 받게 되는 경우가 발생하면 솔라리스 운영체제가 들어 있는 DVD에서 필요한 패키지를 추가로 설치한 다음에 다시 오라클을 설치하면 된다.

예제

솔라리스 CDE 한글 모드에서 계정 oracle로 실행한다.

Disk1의 runInstaller를 클릭한다.

설치방식 선택

Oracle Universal Installer: 인벤토리 디렉토리 및 인증서 지정

ORACLE DATABASE 11g

인벤토리 디렉토리 및 인증서 지정

이 호스트에 처음 설치를 시작하고 있습니다. 이 설치의 일부로 설치 프로그램 파일에 대한 디렉토리를 지정해야 합니다. 이 디렉토리를 "인벤토리 디렉토리"라고 합니다. 인벤토리 디렉토리 내에서 설치 프로그램은 각 제품에 인벤토리 데이터가 포함되도록 하위 디렉토리를 자동으로 설정하며 일반적으로 제품당 150KB를 사용합니다.

인벤토리 디렉토리에 대한 전체 경로 입력(D):

/export/home/oracle/app/oracle/product/11.1/oraInventory

찾아보기(W)...

위의 인벤토리 디렉토리에 대한 쓰기 권한이 있는 운영 체제 그룹을 지정할 수 있습니다. 위의 작업을 수퍼 유저로서 수행하려는 경우 필드를 비워 두어도 됩니다.

운영 체제 그룹 이름 지정(S):

oinstall

도움말(H) 설치된 제품(P)... 뒤로(B) 다음(N) 설치(I) 취소

인벤토리 디렉터리 및 인증서 지정

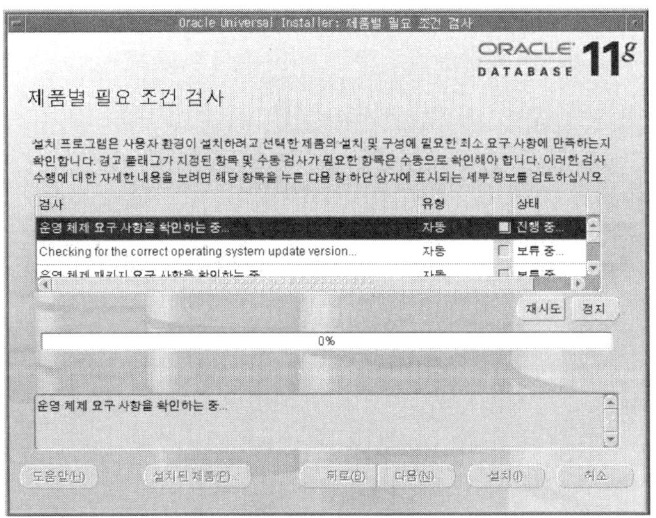

제품별 필요조건 조사

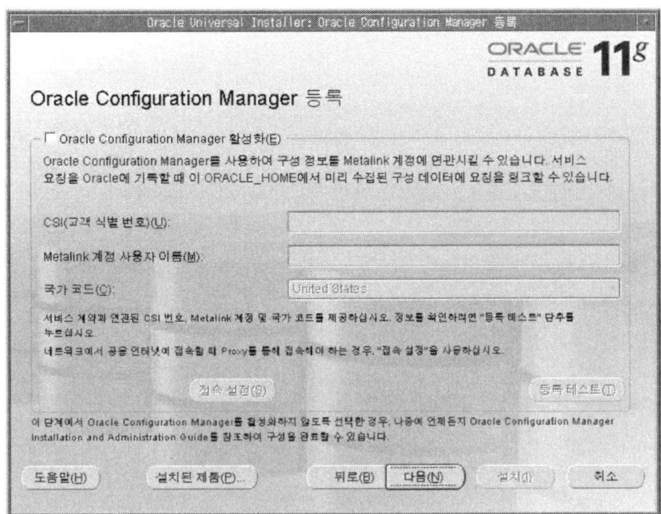

Oracle Configuration Manager 등록

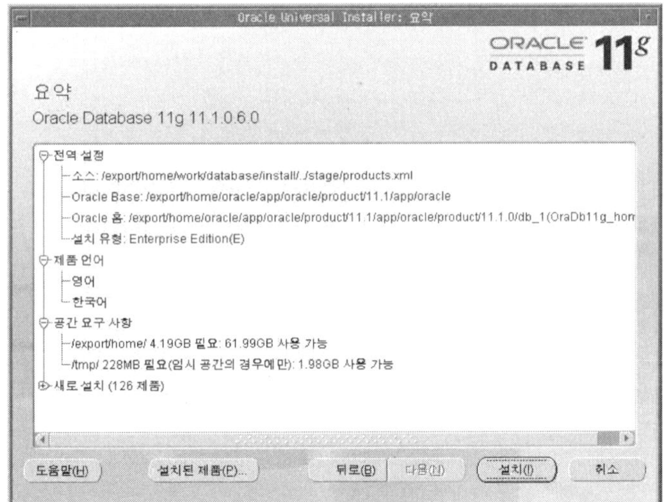

요약

Oracle Universal Installer: 설치

ORACLE DATABASE 11g

설치

Oracle Database 11g 11.1.0.6.0 설치 중

'Oracle Enterprise Manager Console DB 11.1.0.6.0'에 대한 파일 복사 중

링크 보류 중...

설정 보류 중...

구성 보류 중...

'/export/home/oracle/app/oracle/product/11.1/app/oracle/product/11.1.0

75%

설치 정지(S)...

Higher Availability

- Rolling upgrades with Physical Standby
- Real-time reporting with Physical Standby
- Hot patching

다음 위치에서 이 설치 세션의 로그를 찾을 수 있습니다.
/export/home/oracle/app/oracle/product/11.1/oraInventory/logs/installActions2007-11-28_01-48-17PM.log

도움말(H) 설치된 제품(P)... 뒤로(B) 다음(N) 설치(I) 취소

설치

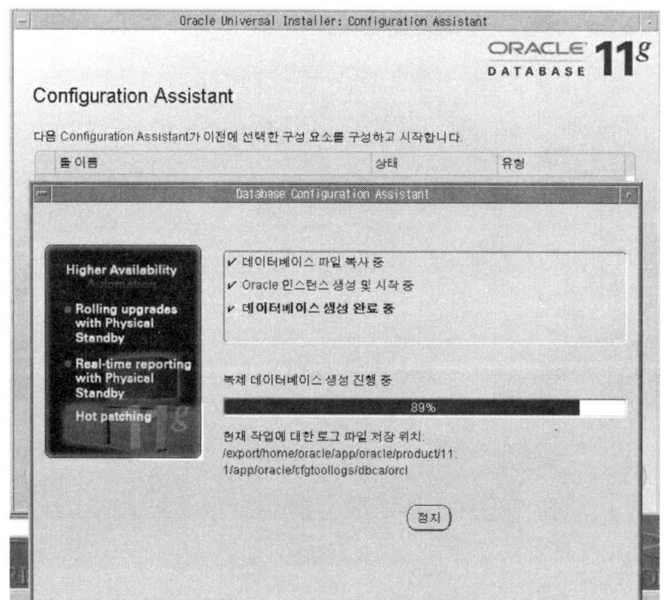

configuration Assistant

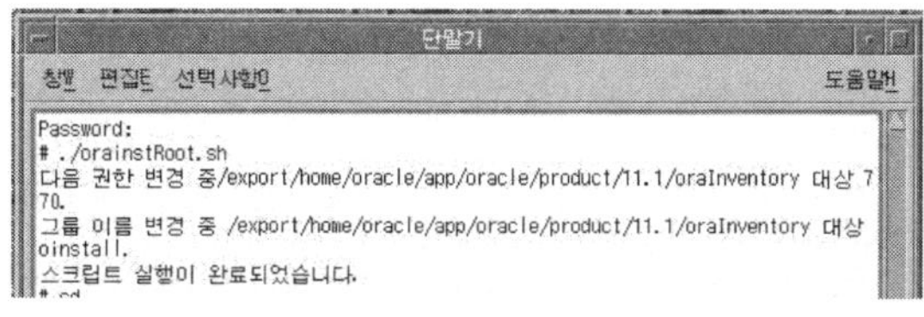

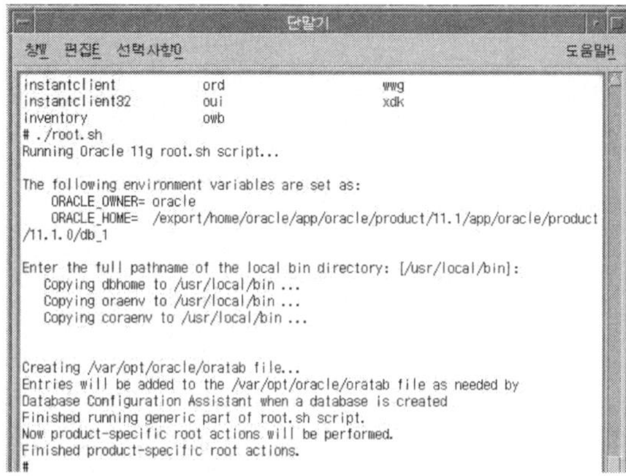

orainstRoot.sh실행 ⇨ root.sh 실행

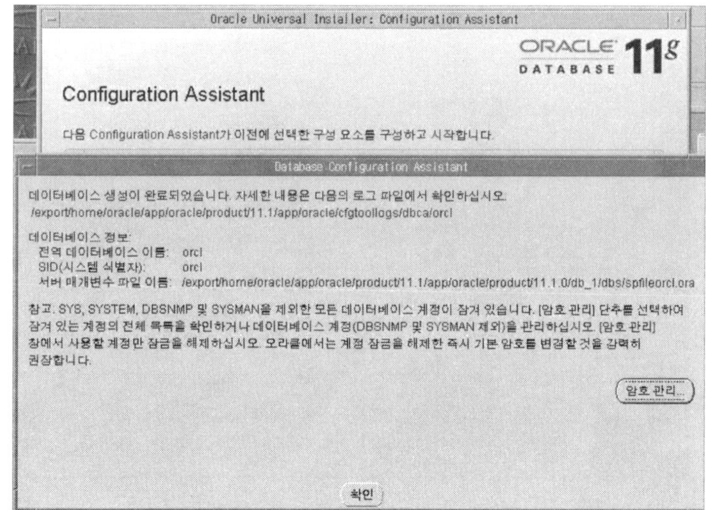

암호관리

Oracle Universal Installer: Configuration Assistant

ORACLE DATABASE 11g

Configuration Assistant

다음 Configuration Assistant가 이전에 선택한 구성 요소를 구성하고 시작합니다.

Database Configuration Assistant

암호 관리

데이터베이스 사용자 계정 잠금/잠금 해제 및/또는 기본 암호 변경:

사용자 이름	계정을 잠그겠...	새 암호	암호 확인
SYS		*******	*******
SYSTEM		*******	*******
OUTLN	✔		
OWBSYS	✔		
EXFSYS	✔		
FLOWS_030000	✔		
FLOWS_FILES	✔		
WK_TEST	✔		
WMSYS	✔		
ORDSYS	✔		
WKSYS	✔		

확인 취소 도움말

설치종료

부록 3_유닉스 명령 요약

alias	csh, ksh의 내부 명령어로 별명 붙이기
apropos	명령어 도움말로 이는 man -k와 같음
at	명령어의 실행시기를 지정
atob	아스키를 바이너리로 변환
atq	at 명령어의 실행 대기행렬 출력
auths	사용자에 부여된 권한, 프로파일, 롤에 대한 정보를 출력
bash	sh과 csh의 혼합한 형태의 쉘로 기능을 더 개선한 쉘
batch	명령어의 실행시기를 지정
diff	두 파일을 한 줄씩 훑어서 차이점을 찾음
bg	백그라운드로 수행 작업을 표시함
biff	작업중에 외부 메시지의 도착을 알림
btoa	binary to ASCII로 2진 파일을 문서 파일로 바꿈
bunzip2	bz2로 압축된 파일에서 압축 풀기
bzip2	파일을 압축/해제
cal	칼렌더를 출력
cat	• 간단한 텍스트문장을 작성(cat) • 작성된 파일의 내용을 화면에 출력
cd	change directory, 경로를 지정
chdir	디렉터리 변경
chgrp	파일을 소유한 그룹을 변경
chmod	파일에 대한 허가 사항 변경
chown	파일 소유자나 그룹을 변경
cmp	두 개의 파일을 비교
comm	정렬된 두 아스키 파일의 차이를 출력
compress	파일들을 압축/해제(uncompress)
cp	파일을 복사
cpio	디렉터리를 포함한 여러 파일을 묶거나 풀음
cron	명령어의 실행시기를 지정(주기적인 반복 실행)
crypt	파일을 암호화 하여 변환, 암호로 변환된 파일을 다시 해독
csh	C 언어로 작성한 기본 쉘
date	• 오늘 현재 날짜와 현재 시각을 출력함, • 시스템의 날짜와 시각을 새로 설정함(root만)
df	디스크 전체 용량 표시
dircmp	두 디렉터리내의 파 일 목록의 일치여부

du	사용한 디스크 용량 표시
echo	표준출력으로 응답
eject	장착된 CD-ROM, DVD-ROM을 배출
env	설정된 환경 변수를 출력
exit	전단계의 쉘에서 벗어남, 만약 마지막 단계 쉘이라면 logout됨
fg	백그라운드로 작업중인 프로세스를 foreground로 함
file	파일의 종류를 판별
find	지정한 파일을 찾아 지정한 명령을 수행
finger	시스템에 logon되어 있는 사용자에 대한 정보
from	도착한 편지의 목록을 확인
ftp	지역 시스템과 원격 시스템간의 파일 전송
grep	지정한 파일에서 지정한 문자를 찾음
groupadd	새로운 그룹의 추가
groupmod	기존 그룹의 내용 변경
groupdel	그룹 삭제
groups	사용자가 소속된 그룹 목록을 보임
gzip	파일들을 압축/해제(gunzip)
halt	시스템 정지
head	텍스트 파일의 시작부분을 출력
history	로그인해서 사용한 명령을 나열
host	domain 주소와 ip 주소에 대한 정보를 출력
hostid	호스트 id를 수치로 반환
hostname	호스트 이름 설정(부팅 기간 동안만) 및 출력하는 명령임
id	사용자의 id 번호와 사용자가 속한 그룹 id 번호를 표시
ifconfig	network interface parameters의 구성에 대한 정보를 보임
init	run level를 변경할 때 사용(init 5=halt, init 6= reboot)
jobs	백그라운드로 작업중인 프로세스
join	파일을 결합
kill	지정한 프로세스를 죽임
ksh	Ksh은 유닉스의 기본 쉘로 이는 sh이나, bash과 거의 일치
last	사용자의 접속 내력
less	more 명령어의 반대 개념
ln	하드 링크, 심볼릭 링크
login	로그인 시작
logins	시스템에 로그인한 정보를 보임
logname	login 사용자 id를 반환
logout	로그아웃
ls	디렉터리 내용을 list함(subdirectory 포함)

mail	전자우편의 수신과 발송
make	컴파일하여 실행파일을 생성(gmake도 같음)
man	명령어 도움말
mesg	작업중에 외부 메시지의 도착을 알릴지 여부를 지정
mkdir	새로운 서브디렉터리를 만드는 명령어
more	텍스트 파일을 출력(page, pg, less, tail, head, cat)
mv	• 파일 또는 디렉터리 이동 • 파일 또는 디렉터리 이름 변경
netstat	네트 상태를 보여줌
news	시스템 관리자가 작성한 메시지를 읽음
nohup	부모프로세스가 죽어도 계속 자식 프로세스가 돌아감(cf : &)
nslookup	도메인 이름과 IP 주소를 알려줌
od	데이터를 8, 16진 포맷으로 출력
passwd	사용자의 비밀번호를 변경, 사용자 계정 잠금
ping	원격 시스템의 동작여부를 알아봄
pkill	지정한 프로세스를 종료(exit)함
poweroff	시스템을 halt하고 전원을 차단
ps	수행중인 프로세스의 정보를 보임
pwd	현재 위치의 절대 경로를 표시
reboot	재부팅
rm	파일이나 디렉터리(rm -r)를 제거
rmdir	디렉터리 제거
script	화면 갈무리 기능
set	사용자의 환경 설정및 설정된 환경 출력
setenv	설정된 환경을 출력
su	사용자 전환
sync	파일 시스템의 버퍼내용을 디스크에 저장함(동기화시킴)
talk	인터넷상의 사용자와 대화(2인 대화)
telnet	원격 시스템과 연결하여 사용
touch	• 지정한 파일이나 디렉터리의 생성시각을 현재시각으로 변경 • 파일이 없을 때는 빈 파일을 만듦
traceroute	원격 시스템까지의 경로를 추적함
tty	터미널의 연결된 포트를 보임
umask	디폴트로 파일에 대한 허가 사항 변경
useradd	사용자 추가
userdel	사용자 삭제
users	시스템에 등록되어 있는 사용자에 대한 정보
uuencode	아스키를 바이너리 파일로 변환(uudecode)

vi	기본 문서 편집기(view, vedit, vim)
vipw	사용자 추가(vi 편집기 사용)
w	시스템에 등록되어 있는 사용자에 대한 정보
wall	현재 시스템을 사용하고 있는 모든 사용자에게 메시지를 전달
what	지정한 파일의 버전 정보를 출력
whereis	해당 명령어가 있는 곳을 찾음
which	사용자 경로 내에서 지정한 명령어를 찾음
who	시스템에 등록되어 있는 사용자에 대한 정보를 보임
whoami	사용자 신분(id)을 반환(who am I)
write	같은 시스템을 사용하고 있는 다른 사용자에게 메시지를 전달
zip	파일들을 압축/해제(unzip)

부록 4_vi 문서편집기 요약

vi 편집기는 다음과 같은 3가지 모드가 있다.

- Command mode
- Input mode
- Last Line mode

Command 모드에서 처음 초기의 디폴트 모드이다. 이 모드에서는 파일 내에서 이동이 가능하므로 파일의 다른 부분도 볼 수 있다. 화면이동을 전후로 하거나, 커서를 좌우로 이동하거나, 글자나 단어나 라인을 삭제하는 기능을 명령모드에서 가능하다.

Input 모드에서는 텍스트를 추가하거나 삭제하거나 변경하도록 하는 기능이다. 그러므로 파일의 텍스트를 다룰 수 있는 다양한 명령이 존재한다.

Last Line 모드에서는 변경된 사항을 저장하거나 search를 수행하거나 ex/ed 명령을 실행하도록 입력하도록 하는 기능이다.

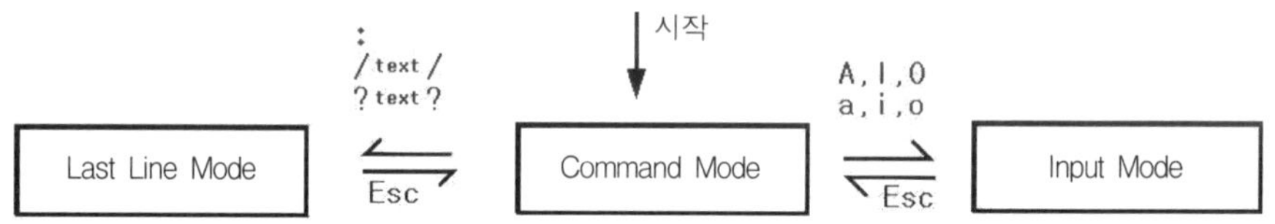

vi 모드 전환하는 방법

<table>
<tr><td>Command Mode에서
Input Mode로 전환</td><td colspan="2">i,I
a,A
o,O</td></tr>
<tr><td>Input Mode, Last Line Mode에서
Command Mode로 전환</td><td colspan="2">Esc 키</td></tr>
<tr><td rowspan="2">Command Mode에서
Last Line Mode로 전환</td><td colspan="2">:키</td></tr>
<tr><td>/텍스트/
?텍스트?</td><td>다음 반복 찾기 n
다음 반복 찾기 N</td></tr>
</table>

vi 시작하는 방법

정상적인 편집기 사용	shell> vi	vi 끝날 때 파일이름 지정, save aa처럼
	shell> vi +33 aa	vi 시작할 때, 33번째 라인에서 파일 aa를 편집함
	shell> vi aa	vi 시작할 때, 첫 라인에서 파일 aa를 편집함
갑작스런 시스템 다운 후 되살리기	shell> vi -r	되살릴 수 있는 모든 파일의 이름을 보여줌
	shell> vi -r bb	vi 편집기를 실행하여 bb 파일을 되살리는 옵션
파일의 암호화	shell> vi -x kk	vi 편집기로 작성한 파일이 저장될 때 암호화 되어 저장됨

정규 표현식에 쓰이는 특수 기호

.	한글자를 대표하는 기호(dos의 ?와 같음)
*	여러 문자를 대표하는 기호
^	줄의 시작과 대응하는 기호
\	특수한 기호들이 가지는 뜻을 없앨 때 사용 그러므로 이어지는 기호를 문자 그대로 해석
\<	단어의 시작과 대응
\>	단어의 끝과 대응
[ ]	일정한 제한을 두어 글자를 대표하고자 하는 기호
[^]	묶여진 문자를 제외한 아무것이나 대응
[a-z]	a에서 z까지 글자를 대표
p[aei]t	pat, pet, pit를 대표
[0-9]	0,1,2,3,4,5,6,7,8,9를 대표

명령 모드에서 사용되는 기호

G	맨 끝 줄로 이동
^	현재 줄의 첫 컬럼으로 이동(빈칸 무시)
0	현재 줄의 첫 컬럼으로 이동
$	현재 줄의 끝 컬럼으로 이동
%	짝을 이루는 기호 확인((), {}, []등)
w	다음 단어로 커서 이동
b	이전 단어로 커서 이동
e	현재 단어의 끝 글자로 커서 이동

커서 이동

j (↓)	커서를 한행 아래로 커서 이동
k (↑)	커서를 한행 위로 커서 이동
h (←)	커서를 한 칸 왼쪽으로 커서 이동
l (→)	커서를 한 칸 오른쪽으로 커서 이동
G	파일의 끝줄로 커서 이동(go)
nG	파일의 n번째 줄로 커서 이동
Ctrl-b	한 페이지씩 위로 커서 이동
Ctrl-f	한 페이지씩 아래로 커서 이동
Ctrl-u	반 페이지씩 위로 커서 이동
Ctrl-d	반 페이지씩 아래로 커서 이동
Ctrl-e	커서는 현재 위치 그대로 화면만 한 줄씩 위로 이동
Ctrl-y	커서는 현재 위치 그대로 화면만 한 줄씩 아래로 이동
e	한 단어 뒤로 커서 이동(반복 누름 가능)
b	한 단어 앞으로 커서 이동(반복 누름 가능)
0 또는 ^	줄의 제일 처음으로 커서 이동(숫자 '영' 임)
$	줄의 제일 끝으로 커서 이동
+ 또는 엔터	다음 줄의 처음으로 커서 이동
-	이전 줄의 처음으로 커서 이동
n|	현재 줄의 n번째 컬럼으로 커서 이동
H	화면의 첫 줄로 커서 이동(home)
M	화면의 중간 줄로 커서 이동(middle)
L	화면의 마지막 줄로 커서 이동(last)
nH	화면상의 위로부터 n번째 줄 아래로 커서 이동
nL	화면상의 아래로부터 n번째 줄 위로 커서 이동
n 엔터	현재라인에서 아래로 n번째 줄 아래로 커서 이동
E	다음 단어의 끝으로 커서 이동
z	커서의 위치와 함께, 화면상의 맨 위로
nz	n번 라인을 화면상의 맨 위로
z.	커서 위치와 함께, 화면상의 중간으로
z-	커서 위치와 함께, 화면상의 맨 아래로
)	다음 문장의 시작으로 커서 이동
(	이전 문장의 시작으로 커서 이동
}	다음 문단의 시작으로 커서 이동
{	이전 문단의 시작으로 커서 이동
]]	다음 섹션의 시작으로 커서 이동
[[	이전 섹션의 시작으로 커서 이동
g	파일의 마지막 줄로 커서 이동

gg	맨 마지막 줄로 커서 이동
3gg	3번째 줄로 커서 이동
3 엔터	현재 라인에서 아래로 3번째 줄 아래로 커서 이동

텍스트 삭제

x	커서가 있는 곳의 한 글자를 삭제
dd	커서가 있는 곳의 줄을 삭제
3dd	커서가 있는 곳의 줄부터 아래로 3줄을 삭제
:5d	5번째 줄 삭제
:5,10 d	5-10번째 줄까지 삭제
dw	현재 커서가 위치한 단어를 삭제
3dw 또는 d3w	현재 커서가 위치한 단어로부터 뒤로 3개의 단어를 삭제
d$ 또는 D	현재 커서의 위치에서 그 줄의 끝까지 삭제
d0 또는 d^	줄의 첫 글자부터 현재 커서의 위치까지 삭제
dG	현재 커서가 위치한 곳부터 문서 끝까지 삭제
d1G	문서 첫 라인부터 현재 커서가 위치한 곳까지 삭제
d/simple	simple이라는 단어가 나올 때까지 지우기
d/^simple	줄의 맨 앞에 simple이라는 단어가 나올 때까지 지우기

텍스트 내용 변경

r	현재 커서 위치의 문자를 다른 문자로 바꿈
2r	현재 커서 위치부터 2문자를 다른 문자로 바꿈
R	바꾸면서 삽입이 아닌 수정 모드로 들어간다.
cw	현재 커서 위치의 단어를 키보드에서 입력하는 다른 단어로 바꿈
3cw 또는 c3w	현재 커서 위치로부터 3개의 단어를 키보드에서 입력하는 다른 단어들로 바꿈
ce	현 커서 위치부터 단어 끝까지를 다른 문자로 대치(커서 위치부터 단어 끝까지 삽입 모드임)
c$	현 커서 위치부터 줄 끝까지 다른 문자로 대치(커서 위치부터 줄 끝까지 삽입모드임)
c0 또는 c^	현 줄의 처음부터 커서 위치까지 다른 문자로 대치(줄 처음부터 커서 위치까지 삽입 모드임)
cc	현재 커서가 위치한 줄을 키보드에서 입력하는 다른 문장으로 바꿈(한 줄 클리어하고 삽입모드로 됨)
3cc	현재 위치로부터 3개의 줄을 키보드에서 입력하는 다른 문장으로 바꿈(3줄 클리어하고 삽입모드로 됨)
C	현재 커서가 위치한 곳에서 줄 끝까지를 키보드에서 입력하는 다른 문장으로 바꿈
s	현재 커서가 위치한 곳의 문자를 지우고 삽입모드로 됨

S	커서가 위치한 곳의 한 줄 clear하고 삽입모드로 됨
u	버퍼 내용 복구(undo), 토글 기능임
3u	3단계까지의 명령을 복구
~	현재 커서 위치의 영문자를 대소문자로 치환(연속 누르면 계속 치환됨) (insert, home, page up, delete, end, page down 기능 키도 동일 동작함)

문자와 줄 삽입

i	커서 위치에 글 삽입
5i*	* 문자를 5개 집어넣기
25i=-	=-를 25개 반복하여 집어넣기
I	커서 위치한 줄의 제일 앞에 글 삽입
a	커서 위치 다음에 글 삽입
A	라인 끝부터 삽입
o	커서가 위치한 줄의 아래 줄에 글 삽입
O	커서가 위치한 줄의 윗줄에 글 삽입
r 엔터키	커서 위치에서 줄을 잘라 다음 줄로 보냄 r은 커서 위치의 문자를 바꾸는 기능이므로 엔터키로 바꾸는 것임

저장 및 종료

:w	변경내용을 저장
:w 파일이름	버퍼를 지정된 파일에 기록
:wq	변경내용을 저장하고 vi를 종료
:wq!	쓰기 금지된 파일도 덮어 쓰고 vi를 종료
:q!	변경내용을 저장하지 않고 vi를 종료
:w!	쓰기 금지 파일도 덮어 씀
:w >> 파일이름	지정한 파일에 데이터 추가

버퍼에 복사하기와 버퍼에서 읽어와 붙이기

명령	설명
y	버퍼에 복사(yank)
Y 또는 yy	현재 커서가 위치한 줄을 버퍼에 복사
3Y 또는 3yy	현재 커서가 위치한 줄에서 아래로 3개만큼 줄을 버퍼에 복사
yw	커서가 위치부터 단어 끝까지 버퍼에 복사
y2w 또는 2yw	커서가 위치부터 단어 끝까지 그 다음 단어까지 버퍼에 복사
y$	현재 위치에서 그 줄의 끝까지 복사
y0 또는 y^	그 줄의 처음부터 현재 위치까지 복사
yG	현재 위치에서 파일 끝까지 복사
y/simple	simple이라는 단어가 나올 때까지 복사하기
p	버퍼의 내용을 현재 커서가 위치한 줄의 아래에 붙임
2p	버퍼의 내용을 현재 커서가 위치한 줄의 아래에 두 번 붙임
P	버퍼의 내용을 현재 커서가 위치한 줄의 위에 붙임
2P	버퍼의 내용을 현재 커서가 위치한 줄의 위에 2번 붙임
xp	두 문자를 서로 바꿀 수 있음(x로 지우고 p로 버퍼 내용 삽입)
deep	커서 위치부터 단어 끝까지의 문자를 다음 단어 뒤에 붙임(두 단어를 서로 맞바꿈)
ddp	두 줄을 서로 맞바꿈(dd로 줄 삭제하고, p로 버퍼 내용 삽입)
.	방금한 명령을 반복
3.	방금한 명령을 3회 반복
J	커서가 위치한 현재의 줄과 그 아래 줄을 하나로 결합
3J	커서가 위치한 현재의 줄과 그 아래 2줄을 한 줄로 결합 (커서 줄을 포함한 3줄을 하나로 결합)

기타

명령	설명
Ctrl-g	현재 편집하고 있는 파일의 정보를 보여줌
Ctrl-L	화면 재표시(글자가 깨졌을 경우)
Ctrl-R	화면 재표시(글자가 깨졌을 경우)(redraw)
u	방금한 명령을 취소
U	현재 커서가 위치한 줄에 대한 편집 명령을 취소
ZZ	현재 내용을 저장하고 끝내기
Ctrl-l	화면을 다시 그림

찾기

/pattern/	/pattern의 정규 표현식으로 입력하면 커서의 우측 아래 방향으로 패턴을 찾음 • 두 번째 /는 생략 가능 • /만 입력해도 패턴 찾기를 반복함(아래쪽으로) • n만 입력해도 같은 방향을 동일 문자 검색 계속 • N만 입력해도 반대 방향을 동일 문자 검색 계속
?pattern?	?pattern의 정규 표현식으로 입력하면 커서의 좌측 위쪽 방향으로 패턴을 찾음 • 두 번째 ?는 생략 가능 • ?만 입력해도 패턴 찾기를 반복함(위쪽으로) • n만 입력해도 반대 방향을 동일 문자 검색 계속 • N만 입력해도 같은 방향을 동일 문자 검색 계속
fx	현재 라인에서 x문자 찾기(x는 한 개의 글자임)
tx	현재 라인에서 x문자 찾아서 바로 앞에 커서 놓기(x는 한 개의 글자임)
;	현재 라인에서 찾기를 반복(뒤로)
Fx	현재 라인에서 반대방향으로 x문자 찾기(x는 한 개의 글자임)
Tx	현재 라인에서 반대방향으로 x문자 찾아서 바로 뒤에 커서 놓기(x는 한 개의 글자임)
'	현재 라인에서 찾기를 반복(앞으로)
응용 예	
d/aa	커서 위치에서부터 aa라는 단어가 나올 때까지 모두 삭제
d/^aa	커서 위치 라인에서부터 줄의 맨 앞에 aa라는 단어가 나올 때까지 중간 라인 삭제
y/aa	커서 위치부터 aa라는 단어가 나올 때까지 버퍼에 복사

표시하기(Marking)

mx	현재 커서 위치에 x라는 북마크 표시(보이지 않음)
`x	기억된 x 위치로 이동(`은 백 어포스트로피 임)
``	이동하기 전의 위치로 이동(제자리로 돌아감) (``은 백 어포스트로피 2번임)
'x	기억된 x 위치의 맨 앞으로 이동('은 단중 인용 부호임)
''	이동하기 전 위치의 맨 앞으로 이동(''은 단중 인용부호 2번임)
"xyy	x라는 버퍼이름으로 현재 라인을 버퍼에 복사("은 이중 인용부호임)
"xp	x라는 버퍼이름에 저장된 내용을 현 위치에 붙이기("은 이중 인용부호임)

디스플레이 제어

^L	현재의 화면을 다시 불러옴
:set nu[mber]	줄 번호를 나타낸다.
:set nonu[mber]	줄 번호를 나타내지 않음
:=	현재 커서가 위치한 라인의 줄 번호를 보여줌
:/pattern/=	pattern이 위치한 라인의 줄 번호를 보여줌
:map g 1G	g가 1G와 같도록 매크로 정의

ex 명령 익히기(EX 모드에서 사용할 수 있는 명령어)

ex 명령어의 형식

형식	범위지정	명령어	명령이 수행될 위치
예	:1,5	co	8

줄번호를 지정할 때, 생략기호를 사용할 경우

마침표(.)	커서가 있는 현재 줄을 의미
달러 기호($)	파일의 마지막 줄을 의미

:1,2 co 3	1-2번째 줄을 복사하여 3번째 줄 다음에 둠
:4,5 m 6	4-5번째 줄을 이동하여 6번째 줄 다음에 둠
:r 파일이름	커서 다음에 파일을 삽입
:34r 파일이름	34번째 줄 다음에 파일을 삽입
:!ls	쉘 명령 ls를 실행하고 다시 vi편집기로 돌아옴
:!pwd	쉘 명령 pwd를 실행하고 다시 vi편집기로 돌아옴
:set showmode	vi 명령 모드를 화면 아래에 표시
:%s /seoul/kunsan/	파일 내의 seoul을 kunsan으로 모두 바꿈

:1,10 co 50	첫 줄부터 10번 줄까지 50번 줄 다음에 복사하기
:.,$ d	현재 줄부터 끝줄까지 지우기
:.,+20 co -4	현재 줄부터 20줄을 4줄 위에 복사하기
:-.+ t 0	위, 아래로 한줄(총 3줄)씩을 문서 맨 위에 복사하기

:/pattern/ d	pattern이 들어 있는 줄 지우기
:/pattern/ -nd	pattern이 들어 있는 줄로부터 n 번째 윗줄 지우기
:/pattern/ +nd	pattern이 들어 있는 줄로부터 n 번째 아랫줄 지우기
:/pattern1/,/pattern2/ d	pattern1이 들어 있는 줄부터, pattern2가 들어 있는 줄까지 지우기
:.,/pattern/ m 23	현재 줄부터 pattern이 들어 있는 줄까지 23번 줄 다음으로 이동하기
g 옵션을 붙여 문서 전체에 적용하기	
:g/아리랑	파일 전체에서 '아리랑'이 있는 마지막 줄로 이동
:g/아리랑/ p	파일 전체에서 '아리랑'이 있는 줄을 모두 보임
:g/아리랑/ nu	파일 전체에서 '아리랑'이 있는 줄을 번호와 함께 모두 보여 줌
:60,100 g/아리랑/ p	60~100 줄 사이에서 '아리랑'이 있는 줄을 보여 줌
:g/아리랑/ d	문서 전체에서 '아리랑'이 있는 줄을 제거
저장 및 종료하기	
:w	저장하기(write)
:q	종료하기(quit)
:wq 또는 :xv	저장하고, 종료하기
:w!	강제로 저장하기(read-only로 열었을 경우)
:q!	저장하지 않고 종료하기
:w 새이름	새로운 파일이름으로 저장하기
:w %.new	현재 파일이름에 확장자 .new를 붙여서 새로운 파일이름으로 저장하기
:230,$ w 파일이름	230줄부터 끝줄까지 '파일이름'으로 저장하기
:.,230 w 파일이름	현재줄부터 230줄까지 '파일이름'으로 저장하기
:100,230 w 파일이름	100번줄부터 230줄까지 '파일이름'으로 저장하기
:100,$ w >> 파일이름	100번줄부터 끝줄까지 '파일이름'으로 된 파일에 추가하기
읽기	
:r[ead] 파일이름	현재 위치에 '파일이름' 파일을 읽어 들이기
:r /usr/local/data	현재 위치에 /usr/local/data 파일을 읽어 들이기
:123 r /usr/local/data	123줄 다음에 /usr/local/data 파일을 읽어 들이기
:$ r /usr/local/data	맨 끝줄 다음에 /usr/local/data 파일을 읽어 들이기
:0 r /usr/local/data	맨 위에 /usr/local/data 파일을 읽어 들이기
:/pattern/ r /usr/local/data	pattern이 존재하는 줄 다음에 /usr/local/data 파일을 읽어 들이기
다중 편집하기	
vi file1 file2	file1과 file2라는 두 개의 문서를 읽어 들임
:args	현재 편집중인 파일 목록을 보여 줌
:e #	이후부터는 ': e #'명령을 사용하여 문서를 번갈아 열며 편집할 수 있음
:n[ext]	두 번째 문서(file2)를 편집할 수 있음
:prev[ious]	이전 파일로 돌아감 (편집중인 파일이 저장되어야 다음 파일로 넘어갈 수 있음)
:e file1	새로운 파일(file1)을 읽어들여 편집
:e filename	새로운 파일(filename)을 읽어들여 편집

:e!	현재 편집중인 내용을 무시하고 가장 최근에 편집한 파일을 읽어 들임
g 옵션과 바꾸기	
:m,n s/old/new/g 또는 :g/pattern/ s/old/new/g	
:1,5 s/아리랑/Arirang/gc	1줄부터 5줄까지 '아리랑'을 'Arirang'으로 확인해 가면서 바꾸기
:g/문자/ s/파일/file/g	'문자'가 있는 줄만 찾아서 '파일'을 'file'로 바꿈
:% s/버퍼/buffer/g	처음 줄부터 마지막 줄까지, '버퍼'를 'buffer'로 바꿈

줄의 길이 조정

r:엔터	문자를 새로운 라인으로 변경
J	커서 위치의 줄과 그 다음 줄을 결합
:set wm=n	오른쪽으로 n문자 위치에서 자동적으로 줄을 나눔

편집 버퍼를 통한 이동

^f	한 화면 아래로 이동
^b	한 화면 위로 이동
n^f	n 화면 아래로 이동
n^b	n 화면 위로 이동
^d	반 화면 아래로 이동
^u	반 화면 위로 이동
n^d	n줄 만큼 화면 아래로 이동
n^u	n줄 만큼 화면 위로 이동

쉘 명령 실행

:!쉘명령	vi 중단하고 지정한 쉘명령 실행
:sh	vi 중단하고 쉘 실행
:!csh	vi 중단하고 새로운 c쉘을 실행

패턴 검색

/rexp	지정된 정규표현식에 대해 앞으로 이동
/	이전의 패턴에 대해 앞으로 검색을 반복하는 명령
?rexp	지정된 정규표현식에 대해 뒤로 이동
?	이전의 패턴에 대해 뒤로 검색을 반복하는 명령
n:	/나 ? 명령에 대해 같은 방향으로 반복하는 명령
N:	/나 ? 명령에 대해 반대 방향으로 반복하는 명령

패턴에 의한 치환

형식	의미	사용 예
:s /pattern/replace/	현재 줄의 pattern을 찾아 replace로 바꿈	:s /아리랑/쓰리랑/
:line s/pattern/replace/	지정한 줄에서 pattern을 찾아 replace로 바꿈	:3 s/아리랑/쓰리랑/
:line1,line2 s/pattern/replace/	줄번호 line1에서 line2까지 pattern을 찾아 replace로 바꿈	:3,7 s/아리랑/쓰리랑/
:%s /pattern/replace/	모든 줄에서 pattern을 찾아 replace로 바꿈	:%s /아리랑/쓰리랑/
	<p />를 로 바꾸는 경우처럼 /가 있으면	:%s /<p \/>/<br \/>/
:%s /^M/ /	^M은 ctrl+v+m임	

데이터 읽기

:line r 파일	파일 내용을 지정한 줄 다음에 삽입 예) :30 r aa
:r 파일	파일 내용을 현재 줄 다음에 삽입
:line r !명령	명령의 결과를 지정한 줄 다음에 삽입
:r !명령	명령의 결과를 현재 줄 다음에 삽입
:r !look pattern	지정한 패턴으로 시작되는 단어를 삽입

편집중 파일 바꾸기

:e 파일	지정한 파일을 편집
:e !파일	지정한 파일을 편집하며 자동 점검을 생략

수정에 대한 취소, 반복

u	수정했던 마지막 명령을 취소(undo)
U	현재 줄을 저장
.	수정했던 마지막 명령을 반복

문자 삭제

xv	커서가 있는 문자를 삭제
X	커서의 왼쪽에 있는 문자를 삭제

여러 줄의 복사, 이동

:line co target	지정한 줄을 복사하여 타킷 줄번호 다음에 삽입
:line,line co target	지정한 범위의 줄을 복사하여 타킷 줄번호 다음에 삽입
:line m target	지정한 줄을 타킷 줄번호 다음에 이동
:line,line m target	지정한 범위의 줄을 잘라 타킷 줄번호 다음에 이동

데이터 처리를 위한 쉘 명령

n!!명령	n번 줄에서 명령을 실행
!move 명령	커서의 위치로부터 이동한 곳까지 명령을 실행
!move fmt	커서의 위치로부터 이동한 곳까지 줄들을 형식에 맞춤

약어의 사용

:ab short long	short를 long에 대한 약어로 변경
:ab	현재 약어 목록을 표시
:unab short	약어 short를 표시

Last Line Mode

Last Line 모드란 ex나 ed를 사용하여 탐색하거나 어떤 기능 명령을 넣는 것을 가리킨다.

명령 모드에서 Last Line 모드로 전환하는데, Last Line 모드에서 다음 표와 같이 3가지로 요약된다.

:	ed나 ex 명령을 사용하는 것으로 주로 파일 통제명령이거나 쉘 실행 명령임
/	현재 커서 위치에서부터 파일의 끝을 향하여 주어진 패턴을 찾음
?	현재 커서 위치에서 파일의 시작을 향하여 주어진 패턴을 찾음

Last Line 모드에서 원하는 동작을 실행시키게 되는데, 원하는 명령을 입력하고 엔터를 입력하면 지정한 동작이 수행되고 나서 다시 명령 모드로 되돌아온다.

다음 표에 텍스트 찾기에 대한 기능을 요약하였다.

sequence	동작설명
/text/	앞에서부터(forward) text를 찾음(두 번째 /는 옵션으로 생략 가능)
?text?	뒤에서부터(backward) text를 찾음(두 번째 ?은 옵션으로 생략 가능)

원하는 텍스트를 찾으면, 커서는 그 텍스트가 시작되는 단어에 위치한다.

찾던 문자를 이어서 해당 문자를 아래로(forward) 찾아가려면 /만 입력하고, 위로(backward) 찾아가려면 ?만 입력하면 된다.

부록 5_오라클 내장 함수

숫자 함수(number function)

ABS	입력값의 절대값을 반환
ACOS	arc cosine값을 반환
ASIN	arc sine 값을 반환
ATAN	arc tangent 값을 반환
ATAN2	atan2(n,m)은 atan2(n/m)과 같으며, n/m의 arc tangent 값을 반환
BITAND	두 입력의 bitwise AND
CEIL	n보다 크면서 n에 가장 가까운 정수를 반환
COS	cosine 값을 반환
COSH	hyperbolic cosine 값을 반환
EXP	e의 n 제곱 값을 반환한다. e=2.71828183
FLOOR	입력값 이하의 가장 큰 정수를 반환
LN	자연 대수(밑을 e로 하는) 값을 반환
LOG	뒤 인수가 앞 인수의 몇 배수인지를 알림
MOD	MOD(m,n)에서 m을 n으로 나눈 나머지 값을 반환
NANVL	n2가 NAN(not a number)이면 n1을 반환하고, n2가 NAN이면 n2를 반환하므로 BINARY_FLOAT와 BINARY_DOUBLE에 유용함
POWER	POWER(m,n)에서 m의 n제곱한 값을 반환
REMAINDER	n2를 n1으로 나눈 나머지값을 반환하므로 numeric 또는 nonnumeric 데이터타입을 numeric 데이터타입으로 변환할 수 있음
ROUND(number)	정의된 수를 지정한 자릿수에서 반올림
SIGN	입력 값의 부호를 판정
SIN	radian으로 주어진 정현파값을 반환
SINH	hyperbolic sine 값을 반환
SQRT	제곱근 값을 반환
TAN	radian으로 표시된 n의 tangent 값을 반환
TANH	n의 hyperbolic tangent 값을 반환
TRUNC(number)	지정한 소수점 자릿수 이하를 절삭한 값을 반환
WIDTH_BUCKET	히스토그램값을 반환

문자 함수(character function)

character value를 반환하는 함수	
CHR	입력된 수의 바이너리 코드에 해당하는 문자를 반환
CONCAT	첫 번째 문자열과 두 번째 문자열을 연결
INITCAP	각 단어의 첫 글자를 대문자로 나머지는 소문자로 변환
LOWER	입력된 문자열을 모두 소문자로 반환
LEVEL 함수	계층적 구조의 단계를 출력함, LPAD를 사용해도 됨
LPAD	정의된 문장의 왼쪽 나머지 공간을 지정한 문자로 채움, RPAD의 반대, (LEVEL 함수 참조)
LTRIM	문자열중 좌측으로부터 특정문자와 일치하는 문자를 제거하고 출력
NCHR	national 문자 셋에서 입력된 수의 바이너리 코드에 해당하는 문자를 반환
NLS_INITCAP	각 단어의 첫 글자를 대문자로 나머지는 소문자로 변환
NLS_LOWER	문자열을 모두 소문자로 변환한 스트링을 반환
NLSSORT	입력 문자열을 소팅하여 스트링을 반환
NLS_UPPER	문자열을 모두 대문자로 변환한 스트링을 반환
REGEXP_COUNT	문자열에서 패턴이 발생한 횟수를 반환
REGEXP_INSTR	문자열에 존재하는 임의의 패턴의 위치를 출력
REGEXP_LIKE	LIKE 연산자와 유사한 기능의 함수
REGEXP_REPLACE	문자열에 존재하는 임의의 패턴을 대치하여 출력
REGEXP_SUBSTR	문자열에 존재하는 임의의 패턴을 추출하여 출력
REPLACE	정의된 문장에서 해당 문자가 발견되면 지정한 문자로 대치
RPAD	정의된 문장의 오른쪽 나머지 공간을 지정한 문자로 채움, LPAD의 반대
RTRIM	문자열 중 우측으로부터 특정문자와 일치하는 문자를 제거하고 출력
SOUNDEX	영문발음이 같은 문자 스트링을 반환
SUBSTR	문자값 중 특정 위치부터 특정 길이 만큼의 문자값만을 리턴 SUBSTRB, SUBSTRC, SUBSTR2, SUBSTR4
TRANSLATE	char 내에 포함된 문자중 from_string에 지정한 모든 각각의 문자를 to_string문자로 각각 변경
TREAT	선언된 타입을 변경
TRIM	LTRIM과 RTRIM 함수를 결합한 형태로 문자값의 왼쪽 또는 오른쪽 부분에 정의한 문자를 절삭하여 출력
UPPER	모든 문자를 대문자로
NLS character 함수	
NLS_CHARSET_DECL_LEN	NCHAR 컬럼에 대해서 nchar로 선언된 컬럼폭을 반환
NLS_CHARSET_ID	문자셋 이름에 대응하는 문자셋 ID 번호를 반환
NLS_CHARSET_NAME	문자셋 ID 번호에 대응하는 문자셋 이름을 반환
number value를 반환하는 함수	
ASCII	주어진 문자의 첫문자에 대한 아스키코드값을 반환
INSTR	문자 스트링 중에서 지정한 문자가 우측/좌측으로부터 처음 나타나는 위치를 숫자로 출력

LENGTH	정의된 단어의 길이 값을 반환 (LENGTH, LENGTHB, LENGTHC, LENGTH2, LENGTH4)
REGEXP_INSTR	문자열에 존재하는 임의의 패턴의 위치를 출력
comparison 함수	
GREATEST	하나 이상의 아규먼트 중에서 가장 높은 값을 찾아 줌
LEAST	하나 이상의 아규먼트 중에서 가장 낮은 값을 찾아 줌

날짜와 날짜 처리함수(date, datetime function)

ADD_MONTHS	ADD_MONTHS(d, n)는 날짜 d에 n 개월을 더한 일자를 반환
CURRENT_DATE	현재 session의 날짜 정보를 일/월/년 24시:분:초 형식으로 반환
CURRENT_TIMESTAMP	TIMESTAMP WITH TIME ZONE 데이터타입으로 current date와 session time zone을 반환
DBTIMEZONE	데이터베이스가 처음 생성될 때 운영체제로부터 확인된 시간
EXTRACT(datetime)	datetime이나 interval 값으로부터 특정 시각정보를 추출
FROM_TZ	timestamp with time zone 시간정보를 참조할 때
LAST_DAY	해당 날짜가 속한 달의 마지막 날짜를 반환
LOCALTIMESTAMP	현재 지역의 시간정보를 표현
MONTHS_BETWEEN	MONTHS_BETWEEN(date1,date2)는 date1과 date로 나타내는 날짜와 날짜 사이의 개월 수를 출력
NEW_TIME	NEW_TIME(date,zone1,zone2)는 date, zone1 시간대를 zone2 시간대로 출력
NEXT_DAY	NEXT_DAY(date,char) 함수는 date로부터 그 다음주 char로 명시한 요일을 출력
NLS_DATE_FORMAT	날짜 타입을 변경
NUMTODSINTERVAL	n을 interval day to second로 변환하여 출력
NUMTOYMINTERVAL	n을 interval year to month로 변환하여 출력
ROUND(date)	년, 월, 일을 기준으로 반올림하거나 절삭
SESSIONTIMEZONE	사용자가 접속한 세션의 현재 시간 정보
SYS_EXTRACT_UTC	datetime 또는 time zone region name을 받아 그리니치 표준시각을 반환
SYSDATE	운영체제상의 오늘 현재 날짜와 시각을 출력
SYSTIMESTAMP	TIMESTAMP WITH TIME ZONE 형식의 시스템 날짜를 출력
TRUNC(date)	날짜를 절삭하여 출력
TZ_OFFSET	time zone의 offset 값을 출력

데이터타입의 변환 함수(conversion function)

ASCIISTR	string의 아스키 문자로 반환, UTF-16 코드로 변환된 값을 반환
BIN_TO_NUM	2진수 벡터를 10진수로 변환
CAST	built-in 데이터타입이나 collection-typed 값을 다른 built-in 데이터타입이나 다른 collection-typed 값으로 변환

CHARTOROWID	CHAR, VARCHAR2, NCHAR, NCHARVAR2 데이터타입을 ROWID 데이터타입으로 변환
COMPOSE	입력된 스트링을 unicode로 나타낸다.
CONVERT	입력된 문자열을 지정한 코드로 변환
CUBE_TABLE	3차원 데이터를 2차원 데이터로 반환
DECOMPOSE	임의의 데이터타입의 스트링을 Unicode 스트링으로 반환
HEXTORAW	CHAR, VARCHAR2, NCHAR, NVARCHAR2의 16진수 문자를 RAW 데이터로 변환
NUMTODSINTERVAL	n을 interval day to second로 변환하여 출력
NUMTOYMINTERVAL	n을 interval year to month로 변환하여 출력
RAWTOHEX	raw 값을 VARCHAR2형 hexadecimal 값으로 변환
RAWTONHEX	raw 값을 NVARCHAR2형 hexadecimal 값으로 변환
ROWIDTOCHAR	rowid 값을 18문자 길이의 VARCHAR2 데이터타입으로 변환
ROWIDTONCHAR	rowid 값을 18문자 길이의 NVARCHAR2 데이터타입으로 변환
SCN_TO_TIMESTAMP	SCN을 timestamp로 변환
TIMESTAMP_TO_SCN	timestamp를 SCN으로 변환
TO_BINARY_DOUBLE	double-precision floating-point number를 반환
TO_BINARY_FLOAT	single-precision floating-point number를 반환
TO_CHAR(character)	NCHAR, NVARCHAR2, CLOB, NCLOB의 데이터타입을 character set으로 변환하여 VARCHAR2타입으로 반환
TO_CHAR(datetime)	DATE, TIMESTAMP, TIMESTAMP WITH TIME ZONE, TIMESTAMP WITH LOCAL TIME ZONE의 데이터타입을 사용자가 지정한 폼을 갖는 VARCHAR2의 데이터타입으로 변환
TO_CHAR(number)	NUMBER, BINARY_FLOAT, BINARY_DOUBLE의 데이터타입을 VARCHAR2 데이터타입으로 변환
TO_CLOB	LOB 컬럼에 있는 NCLOB나 또는 다른 문자 스트링을 CLOB로 변환
TO_DATE	CHAR, VARCHAR2, NCHAR, NVARCHAR2 데이터타입을 DATE 데이터타입으로 변환
TO_DSINTERVAL	CHAR, VARCHAR2, NCHAR, NVARCHAR2 데이터타입을 INTERVAL DAY TO SECOND 데이터타입으로 변환하는 함수
TO_LOB	LONG, LONG RAW 컬럼의 데이터를 LOB 데이터로 변환
TO_MULTI_BYTE	single 바이트 문자를 포함한 모든 문자열을 그와 대응하는 다중바이트 문자열로 변환
TO_NCHAR(character)	문자스트링, clob, nclob 형식의 데이터를 national character set, 즉 nchar으로 변환
TO_NCHAR(datetime)	DATE,TIMESTAMP, TIMESTAMP WITH TIME ZONE, TIMESTAMP WITH LOCAL TIME ZONE,INTERVAL MONTH TO YEAR, INTERVAL DAY TO SECOND 형식의 데이터를 NCHAR 형식의 데이터로변환
TO_NCHAR(number)	NUMBER, BINARY_FLOAT, BINARY_DOUBLE형식의 데이터를 national character set의 스트링으로 변환
TO_NCLOB	LOB 컬럼에 있는 CLOB 또는 문자열 형식의 데이터타입을 NCLOB 형식의 데이터타입으로 변환

TO_NUMBER	숫자를 포함하는 CHAR, VARCHAR2, NCHAR, NVARCHAR2 형식의 문자 데이터를 NUMBER 형식의 숫자 데이터로 변환
TO_SINGLE_BYTE	다중 바이트 문자열을 그에 대응하는 single byte 문자로 변환
TO_TIMESTAMP	CHAR, VARCHAR2, NCHAR, NVARCHAR2 데이터타입을 TIMESTAMP 데이터타입으로 변환
TO_TIMESTAMP_TZ	CHAR, VARCHAR2, NCHAR, NVARCHAR2 데이터타입을 TIMESTAMP TIME ZONE 데이터타입으로 변환
TO_YMINTERVAL	CHAR, VARCHAR2,NCHAR,NVARCHAR2 데이터타입을 INTERVAL YEAR TO MONTH 데이터타입으로 변환하는 함수
TRANSLATE ... USING	텍스트 형식의 데이터를 지정한 문자 형식의 데이터로 변환
UNISTR	텍스트 문자나 어떤 표현을 받아 national character set 형식(NCHAR)으로 변환
datatype_conversion	데이터타입 변환표 총괄

기타함수(miscellaneous single row function)

Large object 함수	
BFILENAME	BFILE 데이터타입이 위치한 운영체제상의 파일이름과 절대경로를 지정
EMPTY_BLOB	LOB 변수를 초기화하기 위하여 쓰이거나, 또는 INSERT 문이나 UPDATE 문에서 empty LOB 위치를 반환
EMPTY_CLOB	
Collection 함수	
CARDINALITY	nested_table의 원소의 수를 반환
COLLECT	임의의 타입으로 컬럼 아규먼트를 취하여 선택된 행을 입력 타입으로 하는 nested table을 생성
POWERMULTISET	nested table을 입력받아 nested table에 이를 담은 nested table을 반환
POWERMULTISET_BY_CARDINALITY	nested table과 cardinality를 입력받아 nested table에 이를 담은 nested table을 반환
SET	nested table에서 중복을 소거하여 하나의 집합으로 변환
Hierarchical 함수	
SYS_CONNECT_BY_PATH	계층적 쿼리에서 column의 절대 경로를 char로 지정한 문자로 분리하여 반환
Data Mining 함수	
CLUSTER_ID	지정한 집합에서 가장 확률이 높다고 예측되는 cluster ID를 NUMBER 데이터타입으로 반환
CLUSTER_PROBABILITY	입력한 행에 대해 확률값을 반환
CLUSTER_SET	지정한 행이 속할 가능성이 있는 클러스터에 대한 객체 varray를 반환
FEATURE_ID	행에서 가장 큰 값을 가지는 feature의 ID를 반환
FEATURE_SET	모든 Feature에 들어있는 객체의 varray를 반환
FEATURE_VALUE	주어진 feature의 값을 반환
PREDICTION	DBMS_DATA_MINING 패키지에 의해서 생성되는 model과 함께 사용하는 함수로 모델에 대해서 최상의 예측값을 반환
PREDICTION_BOUNDS	두 NUMBER필드 LOWER와 UPPER을 가진 객체를 반환하는데, 이는 generalized linear model에 쓰임

PREDICTION_COST	
PREDICTION_DETAILS	
PREDICTION_PROBABILITY	
PREDICTION_SET	
coding 함수	
DECODE	DECODE는 일반적인 프로그래밍 언어의 IF문을 SQL 문자 또는 PL/SQL 안으로 끌어들여 사용하기 위하여 만들어진 오라클 함수
DUMP	지정한 데이터의 위치와 길이 따위를 반환
ORA_HASH	해시값을 계산
VSIZE	문자열의 바이트 수를 반환
NULL Related 함수	
COALESCE	나열된 값중에서 첫 번째 NULL이 아닌 값을 출력
LNNVL	where절의 조건이 false이면 TRUE, true이면 FALSE를 반환
NULLIF	첫 번째 값과 두 번째 값을 비교하여 두 값이 같으면 NULL을 출력하고, 같지 않으면 첫 번째 값을 출력
NVL	정의한 컬럼이 0이면 지정한 값으로 대체
NVL2	함수에 사용된 3개의 값중 첫 번째 값이 NULL값이 아니면 두 번째 값을 출력하고, 첫 번째 값이 NULL이면 세 번째 값을 출력
Environment &Identifier 함수	
SYS_CONTEXT	namespace와 관계되는 parameter의 값을 반환
SYS_GUID	16바이트의 RAW값으로 된 ID를 반환
SYS_TYPEID	지정 타입의 typeid를 반환
UID	세션 사용자의 ID를 정수로 반환
USER	세션 사용자의 이름을 VARCHAR2 데이터타입으로 반환
USERENV	현재 세션에 관한 정보를 반환
기타 함수	
CASE	IF~THEN~ELSE문장과 똑같은 결과를 출력
TABLE 함수	TABLE() 함수
DATAOBJ_TO_PARTITION	시스템상에서 파티션된 테이블의 파티션 ID를 반환

그룹함수 중 집계(Aggregate) 함수

AVG	지정된 컬럼에 대한 조건을 만족하는 행 중에서 NULL을 제외한 평균을 구함
CORR	집합 쌍의 상관관계 계수를 반환
CORR_S	Spearman's rho 상관관계 계수를 계산
CORR_K	Kendall's tau-b 상관관계 계수를 계산
COUNT	쿼리를 실행한 행의 수를 반환
COVAR_POP	number 쌍의 집합에 대한 population covariance를 반환
COVAR_SAMP	number 쌍의 집합에 대한 sample covariance를 반환
CUME_DIST	그룹 값 내에서 어떤 값의 cumulative distribution(누적분포)을 계산
DENSE_RANK	그룹 내에서 차례로 된 행의 rank를 계산하여 NUMBER 데이터타입으로 순위를 반환
FIRST	행을 서열화 시켜서 첫 번째 행을 추출
GROUP_ID	GROUP BY로 분리되어 복제된 번호로 복제 횟수를 구분하도록 출력
GROUPING	0을 리턴하면, 해당 인수로 쓰인 값이 ROLLUP이나 CUBE 연산시 사용되었음을 의미하고, 1을 리턴하는 경우 사용되지 않았음을 나타 냄
GROUPING_ID	행과 관련되는 GROUPING 비트 벡터에 대응되는 수치를 반환
LAST	행을 서열화 시켜서 마지막 행을 추출
MAX	지정된 컬럼에 대해 조건을 만족하는 행 중에서 최대값을 구함
MEDIAN	numeric 또는 datetime 데이터타입을 받아 중간값을 반환
MIN	지정된 컬럼에 대해 조건을 만족하는 행 중에서 최소값을 구함
PERCENT_RANK	CUME_DIST 함수와 유사하게 percent_rank 값을 반환
PERCENTILE_CONT	연속분포 모델에서 백분율값을 취하여 소팅한 후 백분율에 속한 값을 반환
PERCENTILE_DISC	불연속분포 모델에서 백분율값을 취하여 소팅한 후 백분율에 속한 값을 반환
RANK	해당 값에 대한 우선순위를 결정(중복 순위 계산함)
STATS_BINOMIAL_TEST	2분법 변수에 쓰일 정확한 확률를 검사하여 반환
STATS_CROSSTAB	두 nominal 변수를 분석하기 위해 쓰일 crosstabulation 방법
STATS_F_TEST	두 변수가 서로 얼마나 다른지 검사
STATS_KS_TEST	두 샘플이 동일 population인지 여부를 비교
STATS_MODE	여러값 중에서 가장 발생빈도가 높은 값을 반환
STATS_MW_TEST	두 독립된 샘플에서 null hypothesis를 검사하기 위하여 비교
STATS_ONE_WAY_ANOVA	두 변수에 대한 차이의 어림을 비교하여 차이점을 검사
STATS_T_TEST_ONE	중앙값의 차이에 대한 중요도를 측정
STATS_T_TEST_INDEP	중앙값의 차이에 대한 중요도를 측정
STATS_T_TEST_INDEPU	중앙값의 차이에 대한 중요도를 측정
STATS_WSR_TEST	샘플 mean을 비교
STDDEV	표준 편차를 구함
STDDEV_POP	population 표준편차

STDDEV_SAMP	cumulative sample 표준편차
SUM	NULL을 제외한 합계
VAR_POP	집합에서 null을 제외한 모집단 분산값을 반환
VAR_SAMP	집합에서 null을 제외한 샘플 분산값을 반환
VARIANCE	분산값을 반환
GROUPING SETS	GROUP BY 절에서 그룹 조건을 여러 개 지정할 수 있는 함수

그룹함수 중 분석(Analytic) 함수

AVG	지정된 컬럼에 대한 조건을 만족하는 행 중에서 NULL을 제외한 평균을 구함
CORR	집합 쌍의 상관관계 계수를 반환
COUNT	쿼리를 실행한 행의 수를 반환
COVAR_POP	number 쌍의 집합에 대한 population covariance를 반환
COVAR_SAMP	number 쌍의 집합에 대한 sample covariance를 반환
CUME_DIST	그룹 값 내에서 어떤 값의 cumulative distribution(누적분포)을 계산
DENSE_RANK	그룹 내에서 차례로 된 행의 rank를 계산하여 NUMBER 데이터타입으로 순위를 반환
FIRST	행을 서열화 시켜서 첫 번째 행을 추출
FIRST_VALUE	정렬된 값 중에서 첫 번째 값을 반환
LAG	현재 행을 기준으로 이전 값을 참조하는 함수
LAST	행을 서열화 시켜서 마지막 행을 추출
LAST_VALUE	정렬된 값 중에서 마지막 값을 반환
LEAD	현재 행을 기준으로 이후의 값을 참조하는 함수
MAX	지정된 컬럼에 대해 조건을 만족하는 행 중에서 최대값을 구함
MEDIAN	numeric 또는 datetime 데이터타입을 받아 중간값을 반환
MIN	지정된 컬럼에 대해 조건을 만족하는 행 중에서 최소값을 구함
NTILE	출력 결과를 사용자가 지정한 그룹 수로 나누어 출력
PERCENT_RANK	CUME_DIST 함수와 유사하게 percent_rank 값을 반환
PERCENTILE_CONT	연속분포 모델에서 백분율값을 취하여 소팅한 후 백분율에 속한 값을 반환
PERCENTILE_DISC	불연속분포 모델에서 백분율값을 취하여 소팅한 후 백분율에 속한 값을 반환
RANK	해당 값에 대한 우선 순위를 결정(중복 순위 계산함)
RATIO_TO_REPORT	데이터 합에 대한 구성비를 계산
REGR_AVGX	y,x 둘 다 null이 아닌 경우 x를 기준으로 평균을 계산
REGR_AVGY	y,x 둘 다 null이 아닌 경우 y를 기준으로 평균을 계산
REGR_COUNT	y,x 둘 다 null이 아닌 경우 카운트를 시작
REGR_INTERCEPT	수학의 y축을 계산
REGR_R2	Determination의 계수
REGR_SLOPE	직선의 기울기를 계산
REGR_SXX	null 제거 후 계산

REGR_SXY	null 제거 후 계산
REGR_SYY	null 제거 후 계산
ROW_NUMBER	분할별로 정렬된 결과에 대해 순위를 부여하는 기능
STDDEV	표준 편차를 구함
STDDEV_POP	population 표준편차
STDDEV_SAMP	cumulative sample 표준편차
SUM	NULL을 제외한 합계
VAR_POP	집합에서 null을 제외한 모집단 분산값을 반환
VAR_SAMP	집합에서 null을 제외한 샘플 분산값을 반환
VARIANCE	분산값을 반환
TOP_N 분석	

부록 6_oci 함수

oci 함수 명	설명
oci_bind_array_by_name	Binds PHP array to Oracle PL/SQL array by name
oci_bind_by_name	Binds the PHP variable to the Oracle placeholder
oci_cancel	Cancels reading from cursor
oci_close	Closes Oracle connection
OCI-Collection->append	Appends element to the collection
OCI-Collection->assign	Assigns a value to the collection from another existing collection
OCI-Collection->assignElem	Assigns a value to the element of the collection
OCI-Collection->free	Frees the resources associated with the collection object
OCI-Collection->getElem	Returns value of the element
OCI-Collection->max	Returns the maximum number of elements in the collection
OCI-Collection->size	Returns size of the collection
OCI-Collection->trim	Trims elements from the end of the collection
oci_commit	Commits outstanding statements
oci_connect	Establishes a connection to the Oracle server
oci_define_by_name	Uses a PHP variable for the define-step during a SELECT
oci_error	Returns the last error found
oci_execute	Executes a statement
oci_fetch_all	Fetches all rows of result data into an array
oci_fetch_array	Returns the next row from the result data as an associative or numeric array, or both
oci_fetch_assoc	Returns the next row from the result data as an associative array
oci_fetch_object	Returns the next row from the result data as an object
oci_fetch_row	Returns the next row from the result data as a numeric array
oci_fetch	Fetches the next row into result-buffer
oci_field_is_null	Checks if the field is NULL
oci_field_name	Returns the name of a field from the statement
oci_field_precision	Tell the precision of a field
oci_field_scale	Tell the scale of the field
oci_field_size	Returns field's size
oci_field_type_raw	Tell the raw Oracle data type of the field
oci_field_type	Returns field's data type
oci_free_statement	Frees all resources associated with statement or cursor
oci_internal_debug	Enables or disables internal debug output
OCI-Lob->append	Appends data from the large object to another large object

OCI-Lob->close	Closes LOB descriptor
oci_lob_copy	Copies large object
OCI-Lob->eof	Tests for end-of-file on a large object's descriptor
OCI-Lob->erase	Erases a specified portion of the internal LOB data
OCI-Lob->export	Exports LOB's contents to a file
OCI-Lob->flush	Flushes/writes buffer of the LOB to the server
OCI-Lob->free	Frees resources associated with the LOB descriptor
OCI-Lob->getBuffering	Returns current state of buffering for the large object
OCI-Lob->import	Imports file data to the LOB
oci_lob_is_equal	Compares two LOB/FILE locators for equality
OCI-Lob->load	Returns large object's contents
OCI-Lob->read	Reads part of the large object
OCI-Lob->rewind	Moves the internal pointer to the beginning of the large object
OCI-Lob->save	Saves data to the large object
OCI-Lob->saveFile	oci_lob_import의 별칭
OCI-Lob->seek	Sets the internal pointer of the large object
OCI-Lob->setBuffering	Changes current state of buffering for the large object
OCI-Lob->size	Returns size of large object
OCI-Lob->tell	Returns current position of internal pointer of large object
OCI-Lob->truncate	Truncates large object
OCI-Lob->write	Writes data to the large object
OCI-Lob->writeTemporary	Writes temporary large object
OCI-Lob->writeToFile	oci_lob_export의 별칭
oci_new_collection	Allocates new collection object
oci_new_connect	Establishes a new connection to the Oracle server
oci_new_cursor	Allocates and returns a new cursor(statement handle)
oci_new_descriptor	Initializes a new empty LOB or FILE descriptor
oci_num_fields	Returns the number of result columns in a statement
oci_num_rows	Returns number of rows affected during statement execution
oci_parse	Prepares Oracle statement for execution
oci_password_change	Changes password of Oracle's user
oci_pconnect	Connect to an Oracle database using a persistent connection
oci_result	Returns field's value from the fetched row
oci_rollback	Rolls back outstanding transaction
oci_server_version	Returns server version
oci_set_prefetch	Sets number of rows to be prefetched
oci_statement_type	Returns the type of an OCI statement
ocibindbyname	oci_bind_by_name의 별칭
ocicancel	oci_cancel의 별칭

ocicloselob	OCI-Lob close의 별칭
ocicollappend	OCI-Collection append의 별칭
ocicollassign	OCI-Collection assign의 별칭
ocicollassignelem	OCI-Collection assignElem의 별칭
ocicollgetelem	OCI-Collection getElem의 별칭
ocicollmax	OCI-Collection max의 별칭
ocicollsize	OCI-Collection size의 별칭
ocicolltrim	OCI-Collection trim의 별칭
ocicolumnisnull	oci_field_is_null의 별칭
ocicolumnname	oci_field_name의 별칭
ocicolumnprecision	oci_field_precision의 별칭
ocicolumnscale	oci_field_scale의 별칭
ocicolumnsize	oci_field_size의 별칭
ocicolumntype	oci_field_type의 별칭
ocicolumntyperaw	oci_field_type_raw의 별칭
ocicommit	oci_commit의 별칭
ocidefinebyname	oci_define_by_name의 별칭
ocierror	oci_error의 별칭
ociexecute	oci_execute의 별칭
ocifetch	oci_fetch의 별칭
ocifetchinto	Fetches the next row into an array(deprecated)
ocifetchstatement	oci_fetch_all의 별칭
ocifreecollection	OCI-Collection free의 별칭
ocifreecursor	oci_free_statement의 별칭
ocifreedesc	OCI-Lob free의 별칭
ocifreestatement	oci_free_statement의 별칭
ociinternaldebug	oci_internal_debug의 별칭
ociloadlob	OCI-Lob load의 별칭
ocilogoff	oci_close의 별칭
ocilogon	oci_connect의 별칭
ocinewcollection	oci_new_collection의 별칭
ocinewcursor	oci_new_cursor의 별칭
ocinewdescriptor	oci_new_descriptor의 별칭
ocinlogon	oci_new_connect의 별칭
ocinumcols	oci_num_fields의 별칭
ociparse	oci_parse의 별칭
ociplogon	oci_pconnect의 별칭
ociresult	oci_result의 별칭
ocirollback	oci_rollback의 별칭

ocirowcount	oci_num_rows의 별칭
ocisavelob	OCI-Lob save의 별칭
ocisavelobfile	OCI-Lob import, OCI-Lob savefile의 별칭
ociserverversion	oci_server_version의 별칭
ocisetprefetch	oci_set_prefetch의 별칭
ocistatementtype	oci_statement_type의 별칭
ociwritelobtofile	OCI-Lob export의 별칭
ociwritetemporarylob	OCI-Lob writeTemporary의 별칭

오라클 DB 강의노트

지 은 이 | 조준익

펴 낸 이 | 김형근

펴 낸 곳 | 도서출판 기한재

신 주 소 | 경기도 파주시 회동길 56
구 주 소 경기도 파주시 교하읍 문발리 535-11
(파주출판문화정보산업단지)

전 화 | 031)955-0900~2

팩 스 | 031)955-0100

등 록 | 1990년 3월 15일 제2-968호

발 행 | 2012년 7월 30일 1판 1쇄

정 가 | 15,000원

Published by Kihanjae Co.

ISBN 978-89-7018-669-6

http://www.kihanjae.com

E-mail : kihanjae@hanmail.net